Handlungsorientierte Bausteine für die Textverarbeitung mit Word 2000

Band 1 - Grundlagen

mit integrativer Tastaturschulung

von
Ingrid Stephan

71841

Vorwort

Dieses Lehrbuch beschäftigt sich in verschiedenen Bausteinen mit der Erarbeitung der Tastatur unter Einbeziehung der Grundlagen für die Textverarbeitung.

Jeder Baustein hat drei Teile mit folgenden Inhalten:

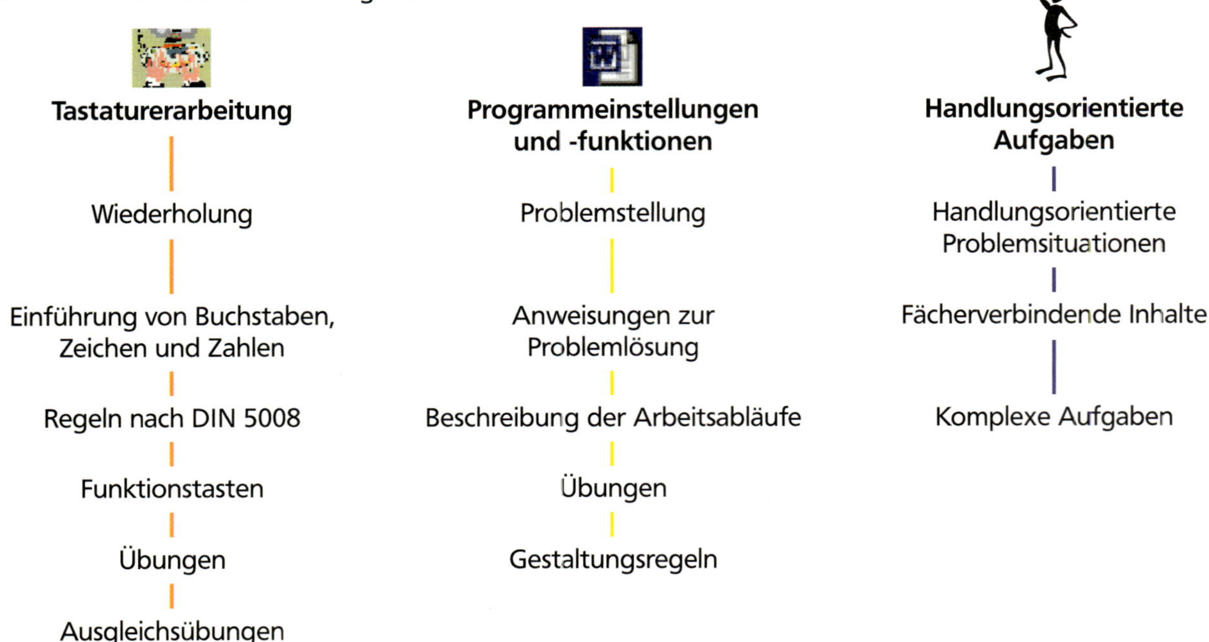

Das Buch bietet zahlreiche Übungen und handlungsorientierte Aufgaben, die entsprechend dem Leistungsstand der Klasse ausgewählt werden können. Texte, die aufgrund noch nicht behandelter Buchstaben nicht erfasst werden können, sind als Datei auf einer Dikette erhältlich. So ist ein praxisgerechtes und integriertes Erarbeiten **von Programmeinstellungen und -funktionen** schon von der ersten Stunde an möglich. Die **handlungsorientierten Aufgaben** dienen zur Festigung des Stoffes und können sowohl als Hausaufgabe oder in einer Wiederholungsstunde gelöst werden. Die **Textübungen** für die Erarbeitung des Tastenfelds sind umfangreich und können entsprechend der zur Verfügung stehenden Zeit ausgewählt werden.

Durch den systematischen und praxisorientierten Aufbau kann das Lehrbuch flexibel zur Erarbeitung neuer Lerninhalte, zur situations- und handlungsorientierten Einübung und zur Wiederholung im Selbststudium eingesetzt werden. Es eignet sich für Lernende aller Altersstufen durch

- eine übersichtliche und systematische Gliederung in Tastaturschulung, Programmeinstellungen und -funktionen,
- gezielte Übungen und komplexe Aufgaben,
- die jeweils eingearbeiteten Regeln der DIN 5008,
- fächerverbindenden Bezug,
- die Diskette mit allen Übungs-, Aufgaben- und Lösungstexten.

Backnang, Frühjahr 2003 — Ingrid Stephan

1. Auflage, 2003

Postfach 11 15 52, 64230 Darmstadt
Telefon: 06151 8768-0 Fax: 06151 8768-61
http://www.winklers.de
Druck: westermann druck GmbH, Braunschweig
ISBN 3-8045-**7184**-0

Der Personalcomputer

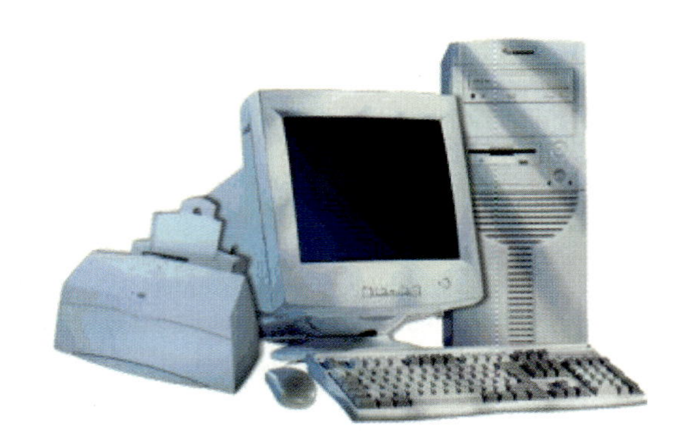

Ein Personalcomputer besteht aus Hard- und Software. Als Hardware werden die einzelnen Geräte bezeichnet. Die Software besteht aus dem Betriebssystem und den einzelnen Programmen wie z. B. für die Textverarbeitung und Tabellenkalkulation.

Die Tastatur

Die **rationelle Eingabe von Texten** erfolgt über die Tastatur. Nach DIN 2137 ist die Tastatur genormt.

Tastatur nach DIN 2137

Der Einsatz der ergonomischen Tastatur bringt eine Verbesserung der Schreibhaltung. Die Schultern, Vorderarme und Handgelenke werden entlastet.

Ergonomische Tastatur

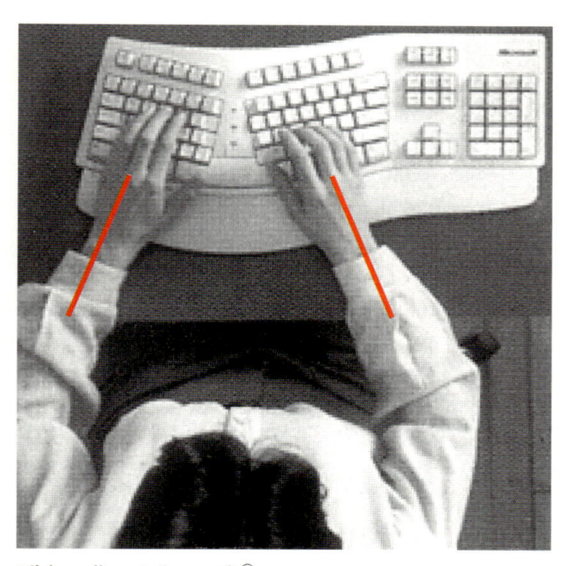

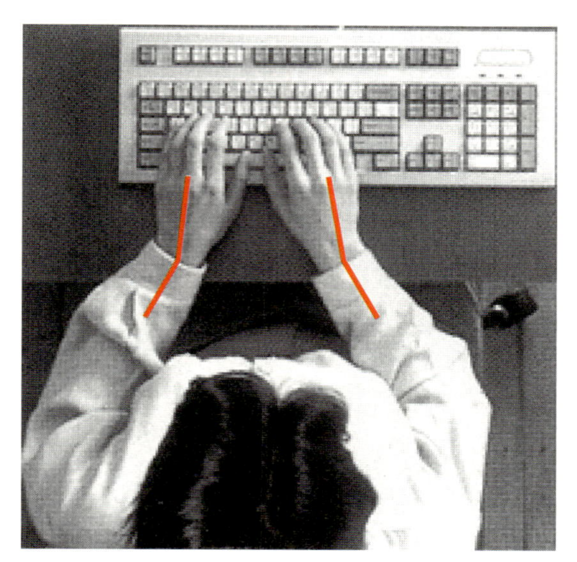

Bildquellen: Microsoft®

Gesundes Arbeiten am Bildschirmarbeitsplatz

Die richtige Sitzhaltung

Um **Kopf- und Rückenschmerzen** sowie **Verspannungen** im Nacken und in Schultern zu vermeiden, sollte die gezeigte Sitzhaltung eingehalten werden.

Achten Sie insbesondere darauf, dass

- die **Oberarme** locker nach unten hängen,
- die **Unterarme** eine waagrechte Linie zur Tastatur bilden,
- die **Ober-** und **Unterarme** sowie Ober- und Unterschenkel im 90-Grad-Winkel gebeugt sind,
- der **Sehabstand** zum Bildschirm je nach Schriftzeichengröße zwischen 60 cm bis 80 cm liegt,
- die **Füße** ganzflächig aufgestellt sind.

Hängen Ihre Füße in der Luft, dann kann eine **Fußstütze** Abhilfe leisten.

Dynamisches Sitzen

Sitzen Sie dynamisch. Dynamisches Sitzen heißt, die Sitzhaltung beim Arbeiten am PC häufiger verändern. Stehen Sie zwischendurch auch einmal auf, dies entlastet den Rücken und beugt Rückenschmerzen vor.

Nutzen Sie die ganze Sitzfläche aus, damit Ihr Rücken optimal abgestützt wird.

Anordnung der Arbeitsmittel auf dem Schreibtisch

Der Augenabstand zum Bildschirm richtet sich nach der Größe der dargestellten Schriftzeichen auf dem Bildschirm. Bei einer Schriftgröße von 12 pt ist ein Abstand von 50 cm angebracht. Bei Bildschirmen ab 17 Zoll und bei größeren Schriftzeichen kann ein Sehabstand von 60 cm bis 80 cm angemessen sein.

Die Tastatur muss auf der Arbeitsfläche variabel angeordnet werden. Um eine gute Sitzhaltung zu gewährleisten, achten Sie darauf, dass beim Schreiben die Tastatur mit der Tischkante abschließt. Handballenauflagen sind dazu da, dass die Hände in Ruhepausen aufgelegt werden können, sonst verspannen sich die Muskeln in Schultern und Nacken.

Beim Schreiben werden die Hände nicht aufgelegt!

Alle Arbeitsmittel, die Sie häufig benutzen, sollten sich direkt vor Ihnen befinden, damit Sie Ihren Körper nicht ständig verdrehen müssen.

Die Bildschirmeinstellung

Das auf dem Bildschirm dargestellte Bild muss flimmerfrei sein. Flimmernde Bildschirme verursachen Kopfschmerzen und brennende/tränende Augen.

Nehmen Sie an Ihrem Bildschirm ein Flimmern wahr, versuchen Sie über die Regelung Helligkeit und Kontrast das Bild flimmerfrei einzustellen. Flimmert der Bildschirm trotzdem, liegt es an der Grafikkarte, am Bildschirm oder an der Software.

Wählen Sie wann immer möglich die Positiveinstellung, d. h. dunkle Schriftzeichen auf hellem Untergrund.

Die Beleuchtung am Bildschirmarbeitsplatz

Stellen Sie Ihren Bildschirm – wenn möglich – parallel zum Fenster auf.

Die künstliche Beleuchtung sollte so angeordnet werden, dass das Licht von der Seite auf den Arbeitsplatz fällt.

Eine zusätzliche Arbeitsplatzleuchte sollten Sie nur dann einschalten, wenn die Allgemeinbeleuchtung für den Raum auch eingeschaltet ist. Damit wird eine ständige Anpassung der Augen auf unterschiedliche Helligkeiten vermieden.

1 Das Programmfenster

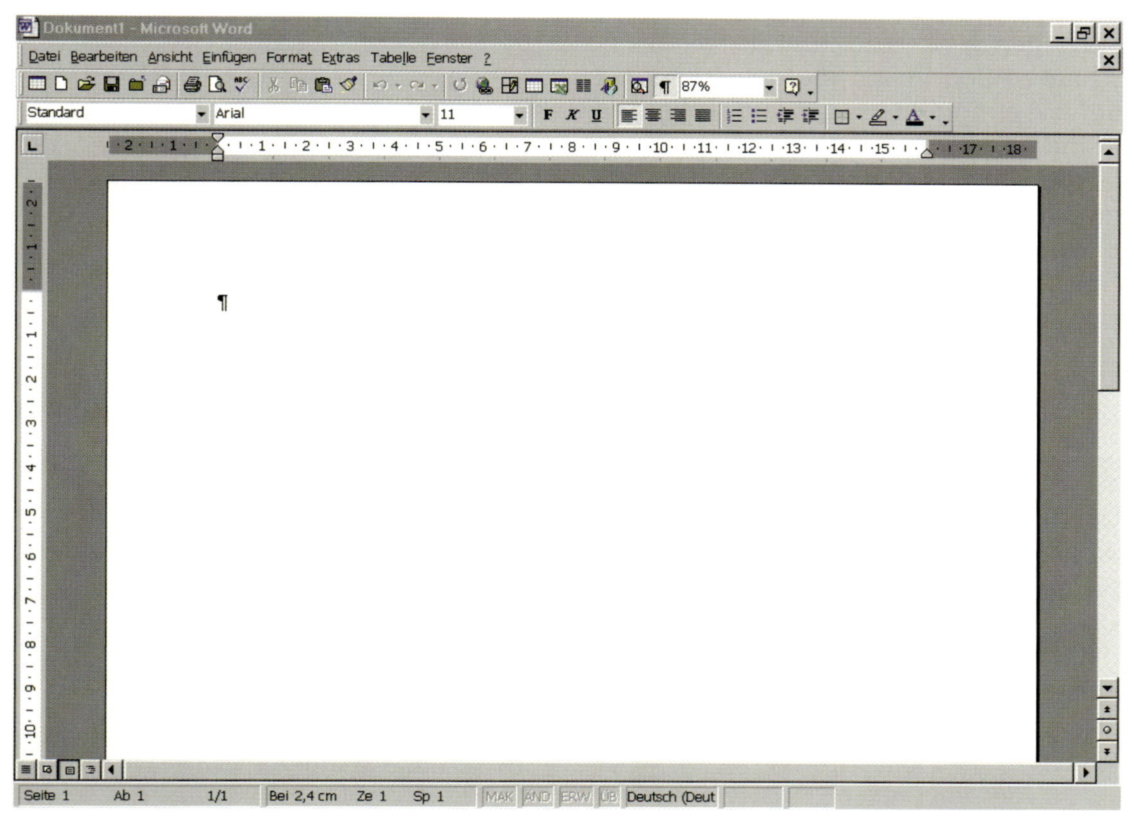

Titelleiste

Sie zeigt den Namen des Programms und das aktuelle Dokument an.

- Systemmenüfeld
- MINIMIEREN – Word wird zum Symbol in der Taskleiste verkleinert.
- WIEDERHERSTELLEN – stellt die zuletzt aktive Fenstergröße wieder her.
- SCHLIESSEN – beendet Word.

Menüleiste

Ein Menü wird mit einem Mausklick oder mit der Tastenkombination Alt + _ aktiviert.

Komplette Menüs werden angezeigt, wenn über das Menü **Extras – Anpassen – Optionen** das erste Kontrollkästchen durch Mausklick deaktiviert wird.

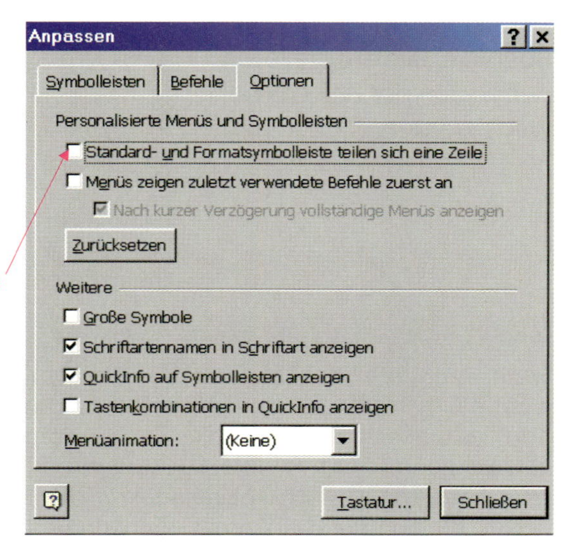

Deaktivieren Sie diese Option

Im Menü Extras – Anpassen stehen drei Registerkarten zur Auswahl: Symbolleisten, Befehle und Optionen.

Symbolleisten

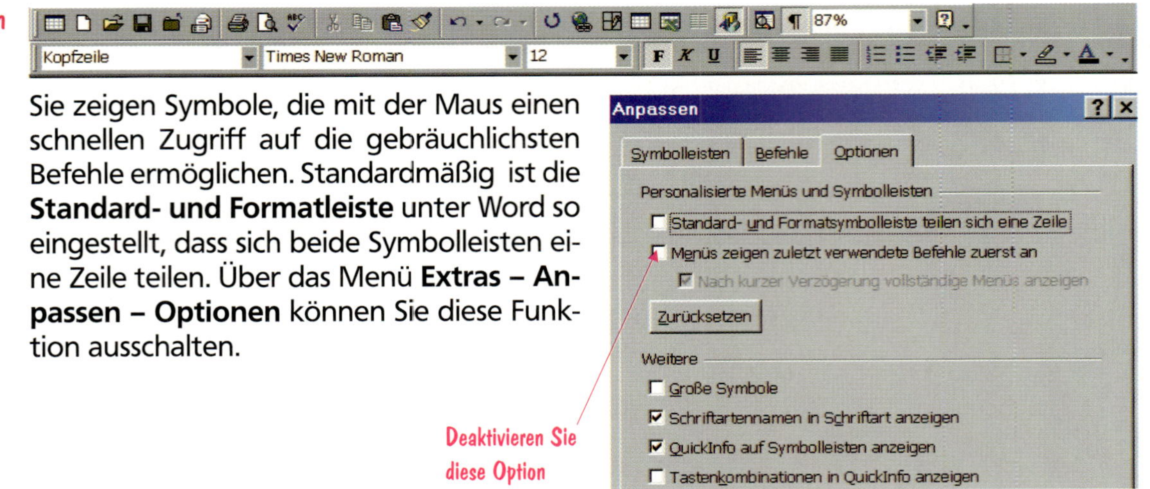

Sie zeigen Symbole, die mit der Maus einen schnellen Zugriff auf die gebräuchlichsten Befehle ermöglichen. Standardmäßig ist die **Standard- und Formatleiste** unter Word so eingestellt, dass sich beide Symbolleisten eine Zeile teilen. Über das Menü **Extras – Anpassen – Optionen** können Sie diese Funktion ausschalten.

Lineal

Über das Lineal können die Seitenränder, Absatzeinzüge und Tabulatoren eingestellt werden. Die Maßeinheit des Lineals ist „cm“. Über das Menü **Extras – Optionen – Allgemein** kann die Maßeinheit jederzeit in Zoll, Punkt oder Pica geändert werden.

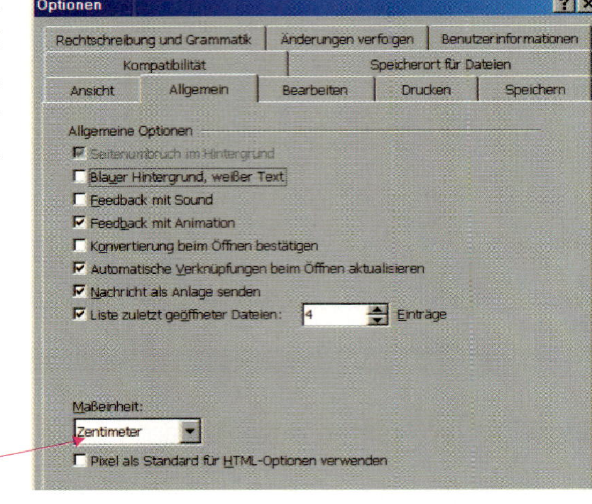

Bildlaufleisten

Die horizontale und vertikale Bildlaufleiste ist mit Pfeilen versehen. Ein Mausklick auf den entsprechenden Pfeil bewegt das Bild in die angezeigte Richtung.

Die Bildschirmanzeige kann über die Bildlaufpfeile an den Enden des Balkens bewegt werden.

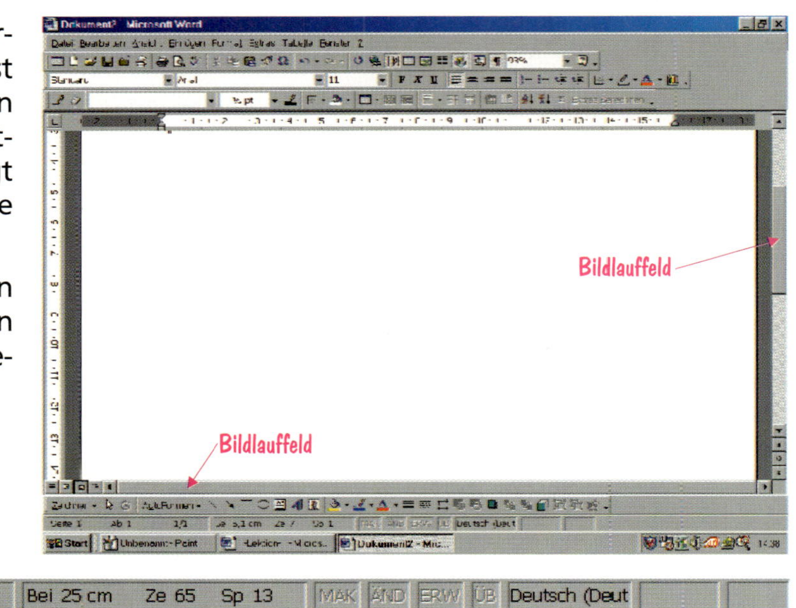

Statusleiste

Seite 1 Ab 1 1/2 Bei 25 cm Ze 65 Sp 13 MAK ÄND ERW ÜB Deutsch (Deut

Seite = Aktuelle Seite (Position des Cursors), **Ab** = Aktueller Abschnitt (Position des Cursors), **1/1** = Seite/Gesamtseiten, **Bei** = Aktueller Abschnitt (Position des Cursors), **Ze** = Aktuelle Zeile (Position des Cursors), **Sp** = Aktuelles Zeichen vom linken Rand der Seite bzw. Spalte, **MAK** = Makroaufzeichnung, **ÄND** = Überarbeitungsmodus, **ERW** = Markierungserweiterung, **ÜB** = Überschreibmodus, **Deutsch** = Einblendung der Sprache, die für Silbentrennung, Überprüfung der Rechtschreibung und Grammatik verwendet wird.

2 Dokument erstellen

Nur beim Start des Programms wird die leere Datei **Dokument1** geladen. Ist die Arbeit an diesem Dokument beendet, wird die Datei geschlossen. Soll eine neue Datei erstellt werden, muss ein „leeres Dokument“ aufgerufen werden.

Symbol in der Standardfunktionsleiste

Wenn Sie das Symbol **„Neues leeres Dokument“** anklicken, holt das Programm ein **leeres Blatt.** In der Titelleiste wird Dokument … angezeigt.

Über das Menü **Datei – Neu** … zeigt das Programm das Fenster **Neu.** Im Fenster Neu befinden sich Vorlagen für besondere Schriftstücke. Möchten Sie keine besondere Vorlage nutzen, klicken Sie auf die Schaltfläche OK.

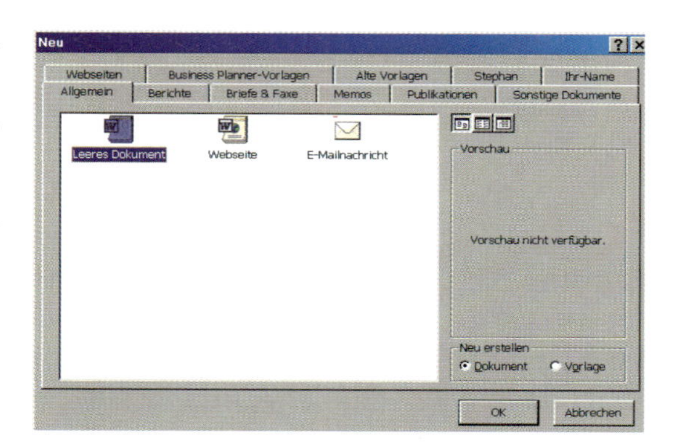

3 Dokument schließen

Über das Menü **Datei – Schließen** kann eine geöffnete Datei geschlossen werden.

Falls die Datei vor dem Schließen noch nicht gespeichert wurde, öffnet das Programm ein Fenster:

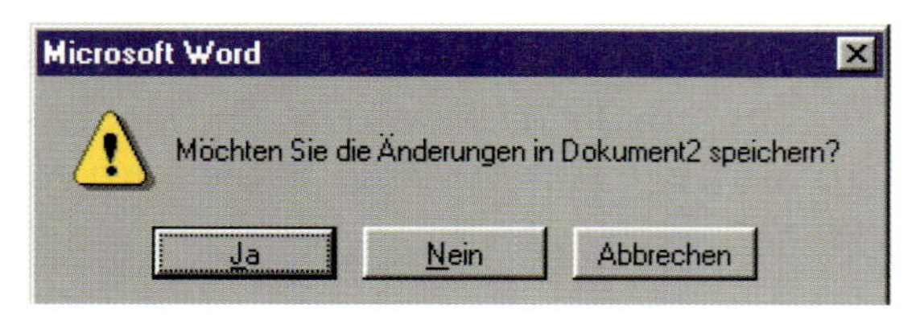

Nachdem kein Dokument mehr geöffnet ist, erscheint folgendes Fenster:

4 Dokument öffnen

Über das Menü **Datei – Öffnen** oder das Symobl  können gespeicherte Dateien geöffnet werden.

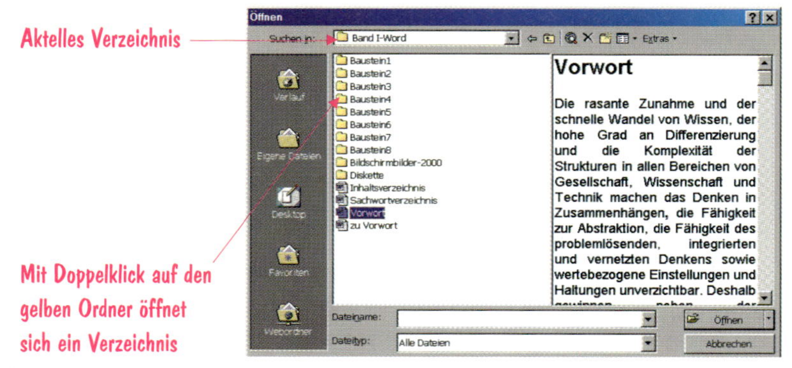

1 Die Grundstellung

Damit das Zehn-Finger-Tastschreiben möglich ist, haben die Finger der linken und rechten Hand auf dem Tastenfeld ihren festen Platz.

Handhaltung und Berührungstechnik

Ertasten Sie mit beiden Händen die Grundstellung. Die **angewinkelten Finger** liegen locker auf den Tasten, die **Daumen** auf der Leertaste. Handrücken und Unterarm sollen eine gerade Linie bilden. Beim Anschlag bewegt sich der Finger kurz nach unten und verweilt dann wieder in der Ausgangsstellung. Die übrigen Finger bleiben während des Anschlags angewinkelt auf den Grundtasten liegen.

2 Funktionstasten

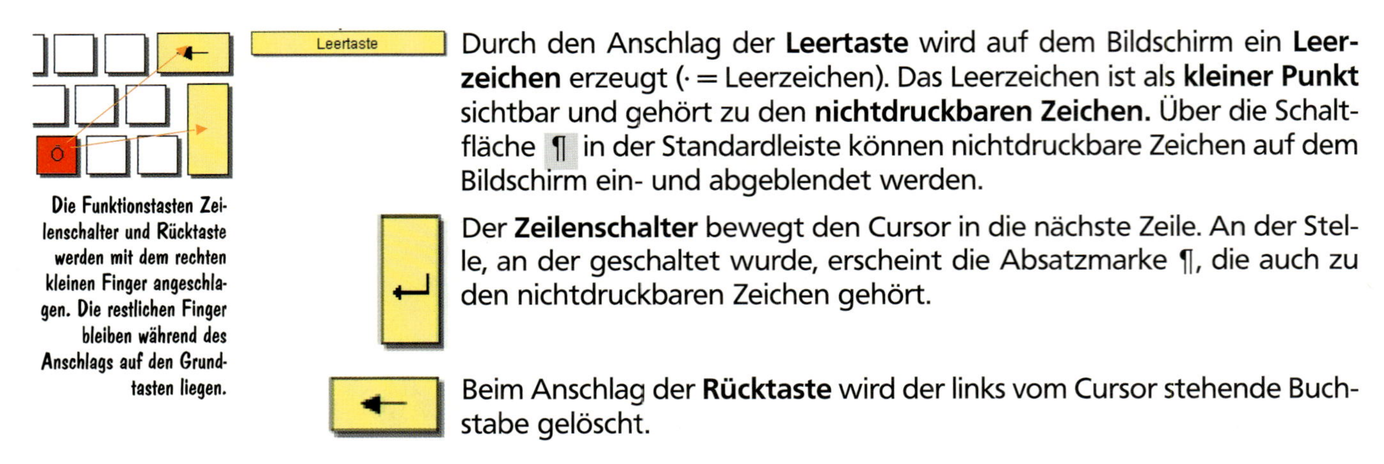

Die Funktionstasten Zeilenschalter und Rücktaste werden mit dem rechten kleinen Finger angeschlagen. Die restlichen Finger bleiben während des Anschlags auf den Grundtasten liegen.

Durch den Anschlag der **Leertaste** wird auf dem Bildschirm ein **Leerzeichen** erzeugt (· = Leerzeichen). Das Leerzeichen ist als **kleiner Punkt** sichtbar und gehört zu den **nichtdruckbaren Zeichen.** Über die Schaltfläche ¶ in der Standardleiste können nichtdruckbare Zeichen auf dem Bildschirm ein- und abgeblendet werden.

Der **Zeilenschalter** bewegt den Cursor in die nächste Zeile. An der Stelle, an der geschaltet wurde, erscheint die Absatzmarke ¶, die auch zu den nichtdruckbaren Zeichen gehört.

Beim Anschlag der **Rücktaste** wird der links vom Cursor stehende Buchstabe gelöscht.

3 Gestaltungsregel

Regel nach DIN 5008

Absätze

Texte werden, wenn es nach ihrem Umfang und Inhalt zweckmäßig ist, in Absätze gegliedert. Absätze sind vom vorhergehenden und vom folgenden Text jeweils durch eine Leerzeile zu trennen.

¶

¶

¶

¶

4 Schreibtraining

Aufgabe

1. Holen Sie ein neues Blatt über das Menü **Datei – Neu – Training.** Lesen Sie dazu die Arbeitsanweisungen auf der Diskette in der Datei „Arbeitsanweisungen – Training.doc" im Verzeichnis „Aufgaben:".
2. Erfassen Sie den Text im **Fließtext,** d. h., schreiben Sie am Zeilenende einfach weiter.
3. Korrigieren Sie Ihre **Tippfehler** mit der **Rücktaste.**
4. Schalten Sie nach drei Zeilen einen **Absatz.**

- Achten Sie beim Schreiben darauf, dass Sie **nicht** auf die Tasten schauen.
- Die Augen sind während des Schreibens auf die **Vorlage** gerichtet.
- Sie lesen, die Finger schreiben. Nur so lernen Sie flüssig und schnell schreiben!

Erarbeitung

```
 1 | ffff jjjj ffff jjjj ffff jjjj ffff jjjj ffff jjjj ffff jjjj ffff
 2 | jjff ffjj jjff ffjj jjff ffjj jjff ffjj jjff ffjj jjff ffjj jjff
 3 | fjfj fjfj fjfj fjfj fjfj fjfj jfjf jfjf jfjf jfjf jfjf jfjf fjfj

 4 | dddd kkkk dddd kkkk dddd kkkk dddd kkkk dddd kkkk dddd kkkk dddd
 5 | dkdk dkdk dkdk dkdk dkdk dkdk dkdk dkdk dkdk dkdk dkdk dkdk dkdk
 6 | dfjk dfjk dfjk dfjk dfjk dfjk dfjk dfjk dfjk dfjk dfjk dfjk dfjk

 7 | ssss llll ssss llll ssss llll ssss llll ssss llll ssss llll ssss
 8 | slsl slsl slsl slsl slsl slsl slsl slsl slsl slsl slsl slsl slsl
 9 | sdf jkl sdf jkl sdf jkl sdf jkl sdf jkl sdf jkl sdf jkl sdf jkls

10 | aaaa öööö aaaa öööö aaaa öööö aaaa öööö aaaa öööö aaaa öööö aaaa
11 | aöaö aöaö aöaö aöaö aöaö aöaö aöaö aöaö aöaö aöaö aöaö aöaö aöaö
12 | asdf jklö asdf jklö asdf jklö fdsa ölkj fdsa ölkj fdsa ölkj fdsa
```

Wörter

```
13 | ja ja ja ja ja ja ja ja ja ja ja da da da da da da da da da da da
14 | da ja da ja da ja da ja da ja da ja da ja da ja da ja da ja da ja

15 | las las las las las las las las das das das das das das das das
16 | las das las das las das las das las das las das las das las das

17 | lös all das lös all das lös all das lös all das lös all das lös
18 | als las all las all las all las all las all las all las all las
```

Festigung

```
19 | las das lös all das las das lös all das las das lös all das las
20 | las das lös all das las das lös all das las das lös all das lös
21 | las das lös all das las das lös all das las das lös all das all
```

5 Ausgleichsübungen

Nehmen Sie Ihre Hände und legen Sie die Finger angewinkelt auf die Tischplatte. Heben Sie nacheinander die Finger so hoch es geht, ohne dass die anderen Finger von der Tischfläche abheben. Wiederholen Sie die Übung mehrmals! Dadurch werden die Finger gelockert und können sich so besser auf die bisher ungewohnten Bewegungen einstellen.

Aufgabe

Situation

Sonja besucht seit dem neuen Schuljahr einen Computerkurs. Zu Hause richtet sie sich dazu einen Bildschirmarbeitsplatz ein. Im Kurs wurde die richtige Sitzhaltung gezeigt. Um aber erfolgreich und beschwerdefrei am Bildschirm arbeiten zu können, ist es notwendig, sich über die Gestaltung des Arbeitsplatzes Gedanken zu machen.

Arbeitsanweisungen

1. Wechseln Sie in das Unterverzeichnis **Aufgaben** und rufen Sie die Datei **BS-1-Bildschirm** auf.
2. Lesen Sie den Text durch.
3. Gestalten Sie den Text mithilfe des Zeilenschalters in Sinnabsätze.

Richtige Gestaltung eines Bildschirmarbeitsplatzes

Der Bildschirm sollte so aufgestellt werden, dass der Abstand zwischen Augen und Bildschirm zwischen 45 cm und 60 cm liegt. Bei Bildschirmen ab 17 Zoll und größeren Schriftzeichen kann auch ein Sehabstand von 60 cm bis 80 cm angemessen sein. Die Buchstaben auf dem Bildschirm sollten z. B. bei einem Leseabstand von 50 cm mindestens 3 mm groß sein. Die Tastatur muss mit der Tischkante abschließen. Handballenauflagen sind dazu da, dass die Hände in Ruhepausen aufgelegt werden können, da sich sonst die Muskeln in Schultern und Nacken verspannen. Beim Schreiben werden die Hände nicht aufgelegt! Der Bildschirm soll nicht flimmern, sonst bekommt man Kopfschmerzen oder die Augen fangen an zu tränen und zu brennen. Versuchen Sie über die Regelung Helligkeit und Kontrast das Bild flimmerfrei einzustellen. Wann immer möglich sollten Sie dunkle Schrift auf hellem Untergrund (Positivdarstellung) verwenden. Eine wichtiger Punkt ist die Beleuchtung am Bildschirmarbeitsplatz. Auf keinen Fall sollte der Bildschirm so aufgestellt sein, dass Sie zum Fenster sehen, wenn Sie auf den Bildschirm schauen. Spiegelungen im Bildschirm oder auf der Arbeitsfläche sind zu vermeiden. Stellen Sie deshalb Ihren Bildschirm mit Blickrichtung parallel zum Fenster auf. Bei künstlicher Beleuchtung muss das Licht der Leuchten von der Seite auf den Arbeitsplatz fallen. Arbeitsplatzleuchten sollten nur dann genutzt werden, wenn auch die Raumbeleuchtung eingeschaltet ist. Sonst müssen sich die Augen ständig an unterschiedliche Helligkeiten anpassen. Dies aber ist auf die Dauer eine zu hohe Belastung für die Augen.

Erarbeitung des Tastenfeldes

1 Wiederholung

```
1 | asdf jklö fdsa ölkj asdf jklö fdsa ölkj asdf jklö fdsa ölkj fds
2 | als las all als las all als las all als las all als las all als
3 | das fad lös das fad lös das fad lös das fad lös das fad lös das
```

2 Die Buchstaben „g" und „h"

Der Buchstabe **„g"** wird mit dem **linken Zeigefinger**, der Buchstabe **„h"** mit dem **rechten Zeigefinger** angeschlagen. Bei der **Anschlagstechnik** ist zu beachten, dass nur der jeweilige Zeigefinger zum Anschlag des neuen Buchstabens die Grundstellung verlässt. Die restlichen Finger bleiben ruhig auf den Grundtasten liegen.

Linke Hand
G = Zeigefinger

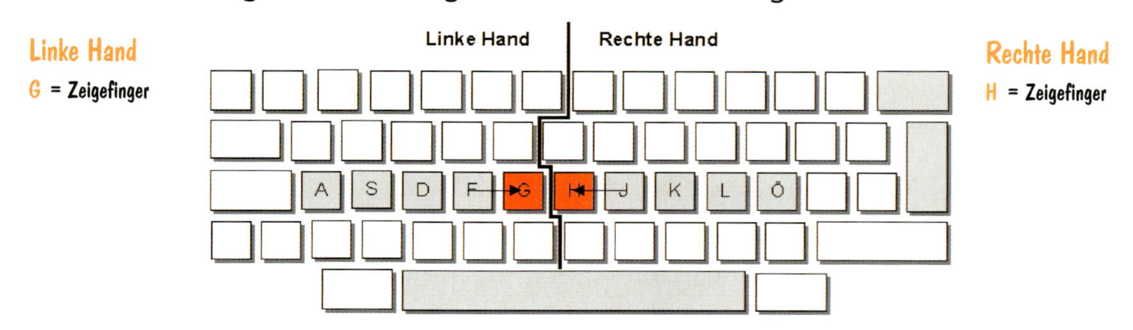

Rechte Hand
H = Zeigefinger

3 Schreibtraining

Aufgabe

1. Holen Sie ein neues Blatt über das Menü **Datei – Neu – Training.**
2. Erfassen Sie den Text im Fließtext.
3. Gestalten Sie Ihr Arbeitsblatt mit Absätzen.

- Achten Sie weiterhin darauf, dass Sie absolut **blind schreiben** und die **richtige Körper- und Handhaltung** einnehmen.
- Schreiben Sie immer in gleichmäßigem Tempo.

Erarbeitung

```
4 | fgf fgf fgf fgf fgf fgf fgf fgf jhj jhj jhj jhj jhj jhj jhj jhj
5 | fgj fgk fgl fgö fga fgs fgd fgf fgj fgk fgl fgö fga fgs fgd fgf
6 | jhf jhd jhs jha jhö jhl jhk jhj jhf jhd jhs jha jhö jhl jhk jhj
```

Wörter

```
 7 | jag sag lag jag sag lag jag sag lag jag sag lag jag sag lag jag
 8 | jag sag lag jag sag lag jag sag lag jag sag lag jag sag lag jag
 9 | jag sag lag jag sag lag jag sag lag jag sag lag jag sag lag jag

10 | sah kahl sah kahl sah kahl sah kahl sah kahl sah kahl sah kahl
11 | sah kahl sah kahl sah kahl sah kahl sah kahl sah kahl sah kahl
12 | sah kahl sah kahl sah kahl sah kahl sah kahl sah kahl sah kahl
```

Festigung

```
13 | jag sag lag sah jag sag lag sah jag sag lag sah jag sag lag kahl
14 | klag half klag half klag half klag half klag half klag half klag
15 | kahl fahl kahl fahl kahl fahl kahl fahl kahl fahl kahl fahl kahl
```

4 Ausgleichsübungen

Suchen Sie sich vier bis sechs Gegenstände auf Ihrem Arbeitsplatz aus, die von Ihnen unterschiedlich weit entfernt liegen. Sehen Sie jeden dieser Gegenstände nacheinander – in einer festen Reihenfolge – genau an. Zum Beispiel: Tafel – Overheadprojektor – Bildschirm. Wiederholen Sie die Übung und steigern Sie allmählich das Tempo. Diese Übung entlastet nicht nur, sondern trainiert gleichzeitig die Scharfstellmuskeln des Auges.

5 Cursorbewegungen

Funktionstasten – Cursorbewegungen		
Cursortastenblock	**Tasten**	**Bewegung**
↑ ← → ↓ Mit den Pfeiltasten kann die aktuelle Position des Cursors verändert werden. Zum Bewegen des Cursors niemals die Leertaste verwenden, da der Anschlag die folgenden Buchstaben löscht!	↑	Cursor eine Zeile nach oben.
	↓	Cursor eine Zeile nach unten.
	←	Cursor ein Zeichen nach links.
	→	Cursor ein Zeichen nach rechts.
	Pos 1	Cursor an den Anfang der Zeile.
	Ende	Cursor an das Ende der Zeile.

Cursorbewegung	Maus	Tastatur	
Bildschirmseite nach unten/oben	Klicken oberhalb/unterhalb des Quadrats in der Bildlaufleiste	Bild ↓	Bild ↑
Ein Absatz nach oben/unten	Positionieren des Mauszeigers	Strg + ↑	Strg + ↓
An den oberen/unteren Rand des Fensters	Positionieren des Mauszeigers	Strg + Bild ↑	Strg + Bild ↓
Zum Dateianfang/Dateiende	Quadrat in der Bildlaufleiste nach oben/unten ziehen	Strg + POS1	Strg + Ende

Übung Üben Sie die Cursorbewegungen in dem von Ihnen erfassten Text und prägen Sie sich die Funktionstasten ein.

1 Befehlsauswahl

Über die Tastatur z. B. ALT + D	Menüs können über die so genannten „Hotkeys" aufgerufen werden. Hotkeys sind die unterstrichenen Buchstaben in den Menünamen z. B. **Datei**, die in Kombination mit der Alt-Taste das gewünschte Menü öffnen. Tipp: Beim Schreiben kann der Rhythmus beibehalten werden, wenn die Befehle über die Tastenkombinationen aufgerufen werden.
Über die Symbole z. B.	Mit der Maus lassen sich die Befehle über die Schaltflächen in den Symbolleisten komfortabel aufrufen. In den vorgegebenen Symbolleisten sind nur die Symbole der Standardbefehle, in den Menüs hingegen sind alle Optionen aufgeführt.
Über Pulldown-Menüs	Wird ein Menü angeklickt, öffnet sich ein Pulldown-Menü. Die Menübefehle werden durch den Markierungsbalken aktiviert. Manchen Befehlen ist ein ***Symbol*** vorangestellt. Diese Befehle können zusätzlich über die Symbolleiste aktiviert werden. Befehle mit vorangestelltem ***Häkchen*** lassen sich durch Anklicken aktivieren bzw. deaktivieren. Abgeblendete (hellgraue Farbe) Befehle können nicht aktiviert werden, solange die notwendigen Voraussetzungen nicht gegeben sind. ***Menübefehle mit drei Auslassungspunkten*** (z. B. **Zoom...**) öffnen bei einem Mausklick ein Dialogfeld.
Über Kontextmenüs	Kontextmenüs lassen sich mit der rechten Maustaste aufrufen. Im Kontextmenü bietet Word die gebräuchlichsten Befehle zur Auswahl an.

Übung

1. Öffnen Sie die Menüs in der Menüleiste mit den entsprechenden Tastenkombinationen.
2. Suchen Sie nach Befehlen, denen ein Symbol oder Häkchen vorangestellt ist.
3. Suchen und aktivieren Sie Menübefehle mit drei Auslassungspunkten.
4. Suchen und aktivieren Sie Kontextmenüs.

2 Bildschirmansichten

Das Programm bietet für jeden Arbeitsvorgang die passende Ansicht. Die beiden wichtigsten im Überblick:

2.1 Normal- und Seiten-Layout-Ansicht

Über das Menü ***Ansicht – Normal*** oder das entsprechende Symbol in der Statuszeile kann die Normalansicht eingestellt werden.

Das Dokument wird über die gesamte Bildschirmbreite angezeigt:

Zoomfaktor

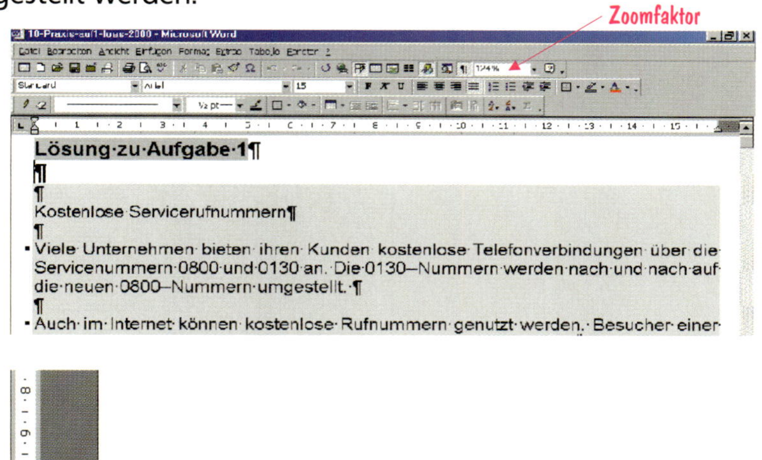

Normalansicht

Die Seiten-Layout-Ansicht wird über das Menü ***Ansicht – Seiten-Layout*** aufgerufen.

Das Dokument wird in der sog. Druckansicht angezeigt. Diese ist kleiner als die Normalansicht. Die eingestellten Ränder werden mit angezeigt.

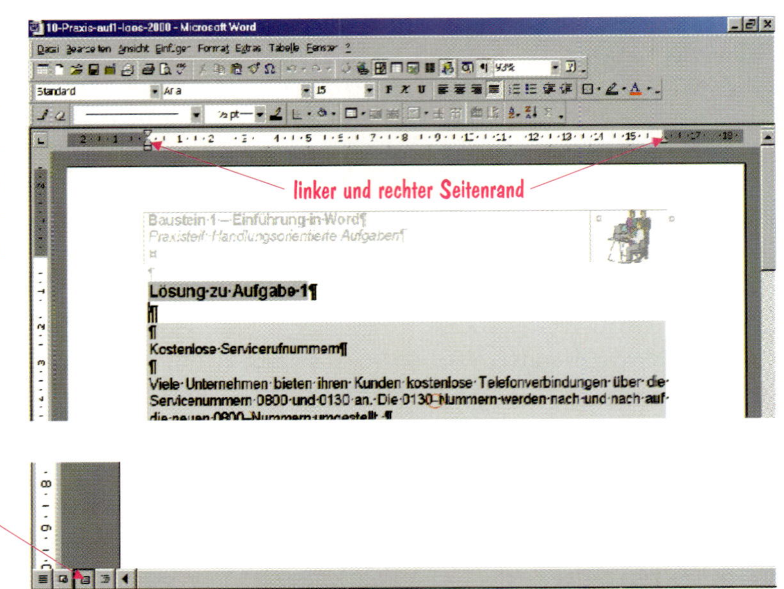

Seiten-Layout-Ansicht

2.2 Seitenansicht

Die Seitenansicht kann über das Menü **Datei – Seitenansicht** oder über das entsprechende Symbol in der **Symbolleiste – Standard** aufgerufen werden.

Im Gegensatz zum Seiten-Layout wird die Datei in der Seitenansicht so stark verkleinert, dass die ganze Seite auf dem Bildschirm dargestellt wird. Die Verkleinerung erfolgt nur für eine Seite automatisch. Will man mehrere Seiten sehen, muss das Menü „mehrere Seiten" aktiviert werden. Bei einer Darstellung von mehr als 6 Seiten muss zudem der Zoomfaktor verändert werden. Durch die starke Verkleinerung ist die Schrift nicht mehr lesbar.

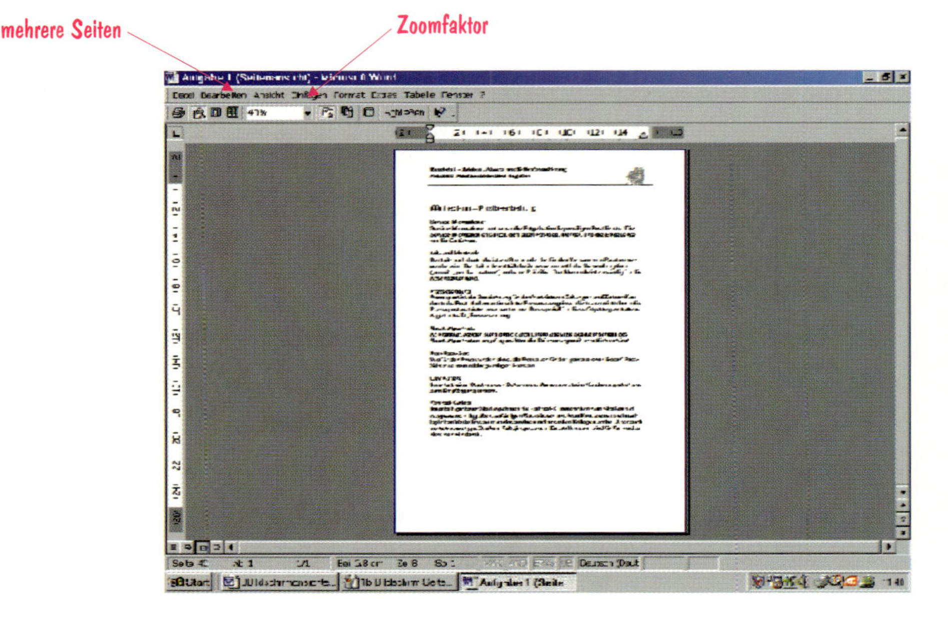

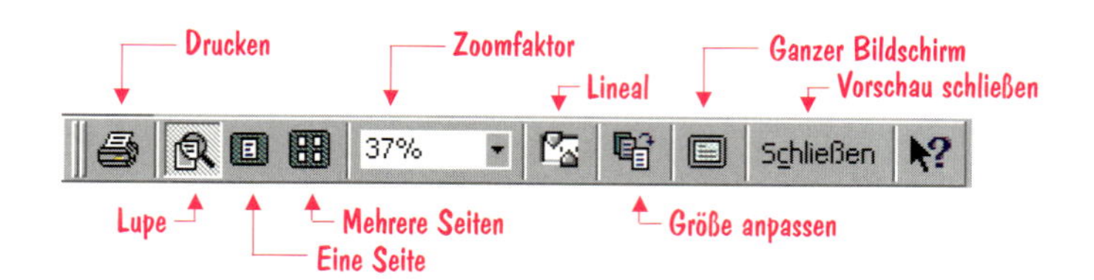

Das Dokument kann direkt aus der Seitenansicht über das Drucksymbol gedruckt werden. **Drucken**

Wenn die Schaltfläche **Lupe** mit einem Mausklick aktiviert wird (sie erscheint dann heller), kann durch einen weiteren Mausklick auf die angezeigte Seite die Standardgröße des Dokuments wiederhergestellt werden. Durch einen weiteren Klick auf die Lupe kann der Text in üblicher Form bearbeitet werden. **Lupe**

Über diese Schaltfläche wird nur eine Seite – in der der Cursor steht – angezeigt. **Eine Seite**

Besteht ein Dokument aus mehreren Seiten, können durch das Markieren der Seitenanzahl alle Seiten in der Seitenansicht dargestellt werden. **Mehrere Seiten**

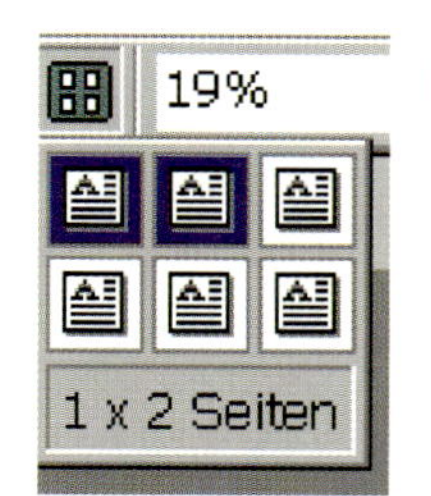

Die in der Seitenansicht dargestellten Seiten können größer oder kleiner gezoomt werden. Dies kann durch eine direkte Eingabe oder das Anklicken eines Faktors erfolgen. **Zoom**

Schaltet das horizontale und vertikale Lineal ein oder aus. **Lineal**

Befindet sich auf der letzten Seite eines mehrseitigen Dokuments nur wenig Text, wird durch Anklicken des Symbols **Größe anpassen** versucht den überstehenden Text auf die vorhergehenden Seiten einzupassen. **Größe anpassen**

Die Ansicht „Ganzer Bildschirm" wird aktiviert. **Ganzer Bildschirm**

Die Seitenansicht wird über diese Schaltfläche beendet. **Vorschau schließen**

Über diese Schaltfläche können Hilfetexte abgerufen werden. **Hilfe**

Aufgabe

Situation

Jasmin arbeitet zum ersten Mal am Personalcomputer und möchte einen bereits erfassten Text bearbeiten. Damit sie die zu verändernden Textpassagen ansteuern kann, muss sie sich zuerst mit den Cursortasten vertraut machen. Sie stellt sehr schnell fest, dass sie mithilfe von Tastenkombinationen schneller ans Ziel kommt.

Arbeitsanweisungen

1. Wechseln Sie in das Unterverzeichnis **Aufgaben** und rufen Sie die Datei **BS-2-Cursor** auf.
2. Lesen Sie den Text durch und wechseln Sie in die passende Bildschirmansicht.
3. Gestalten Sie den Text mithilfe des Zeilenschalters in **Sinnabsätze** und **bewegen Sie den Cursor rationell mit den Cursortasten/der Maus** sowie den **Tastenkombinationen.**
4. Kontrollieren Sie die bearbeitete Datei in der Seitenansicht und drucken Sie über das Drucksymbol.

Der Cursor

Während des Schreibens in einem Textverarbeitungsprogramm bewegt sich eine senkrechte, blinkende Linie vor dem Text. Diese Linie wird Cursor oder Einfügemarke genannt. Der Cursor zeigt stets die aktuelle Schreibposition an. Wo immer er steht, dort erscheint das nächste Zeichen, das eingegeben wird. Soll in einem bestehenden Text etwas verändert werden, muss der Cursor an die richtige Stelle gebracht werden. Sie müssen die Einfügemarke dann an die Position bringen, an der Sie etwas einfügen oder löschen möchten. Der Cursor kann mit der Maus oder mit den Cursortasten bewegt werden. Die Cursortasten befinden sich auf der PC-Tastatur im mittleren Tastenblock oder im Zahlenblock und sind mit den Pfeilen nach oben, unten, links und rechts gekennzeichnet. Bewegen Sie den Cursor mit der Rücktaste nach links, werden gleichzeitig die Zeichen, die links vom Cursor stehen, gelöscht.

Erarbeitung des Tastenfeldes

1 Wiederholung

```
1 | asdfg hjklö asdfg hjklö asdfg hjklö asdfg hjklö asdfg kahl klag
2 | half kahl klag half kahl klag half kahl klag half kahl fahl lag
3 | sag lag sah fahl lag sah fahl lag sah fahl lag sah fahl jag sah
```

2 Die Großschreibung

Die Großbuchstaben der **rechten Hand** werden mit dem **linken Umschalter** und die Großbuchstaben der **linken Hand** mit dem **rechten Umschalter** geschrieben. Die Umschalttaste bleibt so lange nach unten gedrückt, bis der Buchstabe angeschlagen wurde.

Schreiben Sie rhythmisch:

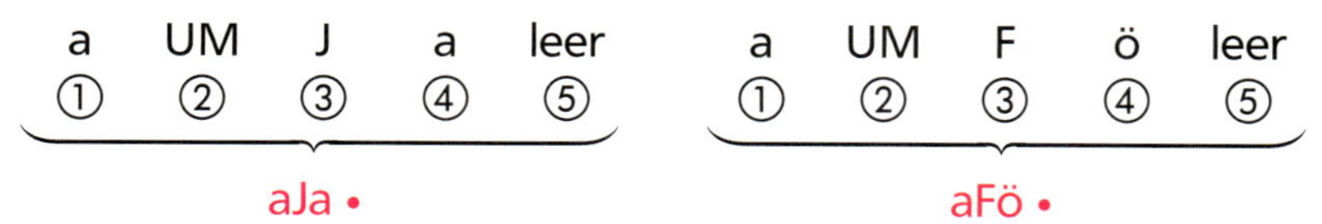

3 Schreibtraining

1. Holen Sie ein neues Blatt über das Menü **Datei – Neu – Training.**
2. Erfassen Sie den Text im Fließtext.
3. Gestalten Sie Ihr Arbeitsblatt mit Absätzen.

Aufgabe

Beachten Sie, dass der kleine Finger sofort – nachdem der Großbuchstabe geschrieben wurde – auf die Grundtaste zurückkehrt.

Erarbeitung

```
4 | aJa aJa aJa aJa aJa aJa aJa aJa öFö öFö öFö öFö öFö öFö öFö öFö
5 | Ja Fö Ja Fö Ja Fö Ja Fö Ja Fö Ja Fö Ja Fö Ja Fö Ja Fö Ja Fö Ja

6 | aKa aKa aKa aKa aKa aKa aKa aKa öDö öDö öDö öDö öDö öDö öDö öDö
7 | Ka Dö Ka Dö Ka Dö Ka Dö Ka Dö Ka Dö Ka Dö Ka Dö Ka Dö Ka Dö Ka

8 | aKa aKa aKa aKa aKa aKa aKa aKa öDö öDö öDö öDö öDö öDö öDö öDö
9 | Ka Dö Ka Dö Ka Dö Ka Dö Ka Dö Ka Dö Ka Dö Ka Dö Ka Dö Ka Dö Ka
```

```
10 | aLa aLa aLa aLa aLa aLa aLa aLa öSö öSö öSö öSö öSö öSö öSö öSö
11 | La Sö La Sö La Sö La Sö La Sö La Sö La Sö La Sö La Sö La

12 | aÖa aÖa aÖa aÖa aÖa aÖa aÖa aÖa öAö öAö öAö öAö öAö öAö öAö öAö
13 | Öa Aö Öa Aö Öa Aö Öa Aö Öa Aö Öa Aö Öa Aö Öa Aö Öa Aö Öa Aö Öa
```

Wörter

```
14 | Jagd Jagd Jagd Jagd Jagd Jagd Jagd Jagd Jagd Jagd Jagd Jagd Jagd
15 | Fall Fall Fall Fall Fall Fall Fall Fall Fall Fall Fall Fall Fall
16 | Jagd Fall Jagd Fall Jagd Fall Jagd Fall Jagd Fall Jagd Fall Jagd

17 | Dallas Dallas Dallas Dallas Dallas Dallas Dallas Dallas Dallas
18 | Kajak Kajak Kajak Kajak Kajak Kajak Kajak Kajak Kajak Kajak Kajak
19 | Dallas Kajak Dallas Kajak Dallas Kajak Dallas Kajak Dallas Kajak

20 | Skala Skala Skala Skala Skala Skala Skala Skala Skala Skala Skala
21 | Ladakh Ladakh Ladakh Ladakh Ladakh Ladakh Ladakh Ladakh Ladakh
22 | Skala Ladakh Skala Ladakh Skala Ladakh Skala Ladakh Skala Ladakh
```

Ladakh = Hochplateau in Nordindien

```
23 | Ass Ass Ass Ass Ass Ass Ass Ass Ass Ass Ass Ass Ass Ass Ass Ass
24 | Öl Öl Öl Öl Öl Öl Öl Öl Öl Öl Öl Öl Öl Öl Öl Öl Öl Öl Öl Öl Öl Öl
25 | Ass Öl Ass Öl Ass Öl Ass Öl Ass Öl Ass Öl Ass Öl Ass Öl Öl

26 | Glas Gas Glas Gas Glas Gas Glas Gas Glas Gas Glas Gas Glas Gas
27 | Hall Hass Hall Hass Hall Hass Hall Hass Hall Hass Hall Hass Hall
28 | Glas Gas Hall Hass Glas Gas Hall Hass Glas Gas Hall Hass Glas Gas
```

Festigung

```
22 | Jagd Fall Dallas Kajak Skala Ladakh Ass Öl Glas Gas Hall Hass
23 | Jagd Fall Dallas Kajak Skala Ladakh Ass Öl Glas Gas Hall Hass
24 | Jagd Fall Dallas Kajak Skala Ladakh Ass Öl Glas Gas Hall Hass
```

4 Ausgleichsübungen

- Schließen Sie die Augen und konzentrieren Sie sich auf Ihre Atmung. Entspannen Sie ganz bewusst die Körpermuskulatur. Legen Sie die Hände auf die Oberschenkel oder lassen Sie die Arme seitlich herunterhängen.
- Sie können auch Ihre Arme auf der Tischplatte verschränken und den Kopf auf die Arme legen. Achten Sie darauf, dass Ihre Schultern wirklich entspannt sind.
- Atmen Sie ruhig und tief ein und aus.
- Entspannen Sie Ihre Beine.
- Stellen Sie sich vor, Sie wären auf einer einsamen Insel und liegen im warmen Sand und spüren die Strahlen der Sonne auf Ihrer Haut …

1 Dokument speichern

Ein geschriebener Text befindet sich zunächst im Arbeitsspeicher. Der Arbeitsspeicher ist ein flüchtiger Speicher, in dem die Daten zwischengelagert werden. Beim Ausschalten des Computers wird der Inhalt des Arbeitsspeichers gelöscht. Soll der Text dauerhaft gesichert werden, muss er auf einem Speichermedium (Diskette, CD-ROM, Band oder Festplatte) abgespeichert werden.

Arbeitsablauf

1. Wählen Sie in der Menüleiste das Menü **Datei – Speichern unter.**
2. Ein Dialogfenster öffnet sich:
   Wählen Sie das gewünschte ***Laufwerk*** und ***Verzeichnis*** aus.
   Geben Sie im Fenster ***Dateiname*** den neuen Dateinamen ein.

Bei der Vergabe von Dateinamen ist zu berücksichtigen, dass

- der Dateiname aus maximal 256 Zeichen bestehen darf. Es ist besser, **nicht zu lange Dateinamen** zu vergeben.
- die Zeichen \ / ? * „ ; : | nicht verwendet werden können.
- **Leerzeichen** verwendet werden dürfen.
- die Namenserweiterung **.DOC** vom Programm automatisch angefügt wird, wenn diese Option im Fenster ***Dateityp*** ausgewählt ist.

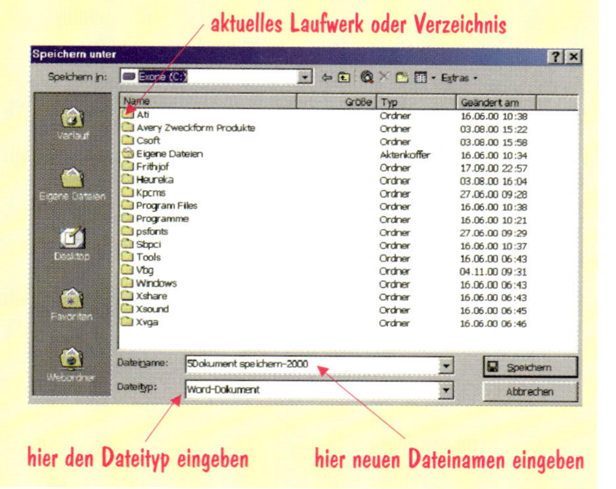

Befehle zur Dateiverwaltung

- Die Schaltfläche **Ansichten – Liste** zeigt die Ordner und Dateien standardmäßig an.

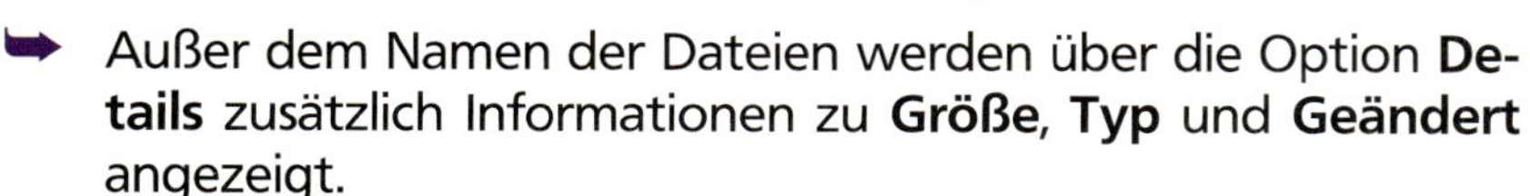

- Außer dem Namen der Dateien werden über die Option **Details** zusätzlich Informationen zu **Größe**, **Typ** und **Geändert** angezeigt.

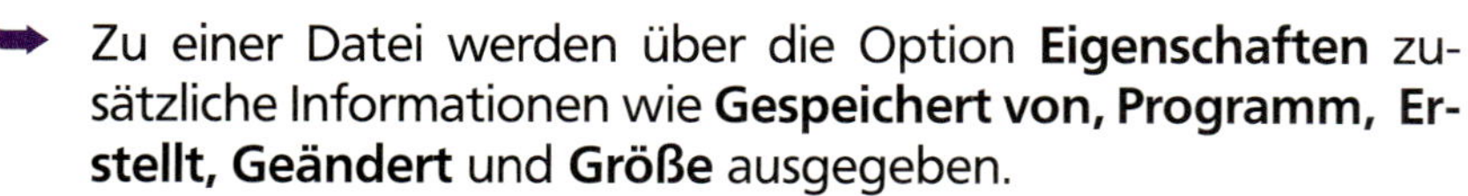

- Zu einer Datei werden über die Option **Eigenschaften** zusätzliche Informationen wie **Gespeichert von, Programm, Erstellt, Geändert** und **Größe** ausgegeben.

Liste
Details
Eigenschaften
Vorschau
Symbole anordnen

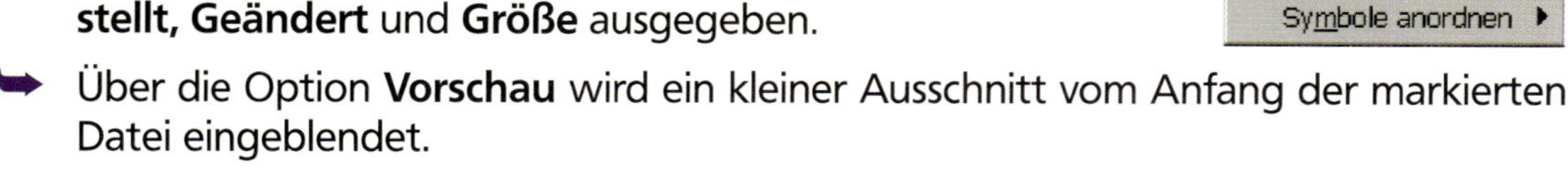

- Über die Option **Vorschau** wird ein kleiner Ausschnitt vom Anfang der markierten Datei eingeblendet.

2 Unterverzeichnisse anlegen und Dateien in Ordnern speichern

Bei der täglichen Arbeit fallen schnell mehrere Dateien an. Werden diese ungeordnet auf der Festplatte gespeichert, verliert man den Überblick. Deshalb ist es zweckmäßig, von Anfang an mit Ordnern (Unterverzeichnissen) zu arbeiten.

Im Fenster **„Speichern unter"** kann über die Schaltfläche **„Neuen Ordner erstellen"** direkt ein neuer Ordner eingerichtet werden.

Übung 1

Verwenden Sie eine leere, formatierte Diskette und richten Sie die Unterverzeichnisse ein:

- A:\
  - Aufgaben
  - Übungstexte
  - Merkblätter
  - Klassenarbeiten

Arbeitsablauf

➥ Wählen Sie den Befehl **Datei – Speichern unter.**

➥ Aktualisieren Sie im Fenster **„Speichern in"** Laufwerk **3,5-Diskette (A:\).**

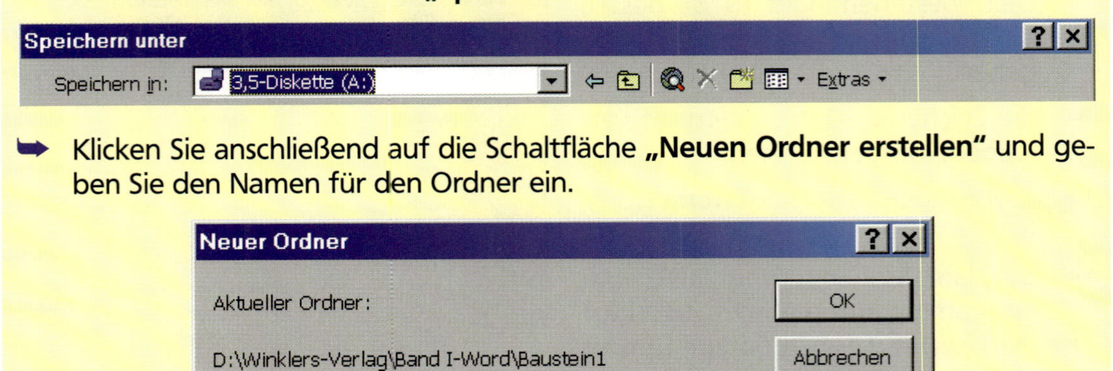

➥ Klicken Sie anschließend auf die Schaltfläche **„Neuen Ordner erstellen"** und geben Sie den Namen für den Ordner ein.

➥ Das Programm aktualisiert im Fenster „Speichern in" den neu eingerichteten Ordner. Aktualisieren Sie Laufwerk A:\, bevor Sie den nächsten Ordner einrichten.

Übung 2

Speichern Sie die Übungen zur Großschreibung im Verzeichnis **Übungstexte** unter dem Namen **BS-3.**

Aufgabe

Situation

Im letzten Aufsatz hatte Julia einige Fehler bezüglich der Groß- und Kleinschreibung gemacht, da sie die Regeln für die neue Rechtschreibung noch nicht beherrscht. Deshalb fasste sie die betreffenden Regeln kompakt zusammen.

Arbeitsanweisungen

1. Wechseln Sie in das Unterverzeichnis **Aufgaben** und rufen Sie die Datei **BS-3-Rechtschreibung** auf.
2. Lesen Sie die Regeln zur Groß- und Kleinschreibung durch.
3. Korrigieren Sie die Beispielsätze mithilfe der Rückschritt- und Cursortasten.
4. Kontrollieren Sie die bearbeitete Datei in der Seitenansicht.
5. Speichern Sie unter dem gleichen Namen und schließen Sie die Datei.

Nach der neuen Rechtschreibung wurde die Groß- und Kleinschreibung im Sinne einer besseren Handhabung neu geregelt. Hier einige Regeln:

- **Substantive** in Verbindung mit einer **Präposition** werden generell großgeschrieben.
- Die Substantive ***Angst, Bange, Gram, Leid, Schuld*** und ***Pleite*** werden in Verbindung mit den Verben ***sein, bleiben*** und ***werden*** kleingeschrieben.
- Bezeichnung für Tageszeiten werden in Verbindung mit heute, (vor)gestern oder (über)morgen großgeschrieben.
- Die Zahladjektive **viel- und wenig-, ein- und ander-** werden kleingeschrieben. Die übrigen **unbestimmten Zahladjektive** werden, wenn sie allein stehen, großgeschrieben.

Im grunde genommen ist dafür ein ausgleich geschaffen worden.
In bezug auf das schreiben vom 15. februar teilen wir mit, dass das grundstück bereits verkauft ist.
Der autofahrer hatte schuld daran.
Seit sie den führerschein hat, macht ihr das autofahren spaß.
Frank trifft sich heute abend mit silvia.
Das konzert gestern abend war ein genuss.
Das seminar war als ganzes eine herausforderung.

Erarbeitung des Tastenfeldes

1 Wiederholung

```
1 | Ja Ka La Öa Ha Ja Ka La Öa Ha Ja Ka La Öa Ha Ja Ka La Öa Ha Ja Ka
2 | Aö Sö Dö Fö Gö Aö Sö Dö Fö Gö Aö Sö Dö Fö Gö Aö Sö Dö Fö Gö Aö Sö
3 | Ass Skala Dallas Falk Gas Hass Jagd Kalk Lada Öl Kajak Glas Halla
```

2 Die Buchstaben „e" und „i"

Der Buchstabe **„e"** wird mit dem **linken Mittelfinger,** der Buchstabe **„i"** mit dem **rechten Mittelfinger** angeschlagen. Beim Anschlag von „e" und „i" ist darauf zu achten, dass nur der Mittelfinger die Grundtaste verlässt und nach dem Anschlag von „e" oder „i" sofort wieder auf die Grundtaste zurückkehrt.

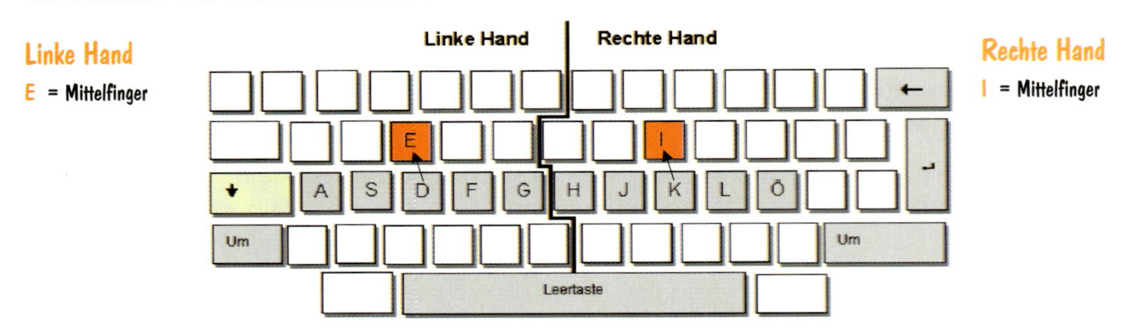

3 Schreibtraining

Aufgaben

1. Holen Sie ein neues Blatt über das Menü **Datei – Neu – Training.**
2. Erfassen Sie den Text im Fließtext.
3. Gestalten Sie Ihr Arbeitsblatt mit Absätzen.

- Nehmen Sie die korrekte Körper- und Handhaltung ein. Mit der richtigen Handhaltung ist der Anschlag von „e" und „i" kein Problem mehr!
- Achten Sie insbesondere auf die richtige Platzierung der Daumen – sie liegen locker auf der Leertaste. Die Fingerkuppe des Mittelfingers liegt beim Anschlag von „e" oder „i" auf der ganzen Fläche der Tastenmulde.

Erarbeitung

```
4 | ded ded ded ded ded ded ded ded kik kik kik kik kik kik kik kik
5 | deö del dek dej deh deg def ded des dea deö del dek dej deh ded
6 | kia kis kid kif kig kiö kil kik kij kih kia kis kid kif kig kik
```

Wörter

```
6 | des des des des des des des des des es es es es es es es es es es
7 | edel edel edel edel edel edel edel egal egal egal egal egal egal
8 | lade jede lade jede lade jede lade jede lade jede lade jede lade
```

```
 9 | die die die die die sie sie sie sie sie sie sei sei sei sei sei
10 | ölig ledig eilig ölig ledig eilig ölig ledig eilig ölig ledig öle
11 | siede leise siede leise siede leise siede leise siede leise siede

12 | Esel Esel Esel Esel Esel Esel Esel Ehe Ehe Ehe Ehe Ehe Ehe Ehe
13 | Igel Igel Igel Igel Igel Igel Igel Ilse Ilse Ilse Ilse Ilse Ilse
14 | die Idee das Ei die Idee das Ei die Idee das Ei die Idee das Ei
```

Festigung

```
15 | als sie es sah als sie es sah als sie es sah als sie es sah als
16 | sie las das leise sie las das leise sie las das leise sie las das
17 | es fiel sie lieh sage dies sie lief leise lasse das da löse diese

18 | Kie Kies Kiesel Kiesel Kieselalge Kieselalge Kieselalge Kieselalge
19 | Ei Eis Eis Eis Eis Eis Eis Eis Eisdiele Eisdiele Eisdiele Eisdiele
```

4 Der Umschaltfeststeller

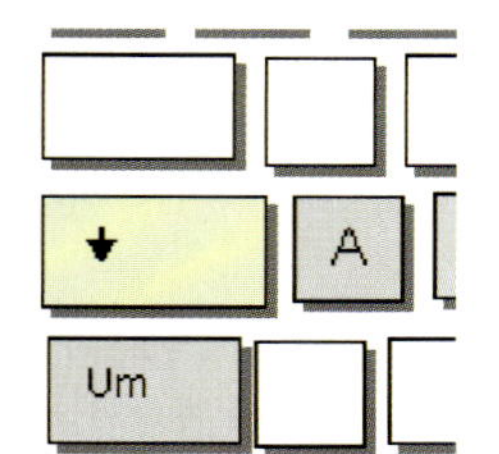

Funktionstaste

Mit dem Umschaltfeststeller kann dauerhaft großgeschrieben werden.

Arbeitsablauf

- Drücken Sie den Umschaltfeststeller und kehren Sie in die Grundstellung zurück.
- Schreiben Sie den gewünschten Text groß.
- Drücken Sie den linken oder den rechten Umschalter, um klein weiterzuschreiben.

5 Texte markieren und korrigieren

Wenn unter Word ein Textteil bearbeitet werden soll, muss die betreffende Textstelle zunächst markiert werden.

Achtung:

- Alle Aktionen, die dann ausgeführt werden, beziehen sich auf den markierten Bereich.
- Durch Mausklick an einer beliebigen Stelle wird eine Markierung aufgehoben.

Markieren mit der Maus:	
Bereich	**Mausaktion**
Wort	Doppelklick mit der linken Maustaste auf das Wort
Satz	Strg + Mausklick innerhalb des Satzes
Zeile	In der Markierungsspalte – an der entsprechenden Position – die linke Maustaste klicken.

Absatz	Doppelklick links in der Markierungsspalte
Textblock	Linke Maustaste drücken und nach unten ziehen.
Datei	Strg + Mausklick in der Markierungsspalte
Markierungsspalte	Sie befindet sich links zwischen Text und Fensterrand. Wird der Mauszeiger in die Markierungsspalte gebracht, verändert er sich zu einem Pfeil.

Entf

Entf

Löscht die Zeichen rechts neben dem Cursor oder einen markierten Bereich.

Einfg

Einfg

Word arbeitet im Einfügemodus, d. h., der folgende Text wird beim Einfügen von Zeichen nach rechts verschoben. Soll der Text überschrieben werden, bieten sich zwei Möglichkeiten:

1. Durch Betätigen der **Einfg-Taste** kann der **Überschreibmodus** ein- oder ausgeschaltet werden. Die Schalterstellung wird in der Statuszeile mit ÜB bzw. abgeblendetem ÜB angezeigt. Im Überschreibmodus wird der Text rechts vom Cursor überschrieben. Dies ist aber nur möglich, wenn über das Menü **Extras – Optionen** in der Registerkarte **Bearbeiten** das Kontrollkästchen ☑ Überschreibmodus aktiviert ist.
2. Durch einen Doppelklick auf das ÜB-Feld in der Statuszeile kann der Überschreibmodus auch ein- oder ausgeschaltet werden. Diese Methode hat den Vorteil, dass der Überschreibmodus nicht unbeabsichtigt eingeschaltet werden kann.

6 Gestaltungsregel: Abkürzungen

Regel nach DIN 5008

Abkürzungen, die wie **selbstständige Wörter** oder buchstäblich gesprochen werden, sind **ohne Punkt** und in sich **ohne Leerzeichen** zu schreiben.

AG KG GmbH

Übung - Umschaltfeststeller

```
die EG die AG die KG das EKG die EG die AG die KG das EKG die EG
die EG die AG die KG das EKG die EG die AG die KG das EKG die EG
```

Übung - Entfernen

Schreiben Sie die Wörter:

```
löse leihe gehe sehe lasse sage alles helle dieses fasse lege
```

Nehmen Sie die Korrektur vor:

```
lös leih geh seh lass sag all hell dies fass leg
```

Schreiben Sie folgende Zeilen und löschen Sie anschließend alle Wörter, die mit „K“ beginnen:

```
Filiale Klassik Sessel Klasse Seide Kasse Seife Kaffee Siege
Kleid Feile Keil Segel Kiel Feld Kalk Lage Kelle Siegel Klage
```

Überschreiben Sie folgende Wörter: Sessel – Kiesel; Seife – Igel; Lage – Eis

```
Filiale Sessel Seide Seife Siege Feile Segel Feld Lage Siegel
```

Übung - Überschreiben

1. Schreiben Sie die Wörter:

```
Lage Klasse Fassade Siegel Seife Kleid Diele Segel Filiale
```

2. Fügen Sie mit der Taste Einf vor die Substantive die entsprechenden Artikel ein.

Übung - Einfügen

7 Ausgleichsübungen

Kräftigen Sie Ihre Hand- und Fingermuskulatur:

1. Halten Sie mit der Hand den Unterarm der anderen Hand ruhig.
2. Strecken Sie die Hand und kreisen Sie mit dem Handgelenk locker in abwechselnder Richtung.
3. Lockern Sie anschließend das Handgelenk.

8 Korrekturzeichen

Falsche Buchstaben	das, der, er	le Lm 7s
Falsche Wörter	… bestellen Sie die ~~Artikel~~ …	⊢⊣ Waren
Überflüssige Wörter	… ~~sämtliche~~ lieferbaren Büromöbel.	⊢⊣
Überflüssige Buchstaben	ganze, vooll		
Fehlende Buchstaben und Wörter	Verechnungsstelle, Schlosstraße, Scaner … die interessant sind.	Irr Lss 7nn besonders
Fehlende oder überflüssige Satzzeichen	Für das Vertrauen das … … viele Artikel, die, …	In, I
Verstellte Buchstaben	… zufreiden …	ie
Verstellte Zahlen	Im Jahre ~~1297~~ …	⊢⊣ 1927
Fehlendes Leerzeichen	Wir empfehlen Ihnen vorallem …	
Überflüssiges Leerzeichen	… 1. Juli 20..	
Kein Zwischenraum	so lange	
Verstellte Wörter	… ergeben sich …	
Größere Umstellungen	Reinigung, Reparaturen und Pflege sind im … (1, 4, 3, 2)	1–4
Fehlender Absatz	… übermitteln wir Ihnen die besten Wünsche für einen erfolgreichen Start. Für Ihre Anfrage danken wir Ihnen.	
Absatz löschen	Inzwischen haben mehrere Mitarbeiter Verbesserungsvorschläge gemacht. Vielleicht haben auch Sie Änderungswünsche, …	

1 Dokument drucken

Bevor Sie ein Dokument ausdrucken sollten Sie zuerst über die **Seitenansicht** kontrollieren, ob das erstellte Layout auch wirklich Ihren Vorstellungen entspricht. Sind Sie einverstanden, können Sie direkt aus der Seitenansicht über das Symbol „Drucken" den Ausdruck starten.

Ein Klick auf das Symbol „Drucken" bewirkt, dass das aktuell geöffnete Dokument ausgedruckt wird.

2 Druckoptionen

Über das Menü **Datei – Drucken** können Sie viele hilfreiche Einstellungen vornehmen, die Ihren Ausdruck beeinflussen.

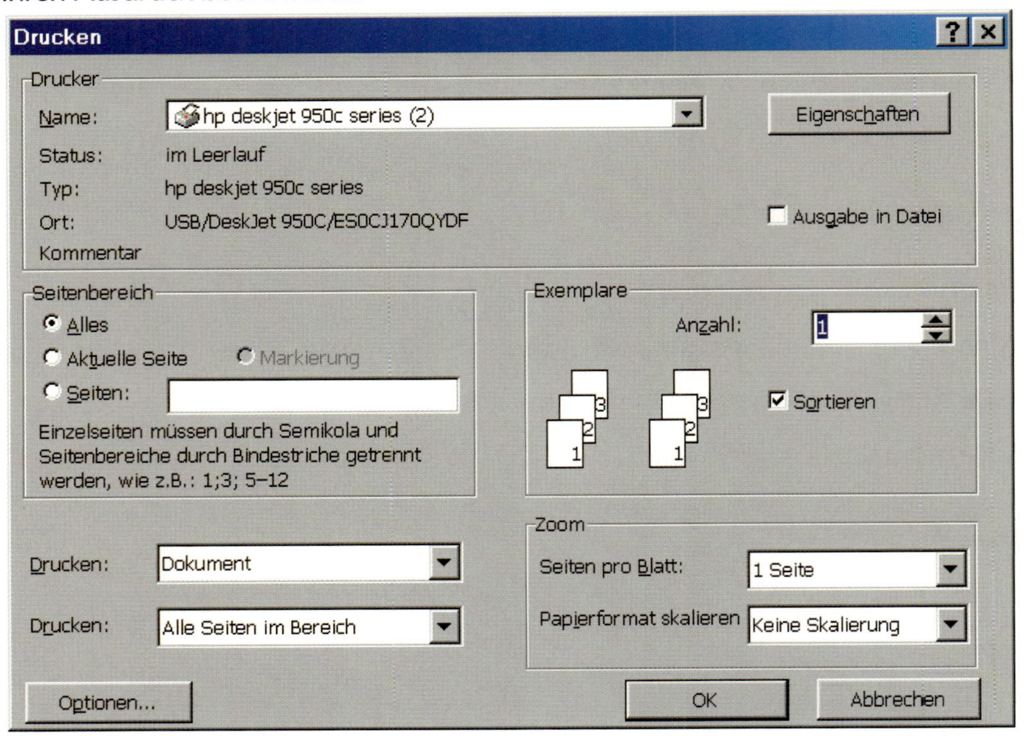

Feld „Drucker"

Im **Feld „Name"** wird der installierte Drucker angezeigt. Über die Schaltfläche **Eigenschaften** können Sie die **Registerkarten** für den **eingestellten Drucker** aufrufen, um dort Änderungen wie z. B. in der Auflösung vorzunehmen.

Die Aktivierung des Kontrollkästchens „Ausgabe in Datei" bewirkt, dass der Ausdruck nicht auf dem Papier erfolgt, sondern eine **Druckerdatei** erstellt wird. In der Druckerdatei sind sämtliche Formatierungen und Zeilenumbrüche gespeichert, sodass das Dokument an einem anderen PC ausgedruckt werden kann. Dies ist auch dann möglich, wenn Word dort nicht installiert ist.

Seitenbereich
Alles
Aktuelle Seite
Markierung
Seiten:
Einzelseiten müssen durch Semikola und Seitenbereiche durch Bindestriche getrennt werden, wie z.B.: 1;3; 5–12

„Alles"

Die standardmäßig vorgegebene Einstellung „Alles" bewirkt, dass das gesamte Dokument ausgedruckt wird.

„Aktuelle Seite"

Haben Sie in einem mehrseitigen Dokument nur auf einer Seite eine Änderung vorgenommen,

können Sie nur diese Seite über „Aktuelle Seite" ausdrucken. Dabei ist zu beachten, dass der Cursor irgendwo auf dieser Seite positioniert sein muss, bevor das Druckmenü aufgerufen wird.

„Seiten"

Über die Option „Seiten" können **einzelne Seiten** (Beispiel: **2;4;8**) oder ein **ganzer Bereich** (Beispiel: **3–8**) gedruckt werden. Diese Angaben lassen sich auch kombinieren, zum **Beispiel 3–8; 14; 21.** Ein einzelner Abschnitt kann über die Eingabe **S3A2** (Seite 3, Abschnitt 2) gedruckt werden.

„Markierung"

Die Option „Markierung" ist abgeblendet und kann nur genutzt werden, wenn Text im Dokument markiert ist. Durch Aktivierung des Optionsfeldes „Markierung" und die Bestätigung mit OK veranlassen Sie den Ausdruck des markierten Textbereichs.

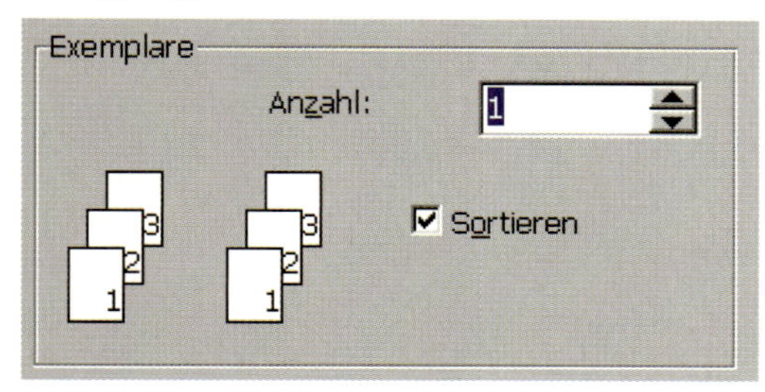

Feld „Exemplare"

Wie viele Ausdrucke Sie erstellen wollen, können Sie im Feld **„Anzahl"** bestimmen. Beim Ausdruck von mehrseitigen Dokumenten ist das Kontrollkästchen **„Sortieren"** praktisch. Das Programm druckt standardmäßig unsortiert eine Seite nach der anderen in der gewünschten Anzahl aus. Ist „Sortieren" aktiviert, druckt das Programm ein Dokument mit allen dazugehörenden Seiten aus, bevor die nächste Kopie gedruckt wird.

„Seiten pro Blatt"

Feld „Zoom"

Über die Option „Zoom" können Sie mehrere Seiten auf einer Seite ausdrucken. Das Programm bietet wahlweise 1, 2, 4, 6, 8 oder 16 Seiten auf einer A4-Seite an. Bei der Wahl des Zoomfaktors sollten Sie darauf achten, dass das Ergebnis noch lesbar ist.

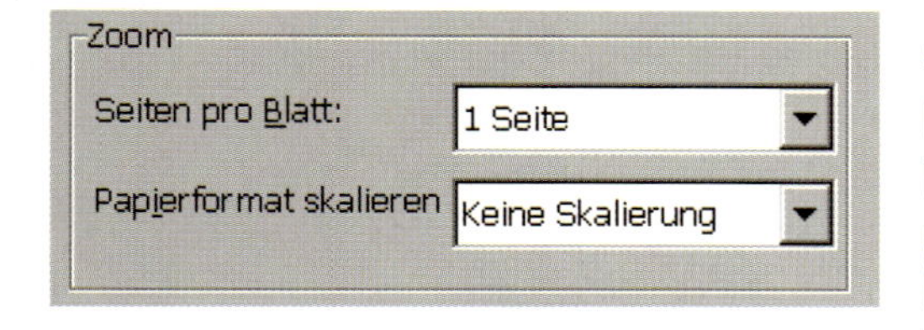

„Papierformat skalieren"

Mit der Option „Skalieren" können Sie ein Dokument ähnlich wie an einem Kopierer vergrößern oder verkleinern. Die vorgesehenen Papierformate entsprechen nicht alle den DIN-Normen.

Übung

Drucken Sie über die Option Zoom die Übungen zur Tastaturschulung auf einer A4-Seite aus.

Aufgabe

Arbeitsanweisungen

1. Wechseln Sie in das Unterverzeichnis **Aufgaben** und rufen Sie die Datei **BS-4-Autorenkorrektur** auf.
2. Führen Sie die Autorenkorrekturen durch.
3. Drucken Sie die ersten vier Absätze.
4. Speichern Sie die Datei unter dem gleichen Namen.

Zur Eröffnung Ihres Bekleidungsgeschäfts in Stuttgart übermitteln wir Ihnen die besten Wünsche für einen erfolgreichen Start. Für Ihre Anfrage danken wir Ihnen. Die gewünschten Artikel können wir bis spätestens nächste Woche liefern.

Hohe Mieten und natürlich auch steigende Herstellungskosten zwingen uns heute, so rationell wie nur möglich zu arbeiten.

Aus dieser Sicht können sich Ihre Anfangserfolge durch aus sehen lassen.

Wir bemühen uns allen Ansprüchen an Preis, Service und Qualität stets nachzukommen.

Bitte rufen Sie unsere Servicenummer 080048689 an.

Darum bitten wir Sie uns ein Exemplar des betreffenden Werbebriefes zu senden.

Das Standarsortiment wird mit neuen Artikeln ergänzt.

Hiermit kündige ich mein Abonnement zum nächstmöglichen Termin.

Der Grund: ständige Preiserhöhungen. Bitte bestätigen Sie die Kündigung schriftlich und teilen Sie mir mit, zu welchem Termin die Kündigung wirksam wird.

Erarbeitung des Tastenfeldes

1 Wiederholung

```
1 | die sie sei des die sie sei des die sie sei des die sie sei des
2 | edel jede egal edel jede egal edel jede egal edel jede egal edel
3 | Esel Idee Esel Idee Esel Idee Esel Idee Esel Idee Esel Idee Esel
```

2 Der Buchstabe „x" und die Satzzeichen „Punkt" und „Doppelpunkt"

Der Buchstabe **„x"** wird mit dem **linken Ringfinger** angeschlagen. Die Satzzeichen **Punkt** und **Doppelpunkt** sind mit dem **rechten Ringfinger** anzuschlagen, wobei beim Anschlag des Doppelpunkts der **linke Umschalter** bedient werden muss. Nach erfolgtem Anschlag von x, Punkt oder Doppelpunkt geht der Ringfinger zurück in die Grundstellung.

Linke Hand
X = Ringfinger

Rechte Hand
Punkt = Ringfinger
Doppelpunkt = linker Umschalter, rechter Ringfinger

3 Schreibtraining

Aufgabe

1. Holen Sie ein neues Blatt über das Menü **Datei – Neu – Training.**
2. Erfassen Sie den Text im Fließtext.
3. Gestalten Sie Ihr Arbeitsblatt mit Absätzen.

➥ Um den Anschlag zum „x", Punkt und Doppelpunkt korrekt ausführen zu können, ist die richtige Handhaltung unerlässlich: Finger sind angewinkelt, die Daumen liegen locker auf der Leertaste, Handrücken und Unterarm ergeben eine gerade Linie.

Erarbeitung

```
4 | sxs sxs sxs sxs sxs sxs sxs sxs l.l l.l l.l l.l l.l l.l l.l l.l
5 | sxö sxl sxk sxj sxö sxl sxk sxj sxö sxl sxk sxj sxö sxl sxk sxj
6 | l.a l.s l.d l.f l.a l.s l.d l.f l.a l.s l.d l.f l.a l.s l.d l.f

7 | l.l:l l.l:l l.l:l l.l:l l.l:l l.l:l l.l:l l.l:l l.l:l l.l:l l.l
8 | l:a l:s l:d l:f l:a l:s l:d l:f l:a l:s l:d l:f l:a l:s l:d l:f
```

Wörter

```
 9 | fix fix fix fix fix fix fix fix fix fix fix fix fix fix fix fix
10 | lax lax lax lax lax lax lax lax lax lax lax lax lax lax lax lax
11 | Fax Fax Fax Fax Fax Fax Fax Fax Fax Fax Fax Fax Fax Fax Fax Fax

12 | axial axial axial axial axial axial axial axial axial axial axial
13 | Lexik Lexik Lexik Lexik Lexik Lexik Lexik Lexik Lexik Lexik Lexik
14 | Dixie Dixie Dixie Dixie Dixie Dixie Dixie Dixie Dixie Dixie Dixie

15 | Haxe Haxe Haxe Haxe Haxe Haxe Haxe Haxe Haxe Haxe Haxe Haxe Haxe
16 | Exil Exil Exil Exil Exil Exil Exil Exil Exil Exil Exil Exil Exil
```

Lexik = Wortschatz einer Fachsprache
lax = schlaff, lässig, locker, lau

4 Gestaltungsregeln: Satzzeichen, Abkürzungen und Auslassungspunkte

Regel nach DIN 5008

Punkt, Komma, Semikolon, **Doppelpunkt,** Fragezeichen und Ausrufezeichen folgen dem Wort oder Schriftzeichen ohne Leerzeichen.

Fax.· Fax:·

Abkürzungen, die im vollen Wortlaut des ungekürzten Wortes gesprochen werden, erhalten einen Punkt. Zwischen den abgekürzten Wörtern einer Einheit steht ein Leerzeichen.

a.·a.· a.·D.·

Der Abkürzungspunkt am Satzende schließt den Satzschlusspunkt mit ein.

Drei Auslassungspunkte werden für ausgelassene Textteile geschrieben. Der Satzschlusspunkt am Ende ist mit eingeschlossen.

Sie half i.·A. Bitte...

Festigung

```
17 | Das edle Kleid lag da. Gisela gefiel die Lage. Sag die Idee Ilka.
18 | Felix sah das Fax. Die fixe Klasse half Elke. Lass Lisa das Geld.
19 | Lese: Die Filiale lieh Adelheid das Geld. Gisela sah die Filiale.
```

Schreiben Sie die Abkürzungen und schlagen Sie ihre Bedeutung im Duden nach. Schreiben Sie nach jeder Einheit zwei Leerzeichen:

```
20 | a. a.  a. D.  i. H.  i. J.  Jg.  Jgg.  Jh.  f.  ff.  ggf.  i. A.
21 | a. a.  a. D.  i. H.  i. J.  Jg.  Jgg.  Jh.  f.  ff.  ggf.  i. A.
```

5 Drag and Drop

Durch „Drag und Drop“ (Ziehen und Fallenlassen) können Teile eines Dokuments verschoben oder kopiert werden.

Arbeitsablauf

1. Markieren Sie den Text, der verschoben oder kopiert werden soll.
2. Führen Sie den Mauszeiger auf die Markierung und drücken Sie die **rechte** Maustaste. Wollen Sie nur **verschieben,** drücken Sie die **linke** Maustaste.
   Am Mauszeiger erscheint ein kleines Rechteck mit einer Einfügemarke.
3. Ziehen Sie diese mit gedrückter Maustaste ans Ziel.
4. Lassen Sie die Maustaste dort los. Es öffnet sich ein Dialogfenster:
5. Wählen Sie im Dialogfenster die Option **Hierhin verschieben** oder **Hierher kopieren.**

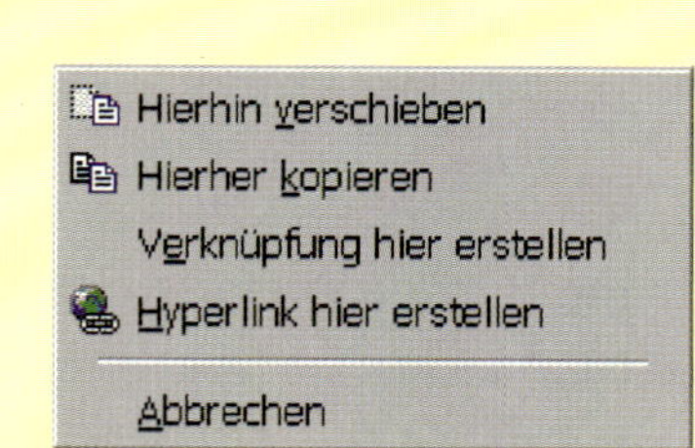

Übung

1. Rufen Sie die Datei **BS-5-Drag-and-Drop** auf.
2. **Lesen** Sie den Text.
3. Bringen Sie die durcheinander gekommenen **Absätze** in die **richtige Reihenfolge.**

Handlungsorientierte Bausteine
für die Textverarbeitung mit Word 2000
Band 1

Name:

Klasse:

Datum: 6. Februar 2003

Das Geheimnis des geleimten Papiers

Als der englische Reisende Thomas Nugent 1766 in Ludwigslust verweilte, äußerte er sich fasziniert über die aus „bloßer Pappe“ gefertigten Büsten römischer Kaiser, die im Schlossgarten der Witterung trotzten. Der damals regierende Herzog Friedrich von Mecklenburg-Schwerin hatte gerade mit dem Aufbau seiner Residenz begonnen. Der Baulust des Herzogs waren zwar durch die Folgen des Siebenjährigen Krieges enge Grenzen gesetzt. Dass er schließlich nicht auf prächtige Dekorationen und kunstvolle Ausstattungsgegenstände verzichten musste, war jenem vielseitig verwendbaren Material zu verdanken, das in der Papiermaché-Manufaktur zu Ludwigslust hergestellt wurde.

Schon vor 200 Jahren wurde „recycelt“: In der Papiermaché-Manufaktur in Mecklenburg entstanden aus alten Akten Kunstwerke.

Die künstlerische Verarbeitung von Papiermaché soll nun in Verbindung mit der Erforschung des historischen Materials in Ludwigslust wiederbelebt werden. Neben den Dekorationen an den Türen und der Decke des Goldenen Saales haben sich im Schloss Ludwigslust mit Vasen, Spiegelrahmen und Konsolen Zeugen der einst begehrten Papiermachékunst erhalten. Die Venus Medici lässt noch heute den Betrachter glauben, sie würde aus edelstem Marmor bestehen. Selbst Friedrich von Mecklenburg-Schwerin war sich nicht zu schade, sein Konterfei in Papiermaché der Nachwelt zu hinterlassen.

Friedrich hatte die Ämter angewiesen, unbrauchbares Papier, vor allem alte Akten der herzoglichen Schreib- und Steuerstuben, kostenlos an die Manufaktur zu liefern. Aus diesem überaus preiswerten Ausgangsstoff entstanden in einem zeitaufwendigen Verfahren begehrte Kunstwerke.

6 Ausgleichsübungen

Kräftigen Sie Ihre Schultermuskulatur:

1. Halten Sie Ihre Wirbelsäule gerade, lassen Sie die Arme am Körper locker herunterhängen.
2. Kreisen Sie mit den Schultern wechselseitig nach hinten.
3. Lockern Sie anschließend das Handgelenk.

1 Rechtschreibprüfung

Mit der Rechtschreibprüfung kann der erfasste Text auf die orthographische Richtigkeit kontrolliert werden. Das Programm benutzt dazu ein Wörterbuch, mit dessen Einträgen der zu prüfende Text verglichen wird. Sie können unbekannte Begriffe in das integrierte Benutzerwörterbuch aufnehmen oder eigene Wörterbücher erstellen.

Die Rechtschreibprüfung wird gestartet über

- das Menü **Extras – Rechtschreibprüfung und Grammatik...**
-  das Symbol in der Standardfunktionsleiste

Arbeitsablauf

1. Setzen Sie den Cursor an den Anfang des Dokuments, wenn das gesamte Dokument überprüft werden soll.
2. Markieren Sie die entsprechenden Wörter, Absätze oder Textteile, falls nur ein Teil des Dokuments überprüft werden soll.
3. Wählen Sie das Menü **Extras – Rechtschreibung und Grammatik.**

   Eine Dialogbox wird angezeigt:

   Im Feld **Nicht im Wörterbuch** zeigt Word ein falsch geschriebenes oder unbekanntes Wort an. Sie können im Feld **Vorschläge** aus der Liste ein Ersatzwort auswählen oder Sie schreiben das richtige Wort ins Feld **Nicht im Wörterbuch** und klicken anschließend auf **Ändern.**

Automatische Rechtschreibprüfung

Das Programm hat beim Start standardmäßig die automatische Rechtschreibprüfung aktiviert. Wörter, die **das Programm** nicht kennt, werden mit einer roten Wellenlinie versehen. Durch einen rechten Mausklick auf eine unterwelltes Wort kann über ein **Kontextmenü** das Wort korrigiert werden.

Stört die automatische Rechtschreibprüfung, kann sie ausgeschaltet werden.

Arbeitsablauf

1. Wählen Sie das Menü **Extras – Optionen... –** Registerkarte **Rechtschreibung und Grammatik.**
2. Deaktivieren Sie das Kontrollkästchen **Rechtschreibung während der Eingabe überprüfen.**
3. Bestätigen Sie die Änderungen mit OK.

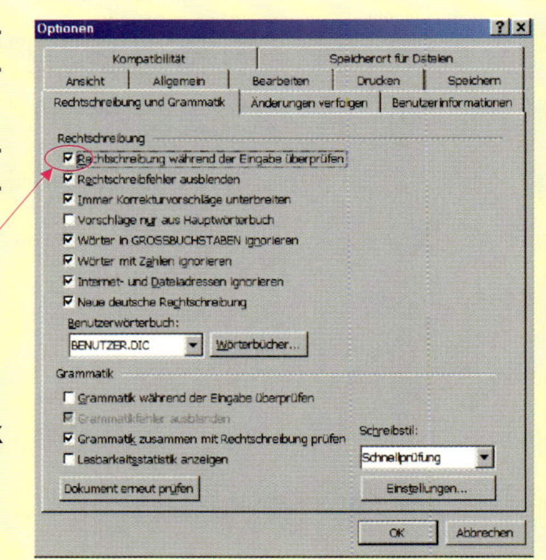

Registerkarte **Rechtschreibung und Grammatik**

Übung

1. Wechseln Sie in das Verzeichnis ***Aufgaben*** und rufen Sie die Datei **BS-5-Übung** auf.
2. Verbessern Sie die Rechtschreibfehler und speichern Sie die Datei unter dem gleichen Namen.

Übung

Verbessern Sie die Fehler:

Die Rechtschreibprüfung

Ein gutes Textverarbeitungssprogramm verfügt über eine Rechttschreibprüfung, die in einem mitgelieferten Lexikon angeboten wird. Das Rechtschreiblexikon von Word2000 enthält ungefähr eine halbe Million Begriffe. Fachspezifische Begriffe sind darin nicht gespeichert und können durch eigene Wörter bücher ergänzt werden. Die Programmhersteller bieten Lexxika in nahezu allen wichtigen Sprachen an.

Die Rechschreibprüfung ist nur dann nützlich, wenn sie von Anfang an gepflegt wird. Überprüfen Sie regelmäßig Ihre Texte und nehmen Sie die neuen Fachwöörter in das Wörterbuch auf. Je mehr Wörter das Prrogramm kennt, umso genauer kann die Rechtschreibprüfung durchgeführt werden.

2 Worttrennung

Bei der linksbündigen Textformatierung wird durch die Worttrennung auch der rechte Rand gleichmäßiger. Bei späteren Absatzformatierungen werden die großen störenden Wortabstände in einer Zeile meist ganz vermieden.

Arbeitsablauf

1. Setzen Sie den Cursor an den Dateianfang.
2. Wählen Sie das Menü **Extras – Sprache – Silbentrennung.**
3. Word öffnet das Dialogfenster:

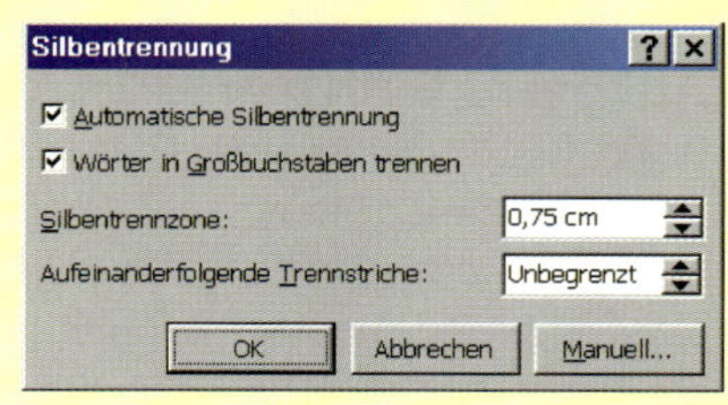

- Ist das Kontrollkästchen ***Automatische Silbentrennung*** aktiviert, so wird der Text schon während des Schreibens nach möglichen Trennungen überprüft und – falls notwendig – die Silbentrennung vorgenommen.
- Die Option ***Großbuchstaben*** definiert, dass auch Wörter in Großbuchstaben z. B. ADAC, ESSO u. a. m. getrennt werden dürfen.
- Mit der ***Silbentrennzone*** wird bestimmt, innerhalb welcher Grenzen getrennt wird. Der Abstand, der standardmäßig mit 0,75 cm eingestellt ist, bedeutet, dass der Abstand zwischen dem rechten Rand und dem Zeilenende nach der Trennung nicht größer als 0,75 cm sein darf.

- Ist die Option ***Manuell*** eingeschaltet, zeigt Word jeden Trennungsvorschlag an, der mit JA oder NEIN bestätigt werden muss.

Übung

Führen Sie im Text **BS-5-Übung** die **Worttrennung** durch und speichern Sie den Text unter dem gleichen Namen.

Aufgabe

Situation

In der Firma Senner schreiben die Auszubildenden im ersten Lehrjahr die Tagespost nach Diktat vom Band. Susanne Ziegler, Auszubildende im dritten Lehrjahr, kann mit dem Textverarbeitungsprogramm schon sehr gut umgehen und ist in der Rechtschreibung so gut wie sattelfest. Deshalb übernimmt sie die Korrektur der erfassten Briefe.

Arbeitsanweisungen

1. Wechseln Sie in das Unterverzeichnis **Aufgaben** und rufen Sie die Datei **BS-5-Korrektur** auf.
2. Verbessern Sie die Fehler.
3. Verwenden Sie im Briefschluss die richtige Abkürzung.
4. Bilden Sie Sinnabsätze.
5. Führen Sie die Worttrennung durch.
6. Drucken Sie die Datei.
7. Speichern Sie die Datei unter dem gleichen Namen.

Ihr Angebot – Textübersetzung

Sehr geehrte Frau Sauter,

wir haben Ihr Angebot erhalten und freuen uns mit Ihnen zusammenzuarbeitten. Wir wollen künftig unsere Repräsentantz in Südamerika ausbauen. Dazu müssen wir unsere Präsentationsunterlagen, Vertragsentwürfe und Betriebssanleitungen ins Spanische übersetzen lassen. Mit Ihren Konditionen sind wird einverstanden, sodass dem Beginn unserer Zusammenarbeitt nichts mehr im Wege steht. Eine Frage haben wir noch: Können Sie gewährleisten, dass die Übersetzungen für Chillenen nicht merkwürdig klingen? Das chilenische Spanisch soll sich ja vom europäischen deutlich unterscheiden. Nicht, dass ich Ihre Kenntnisse in Zweifel ziehen wollte, aber mich beschäftigt der Gedanke, dass man britischen Geschäftspartnern gegenüber ja auch das amerikaniische Englisch vermeidet. Vielleicht gibt es für Spanisch ähnliche Regeln. Können Sie mir in diesem Punkt Gewisssheit geben? Ich wäre Ihnen sehr dankbar, wenn Sie sich noch einmal bei mir melden. Dann können wir alles Weitere besprechen. Sie errreichen mich unter der Telefonnummer 0711 87667.

Freundliche Grüße

im Auftrag Katja Ross

Erarbeitung des Tastenfeldes

1 Wiederholung

```
1 | Es lief alles ideal. Hilde half i. A. Sage: Das Geld half Hilde.
2 | Silke lieh Gisela die Kaffeelöffel. Die Klasse las. Ilja lag da.
3 | Das Fax gefiel. Die Hexe sah dies. Das Eis lag da. Sage das fix.
```

2 Der Buchstabe „c" und die Satzzeichen „Komma" und „Strichpunkt (Semikolon)"

Der Buchstabe **„c"** wird mit dem **linken Mittelfinger** angeschlagen. Die Satzzeichen **„Komma"** und **„Strichpunkt (Semikolon)"** sind mit dem **rechten Mittelfinger** anzuschlagen, wobei beim Anschlag des Strichpunkts (Semikolons) der linke Umschalter bedient werden muss. Nach erfolgtem Anschlag von c, Komma oder Strichpunkt (Semikolon) geht der Mittelfinger zurück in die Grundstellung.

Linke Hand

C = Mittelfinger

Rechte Hand

Komma = Mittelfinger

Semikolon = linker Umschalter, rechter Mittelfinger

3 Schreibtraining

1. Holen Sie ein neues Blatt über das Menü **Datei – Neu – Training.**
2. Erfassen Sie den Text im Fließtext.
3. Gestalten Sie Ihr Arbeitsblatt mit Absätzen.

Aufgabe

➥ Um den Anschlag zum „c", Komma und Strichpunkt (Semikolon) korrekt ausführen zu können, ist die richtige Handhaltung unerlässlich: Finger sind angewinkelt, die Daumen liegen locker auf der Leertaste, Handrücken und Unterarm ergeben eine gerade Linie.

Erarbeitung

```
4 | dedcd dedcd dedcd dedcd dedcd dedcd dcd dcd dcd dcd dcd dcd dcd
5 | kik,k kik,k kik,k kik,k kik,k kik,k k,k k,k k,k k,k k,k k,k k,k
6 | kik,k;k kik,k;k kik,k;k kik,k;k kik,k;k k;k k;k k;k k;k k;k k;k

7 | dcö dcl dck dcj dcö dcl dck dcj dcö dcl dck dcj dcö dcl dck dcj
8 | k,a k,s k,d k,f k,a k,s k,d k,f k,a k,s k,d k,f k,a k,s k,d k,f
9 | k;a k;s k;d k;f k;a k;s k;d k;f k;a k;s k;d k;f k;a k;s k;d k;k
```

Wörter

```
10 | dick dich dick dich dick dich dick dich dick dich dick dich dick
11 | dick, dich, dick, dich, dick, dich, dick, dich, dick, dich, dick,
12 | dich; dick; dich; dick; dich; dick, dich; dick; dich; dick; dich;

13 | Chagall, Chassis, Chagall, Chassis, Chagall, Chassis, Chagall,
14 | Chili, Chile, Chili, Chile, Chili, Chile, Chili, Chile, Chili,
15 | Check, Chef, Check, Chef, Check, Chef, Check, Chef, Check, Chef,

16 | ich schlafe, ich schlafe, ich schlafe, ich schlafe, ich schlafe,
17 | sachlich; sage es sachlich; sage es sachlich; sage es sachlich;
18 | gleich, das Gleiche, gleich, das Gleiche, gleich, das Gleiche,

19 | hacke, kicke, hacke, kicke, hacke, kicke, hacke, kicke, hacke,
20 | schick, scheckig, schick, scheckig, schick, scheckig, scheckig,
21 | schief, schief, die Schieflage, die Schieflage, die Schieflage,

22 | sechs Lexika; sechs Lexika; sechs Lexika; sechs Lexika; sechs;
23 | die Hacke, die Jacke, die Hacke, die Jacke, die Hacke, die Jacke,
24 | Kick; Kachexie; Kick; Kachexie; Kick; Kachexie; Kick; Kachexie;

25 | Seeaal, Lachs; Schaf, Esel; Seeaal, Lachs; Schaf, Esel; Seeaal,
26 | Eiche, Echse, Eiche, Echse, Eiche, Echse, Eiche, Echse, Eiche,
27 | Essecke, Geschick, Essecke, Geschick, Essecke, Geschick, Essecke,

28 | Deckel, Dackel, Deckel, Dackel, Deckel, Dackel, Deckel, Dackel,
29 | Schilf, Schlag, Schlaf, Schleife, Schilf, Schlag, Schlaf, Schild,
30 | Fackel, Fleisch, Fleck, Fisch, Fackel, Fleisch, Fleck, Fisch,
```

Festigung

```
31 | Ich sage es sachlich. Ich kicke gleich. Die Essecke gefiel Ida.
32 | Das scheckige Schaf schlief. Sie sah die Fackel. Fische: Lachs,
33 | Seeaal. Öle die Fische. Das Schild gefiel. Die Schleife lag da.
```

4 Textteile über das Menü/Symbole/Tastatur verschieben und kopieren

Arbeitsablauf

1. Markieren Sie den zu verschiebenden Text.
2. Sie haben drei Möglichkeiten, den Text zu verschieben:

   Menüleiste: Bearbeiten – Ausschneiden

   Symbolleiste: 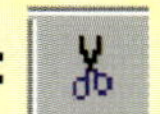

   Tastatur: **UM** + **ENTF**

   Der Text wird gelöscht und in die Zwischenablage kopiert.

3. Setzen Sie den Cursor an die gewünschte Stelle.
4. Um den Text an der gewünschten Position einzufügen, haben Sie drei Möglichkeiten:

   Menü: Bearbeiten – Einfügen

   Symbolleiste:

   Tastatur: **UM** + **EINF**

Verschieben Sie einzelne Absätze der Textübungen.

Übung

Arbeitsablauf

1. Markieren Sie den zu kopierenden Text
2. Sie haben drei Möglichkeiten, den Text zu kopieren:

   Menüleiste: Bearbeiten – Kopieren

   Symbolleiste:

   Tastatur: STRG + EINF

3. Setzen Sie den Cursor an die gewünschte Stelle.
4. Um den Text an der gewünschten Position einzufügen, haben Sie drei Möglichkeiten:

   Menü: Bearbeiten – Einfügen

   Symbolleiste:

   Tastatur: UM + EINF

5 Ausgleichsübungen

Kräftigen Sie Ihre Schultermuskulatur:

1. Sitzen Sie aufrecht auf einem Stuhl und achten Sie auf Ihre Körperhaltung.
2. Strecken Sie Ihre Arme seitwärts aus. Die Handflächen zeigen nach oben.
3. Drehen Sie die Hände möglichst weit nach vorn und hinten.
   Stellen Sie sich anschließend aufrecht hin.
   Greifen Sie mit Ihren Händen abwechselnd weit nach oben, als ob Sie Äpfel pflücken wollen.
4. Wiederholen Sie die Übungen 10-mal.

Zeichenformatierung

Unter Zeichenformatierung versteht man die Gestaltung eines Zeichens oder einer Zeichengruppe. Word bietet verschiedene Gestaltungsmöglichkeiten:

- **Schriftart und Schriftgrad**
- **Schriftschnitt** (Fett-, Kursivdruck, Unterstreichungen, Großbuchstaben, Kapitälchen usw.)

Menü: Format - Zeichen

Hinweise:

- Die Zeichenformatierung kann **direkt** beim Schreiben oder **nachträglich** vorgenommen werden. Bevor Zeichen jedoch formatiert werden können, müssen sie **markiert** werden. Soll nur ein Wort oder ein Absatz formatiert werden, genügt es, den Cursor auf das Wort oder in den Absatz zu setzen.
- Die Zeichenformatierung kann über das Menü **Format – Zeichen** oder bequemer über die Symbole in der **Symbolleiste – Format** erfolgen.

Symbolleiste - Format

1 Schriftart und Schriftgrad (Schriftgröße)

Am schnellsten können Schriftart und Schriftgröße über die Formatierungsleiste zugewiesen werden:

Wird das Listenfeld Schriftart aktiviert, so zeigt die Liste zunächst die zuletzt zugewiesenen Schriften und nach einer doppelten Trennungslinie alle Schriften in alphabetischer Reihenfolge. Das erspart das lästige Suchen nach den häufig verwendeten Schriftarten.

Arbeitsablauf

1. Markieren Sie die Zeichen oder Zeichengruppe, die Sie hervorheben möchten.
2. Klicken Sie in der Formatierungsleiste Schriftart/Schriftgröße an.
3. Word zeigt die markierten Zeichen in der ausgesuchten Schriftart/Schriftgröße an.
4. Klicken Sie mit dem Cursor an einer beliebigen anderen Stelle, um die Markierung aufzuheben.

Übung

Formatieren Sie in den folgenden Zeilen **das Wort „dick"** in **anderen Schriftarten und Größen:**

```
dick dich dick dich dick dich dick dich dick dich dick dich dick
dick, dich, dick, dich, dick, dich, dick, dich, dick, dich, dich,
dich; dick; dich; dick; dich; dick; dich; dick; dich; dick; dich;
```

2 Schriftart und Schriftgröße dauerhaft verändern

Word hat folgende standardmäßige Einstellung der Schriftart und Schriftgröße:

Schriftart: **Times New Roman**

Schriftgröße: **10 pt**

Sollen alle Dokumente in Zukunft mit der Schriftart „Arial" in der Schriftgröße 11 pt geschrieben werden, muss dies in der Dokumentvorlage Nomal.dot gespeichert werden.

Arbeitsablauf

1. Rufen Sie das Menü **Format – Zeichen – Registerkarte Schrift** auf.
2. Wählen Sie in den Feldern Schriftart „Arial" und unter Schriftgrad „11 pt" aus.
3. Klicken Sie auf die Schaltfläche Standard. Folgendes Fenster wird angezeigt:

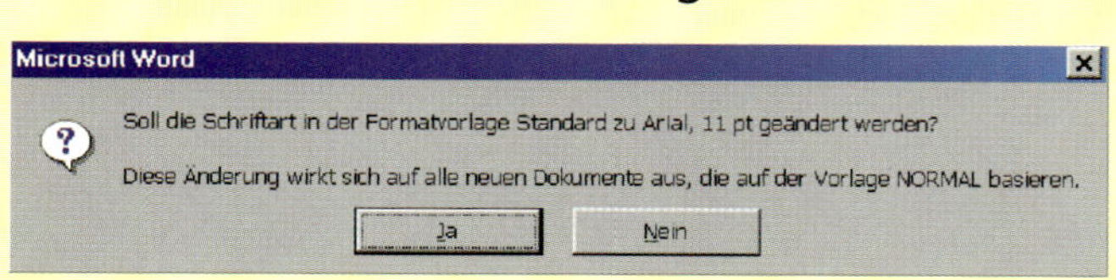

4. Bestätigen Sie die Abfrage mit „Ja" und schließen Sie das Fenster Zeichen mit OK.

3 Schrifttypen

Im Listenfeld „Schriftart" befinden sich die sog. TrueType-Schriften, die mit einem vorangestellten „TT" gekennzeichnet sind und auf jedem windowsfähigen Drucker ausgegeben werden können. Die TrueType-Schriften werden von Windows aus verwaltet und stehen somit allen Windows-Anwendungen zur Verfügung. Die Höhe und Breite der Schrift wird in ***Punkt*** (3 Punkt entsprechen 1 mm) angegeben.

Die TrueType-Schriften zählen zu den **Proportionalschriften,** d. h., die Buchstaben dieser Schriftart sind unterschiedlich breit. Früher konnte man ohne Probleme Textelemente mittels der Leertaste untereinander positionieren. Bei Auswahl von TrueType-Schriften muss man von unterschiedlich breiten Wörtern ausgehen, d. h., die gleiche Anzahl von

Leerzeichen bedeutet nicht automatisch dieselbe Position. Das Gegenstück dazu sind die **Linearschriften,** die dadurch gekennzeichnet sind, dass alle Buchstaben die gleiche Laufweite (wie früher die Schreibmaschinenschriften) haben, die Buchstaben also alle gleich breit sind.

Proportionalschrift → Schriftart
Linearschrift → Schriftart

Eine weitere Unterteilung orientiert sich am Aussehen der Schrift: **Schriften mit Serifen** und **serifenlose Schriften.** Schriften mit Serifen haben kleine Striche am oberen und unteren Ende des Buchstabens, die eine Leselinie bilden und dadurch die Lesbarkeit erhöhen.

4 Gestaltungsregeln zu Schriftarten und -größen

Regeln nach DIN 5008

Wegen der besseren Lesbarkeit sind in fortlaufendem Text zu kleine Schriftgrößen (in der Regel unter 10 Punkt) und ausgefallene Schriftarten und Schriftstile (z. B. Kapitälchen) zu vermeiden.
Die Schriftgröße 12 pt und die Schriftarten Times New Roman oder Arial haben sich in der Geschäftskorrespondenz bewährt.

5 Schriftschnitt

Das Programm versteht unter Schriftschnitt die Hervorhebungen fett, kursiv und unterstrichen. Über die Formatierungsleiste lassen sich diese Hervorhebungen schnell aufrufen.

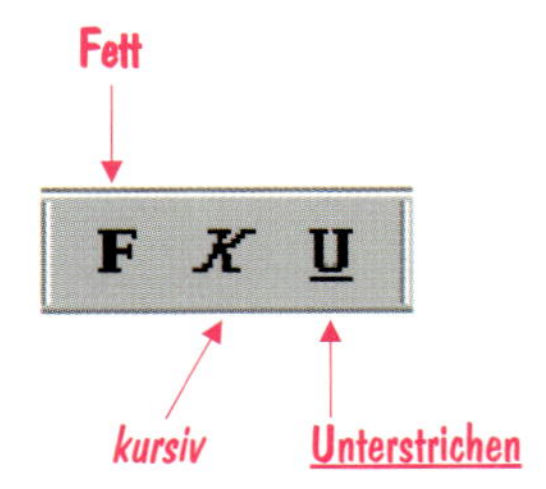

Wird eine Schaltfläche mit einem Mausklick aktiviert, erscheint sie etwas heller. Durch einen weiteren Mausklick wird die Hervorhebung deaktiviert. Die Hervorhebungen sind kombinierbar.

6 Gestaltungsregeln zu Satzzeichen und Hervorhebungen

Regeln nach DIN 5008

Satzzeichen innerhalb und am Ende einer Hervorhebung werden einbezogen, d. h. mit hervorgehoben.

Beispiele: … **Hervorhebung.**
… *Hervorhebung, …*
Achtung!

Übung

Nehmen Sie folgende Formatierungen vor: schlafe, → fett
sagen; → kursiv
das Gleiche, → fett, unterstrichen

```
ich schlafe, ich schlafe, ich schlafe, ich schlafe, ich schlafe,
sachlich; sage es sachlich; sage es sachlich; sage es sachlich;
gleich, das Gleiche, gleich, das Gleiche, gleich, das Gleiche,
```

7 Formatieren während der Texteingabe

Die Hervorhebungen können schon bei der Texteingabe als **Tastenkombinationen** zugewiesen werden. Vorteile: Die Finger bleiben auf der Tastatur, der Schreibrhythmus und die -geschwindigkeit werden beibehalten.

Tastenkombination	Auswirkung
STRG + UM + F	**Fett**
STRG + UM + K	*kursiv*
STRG + UM + U	Unterstrichen

Übung

Schreiben Sie folgende Sätze und nehmen Sie während der Texteingabe die gezeigten Formatierungen vor:

Ich sage es **sachlich.** Ich kicke **gleich.** Die Essecke gefiel *Ida.*
Das scheckige Schaf *schlief.* Sie sah *die Fackel.* Fische: Lachs,
Seeaal. Öle die Fische. Das Schild gefiel. Die Schleife lag da.

Über die Menüleiste **Format – Zeichen – Schrift** können weitere Unterstreichungen, Zeichenfarben und Effekte ausgewählt werden.

Schriftfarbe: Automatisch
Unterstreichung: (ohne)
Farbe: Automatisch

Effekte
- Durchgestrichen
- Doppelt durchgestrichen
- Hochgestellt
- Tiefgestellt
- Schattiert
- Outline
- Relief
- Gravur
- Kapitälchen
- Großbuchstaben
- Ausgeblendet

Übung

Testen Sie die zusätzlichen Hervorhebungsmöglichkeiten:

Hervorhebung	Darstellung
Unterstreichung Einfach Nur Wörter Doppelt Punktiert Fett Strich Punkt Strich Punkt Punkt Strich Welle Outline	 Schleife die Schleife Schleife Schleife Schleife Schleife die Schleife die Schleife Schleife Schleife
Schriftfarbe	Word bietet eine große Auswahl von Farben, vorausgesetzt der Drucker kann Farbe ausdrucken.
Farbe	Im Listenfeld „Farbe“ können Sie eine Farbe für eine eingestellte Unterstreichung auswählen.
Effekte Durchgestrichen Doppelt durchgestrichen Hochgestellt Tiefgestellt Schattiert Umriss Relief Gravur Kapitälchen Großbuchstaben Verborgen	 Schleife Schleife Schleife Schleife Schleife Schleife Schleife Schleife SCHLEIFE SCHLEIFE

Aufgabe

Situation

Frau Zeller ist Sekretärin in einem führenden Fachverlag für Büroorganisation. Der Verlag bietet regelmäßig Fortbildungsseminare für Sekretärinnen an. In dem folgenden Schreiben sollen die Abonnentinnen auf die Seminare aufmerksam gemacht werden.

Arbeitsanweisungen

1. Wechseln Sie in das Unterverzeichnis **Aufgaben** und rufen Sie die Datei **BS-6-Fortbildung** auf.
2. Bilden Sie Sinnabsätze.
3. Nehmen Sie an den mit Wellenlinie gekennzeichneten Stellen die Formatierungen – fett, kursiv oder unterstrichen – vor.
4. Führen Sie die Worttrennung durch und speichern Sie den Brief unter dem gleichen Namen.
5. Drucken Sie die Datei.

Praxiswissen für eine effektive Chefentlastung!
Sehr geehrte Frau . . .,
effiziente Arbeitstechniken, souveränes Konfliktmanagement und eine gehörige Portion Selbstsicherheit sind ausschlaggebende Faktoren, um erfolgreich vorgehen und Vorgesetzte wirkungsvoll entlasten zu können. Nutzen Sie deshalb die Gelegenheit, Ihr Wissen praxisorientiert zu erweitern! Wir bieten Ihnen folgende Seminare an: Die Sekretärin im Rechnungswesen. Sie erhalten fundierte Kenntnisse des betrieblichen Rechnungswesens, um Ihre Vorgesetzten bereits bei der Entscheidungsfindung zu unterstützen und damit zu entlasten. Das moderne Sekretariat. In diesem Seminar lernen Sie Strategien und Methoden kennen, mit denen Sie ihre Arbeit perfekt organisieren und Ihren betrieblichen Alltag noch erfolgreicher gestalten. Rhetorik für Sekretärinnen. Hier wird Ihnen praxisbezogen vermittelt, wie Sie selbstbewusst auftreten und souverän mit schwierigen Situationen umgehen. Chefentlastung durch effiziente Sekretariatsarbeit. In dieser Schulung erfahren Sie, wie Sie durch rationelle Zeitplanung und hohe Sozialkompetenz Ihre Vorgesetzten wirkungsvoll entlasten. Sind Sie dabei? Wir freuen uns darauf, Sie oder interessierte Mitarbeiterinnen begrüßen zu dürfen. Ihre Veronika Zeller

Erarbeitung des Tastenfeldes

1 Wiederholung

```
1 | Die Lexika gefielen. Da lag das Schaf. Die Echse schlief. Die
2 | Eiche fiel. Die schicke Essecke gefiel. Sie lieh die edle Jacke.
3 | Sie sah die Fische. Fische: Seeaal, Lachs. Die Hacke lag da.
```

2 Die Buchstaben „r" und „u"

Der Buchstabe **„r"** wird mit dem **linken Zeigefinger,** der Buchstabe **„u"** mit dem **rechten Zeigefinger** angeschlagen. Beim Anschlag von „r" und „u" ist darauf zu achten, dass nur der Zeigefinger die Grundtaste verlässt und nach dem Anschlag von „r" oder „u" sofort wieder auf die Grundtaste zurückkehrt.

Linke Hand
R = Zeigefinger

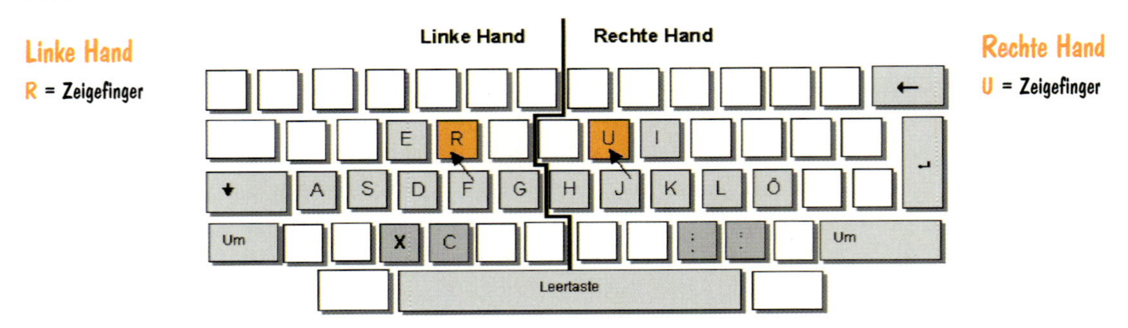

Rechte Hand
U = Zeigefinger

3 Schreibtraining

Aufgabe

1. Holen Sie ein neues Blatt über das Menü **Datei – Neu – Training.**
2. Erfassen Sie die Übungen im Fließtext.
3. Gestalten Sie Ihr Arbeitsblatt mit Absätzen.

➡ Beachten Sie, dass der Zeigefinger sofort – nachdem „r" oder „u" geschrieben wurde – auf die Grundtaste zurückkehrt. Es sei denn, es folgt ein Buchstabe, der mit dem gleichen Zeigefinger angeschlagen wird. Man spricht dann von Sprunggriffen.

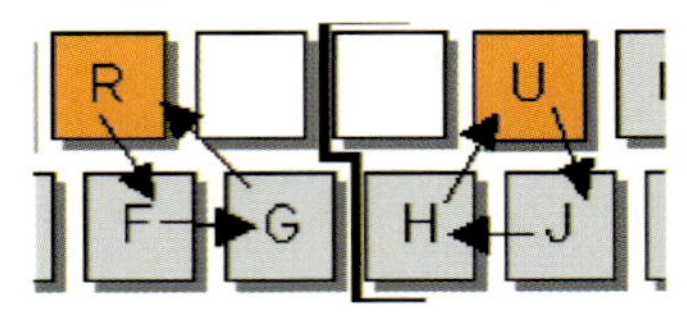

Erarbeitung

```
4 | fgfrf fgfrf fgfrf fgfrf fgfrf fgfrf frf frf frf frf frf frf frf
5 | frj frk frl frö frj frk frl frö frj frk frl frö frj frk frl frö
6 | fra frs frd frf fra frs frd frf fra frs frd frf fra frs frd frf

7 | jhjuj jhjuj jhjuj jhjuj jhjuj jhjuj juj juj juj juj juj juj juj
8 | jua jus jud juf jua jus jud juf jua jus jud juf jua jus jud juf
9 | juö jul juk juj juö jul juk juj juö jul juk juj juö jul juk juj
```

Sprunggriffe

```
10 | frgf fgrf frgf fgrf frgf fgrf frgf fgrf frgf fgrf frgf fgrf frgf
11 | juhj jhuj juhj jhuj juhj jhuj juhj jhuj juhj jhuj juhj jhuj juhj
```

Wörter

```
12 | frei frei frei frei frei frei frei freilich freilich freilich,
13 | frech, frisch, frech, frisch, frech, frisch, frech, frisch, frech
14 | real rissig real rissig real rissig real rissig real real rissig

15 | auf aus auf aus auf aus auf aus auf aus auf aus auf aus auf aus
16 | darauf, heraus, darauf, heraus, darauf, heraus, darauf, heraus,
17 | durch, durchaus, durch, durchaus, durch, durchaus, durch, raus,

18 | Frage, Freak, Frage, Freak, Frage, Freak, Frage, Freak, Frage,
19 | Chiffre Dreck Drache Chiffre Dreck Drache Chiffre Dreck Drache
20 | Grafik Grille Grafik Grille Grafik Grille Grafik Grille Grafik

21 | Erde Erdgas Erdkugel Erde Erdgas Erdkugel Erde Erdgas Erde Erdgas
22 | Frage Fragerei Frage Fragerei Frage Fragerei Frage Frage Fragerei
23 | Kreis, Kreide, Kreis, Kreide, Kreis, Kreide, Kreis, Kreide, Kreis

24 | Rad, Radar, Rasse, Reflex, Riss, Rad, Radar, Rasse, Reflex, Riss,
25 | Ural, Uhr, Ufer, Uhu, Ulk, Ural, Uhr, Ufer, Uhu, Ulk, Ural, Uhr,
26 | Recherche, Ursache, Recherche, Ursache, Recherche, Ursache, Ufer
```

Festigung

```
27 | Chiffriere das. Die Grafik gefiel Ulla. Der Frisör rief die Frau.
28 | Uli fuhr auf das Deck. Die Reise gefiel Ulrike. Sie sah das Rad.
29 | Herr Lars Fei fuhr auf der Karlsruher Höhe. Er sah durch das Rad.
```

4 Ausgleichsübungen

1. Kräftigen Sie Ihre Schultermuskulatur:

Sitzen Sie aufrecht und lassen Sie die Arme locker hängen. Kreisen Sie die Schultern nach hinten. Wiederholen Sie die Übung auch wechselseitig. Wiederholen Sie die Übung mehrmals.

2. Kräftigen Sie Ihre Hüftmuskulatur:

Sitzen Sie aufrecht. Greifen Sie mit den Händen möglichst tief hinten an den Stuhl. Setzen Sie beide Füße gleichzeitig nach innen und dann nach außen. Wiederholen Sie die Übung mehrmals.

1 Animation

Das Programm bietet unter dem Menü **Format – Zeichen** eine weitere Registerkarte **„Animation".** Interessant ist diese Funktion bei der Erstellung von **E-Mails.** Ein wichtiger Hinweis kann z. B. mit einem blinkenden Hintergrund versehen werden.

Übung

Testen Sie die Animationen an folgenden Wörtern:

Frage	blinkender Hintergrund
Freak	funkelnder Text
Chiffre	Las Vegas
Dreck	rote Ameisenkolonne
Drache	schimmernd
Grafik	schwarze Ameisenkolonne

```
Frage, Freak, Frage, Freak, Frage, Freak, Frage, Freak, Frage,
Chiffre Dreck Drache Chiffre Dreck Drache Chiffre Dreck Drache
Grafik Grille Grafik Grille Grafik Grille Grafik Grille Grafik
```

2 Zeichenformate übertragen

Wenn sich Zeichenformate in einem Text mehrfach wiederholen, kann über die Schaltfläche **Format übertragen** die Hervorhebung rationell vorgenommen werden.

Arbeitsablauf

1. Stellen Sie den Cursor in ein Wort mit dem zu übertragenden Zeichenformat.
2. Klicken Sie das Symbol für **Zeichenformat übertragen** an.
3. Klicken Sie mit dem Mauszeiger das Wort an, das dasselbe Format erhalten soll.

Zeichenformat auf mehrere Wörter übertragen:

1. Cursor in ein Wort mit dem zu übertragenden Zeichenformat stellen.
2. Doppelklick auf das Symbol für Zeichenformat übertragen.
3. Mauszeiger nimmt die Form eines Pinsels an.
4. Mit dem Pinsel (Mauszeiger) einzelne Wörter anklicken bzw. Textstellen markieren.
5. Ein Klick auf das Symbol beendet den Vorgang.

Übung

Formatieren Sie das Wort „Erdkugel" mit fett/schattiert/unterstrichen und übertragen Sie die gleichen Zeichenformate auf die Wörter „Fragerei" und „Kreis".

```
Erde Erdgas Erdkugel Erde Erdgas Erdkugel Erde Erdgas Erde Erdgas
Frage Fragerei Frage Fragerei Frage Fragerei Frage Frage Fragerei
Kreis, Kreide, Kreis, Kreide, Kreis, Kreide, Kreis, Kreide, Kreis
```

3 Textmarker

Der Textmarker ist eine weitere Variante der Hervorhebung. Wörter und Texte können wie mit einem Filzstift markiert werden. Dazu stehen 15 Farben zur Auswahl.

Arbeitsablauf

1. Markieren Sie das Wort, das mit einer Farbe hervorgehoben werden soll.
2. Klicken Sie auf das Listenfeld des Textmarkers und weisen Sie die gewünschte Farbe zu.

Mehrere Wörter/Textteile markieren:

1. Klicken Sie in der Formatierungsleiste auf die gewünschte Farbe im Textmarker.
2. Sobald Sie den Cursor in den Text führen, hängt ein Marker am Cursor.
3. Mit gedrückter Maustaste kann der Text wie mit einem Marker hervorgehoben werden.
4. Mit der Taste **ESC** wird die Funktion deaktiviert.

Übung

Markieren Sie mit dem Textmarker die hervorgehobenen Wörter. Verwenden Sie dazu unterschiedliche Farben:

Chiffriere das. Die **Grafik gefiel** Ulla. Der **Frisör rief** die Frau.
Uli fuhr auf das **Deck.** Die **Reise** gefiel **Ulrike.** Sie sah **das Rad.**
Herr Lars Fei **fuhr** auf der **Karlsruher Höhe.** Er **sah** durch das **Rad.**

Aufgabe 1

Situation

Susanne ist Auszubildende in der Weinhandlung REBENSAFT. Für eine Werbeaktion soll sie ein Gedicht zum Thema „Zeit" suchen. Die Aktion soll den Kunden auffordern sich Zeit zu nehmen, um exklusiven Wein zu genießen. Im Internet fand Susanne das folgende Gedicht, das nach dem Herunterladen noch entsprechend formatiert werden muss.

Arbeitsanweisungen

1. Wechseln Sie in das Unterverzeichnis **Aufgaben** und rufen Sie die Datei **BS-7-Werbeaktion** auf.
2. Nehmen Sie folgende Formatierungen **rationell** vor:

Text des Gedichts	Schriftart: Times New Roman Schriftgröße: 14 pt
Überschrift „Nimm dir Zeit"	Schriftgröße: 24 pt Schrifteffekte: Gravur, Outline
Überschrift „Glücksgedicht"	Schriftgröße: 16 pt
1. Zeile in jedem Absatz	Schriftschnitt: Kursiv
2. Zeile in jedem Absatz	Schriftschnitt: Fett

3. Speichern und drucken Sie die Datei.

Nimm dir Zeit

Glücksgedicht

Nimm dir Zeit, um zu arbeiten,
es ist der Preis des Erfolges.

Nimm dir Zeit, um zu spielen,
es ist das Geheimnis der Jugend.

Nimm dir Zeit, um freundlich zu sein,
es ist das Tor zum Glücklichsein.

Nimm dir Zeit, um zu träumen,
es ist der Weg zu den Sternen.

Nimm dir Zeit, um zu lieben,
es ist die wahre Lebensfreude.

Nimm dir Zeit, um froh zu sein,
es ist die Musik der Seele.

Nimm dir Zeit, um zu planen,
dann hast du Zeit für die anderen Dinge.

Irländisch-schweizerisches Gedicht

Aufgabe 2

Situation

Frank und Jeanette sind fertig mit ihrem Hausbau und möchten ein paar Freunde zur Einweihung des neuen Heimes einladen.

Arbeitsanweisungen

1. Wechseln Sie in das Unterverzeichnis **Aufgaben** und rufen Sie die Datei **BS-7-Aufgabe-2** auf.
2. Gestalten Sie die Einladung.
3. Speichern Sie den Text unter dem gleichen Namen.

Die Handwerker sind weg. Jetzt könnt ihr kommen. Am 1. Juli 20.. ist es endlich so weit: Unser neues Haus ist fast fertig. Wir können jetzt aufatmen. Das wollen wir mit euch feiern. Wir erwarten euch ab 18 Uhr. Jeanette und Frank. PS: Bitte bringt einen Salat mit.

Aufgabe 3

Situation

Nicole möchte ihrem Freund zum Geburtstag per E-Mail gratulieren und ihn zu einem gemeinsamen Essen zu zweit einladen.

Arbeitsanweisungen

1. Wechseln Sie in das Unterverzeichnis **Aufgaben** und rufen Sie die Datei **BS-7-Aufgabe-3** auf.
2. Gestalten Sie den Text.
3. Speichern Sie den Text unter dem gleichen Namen.

Sie formuliert folgenden Text:

♥♥♥ Lieber Klaus ♥♥♥, ich habe ihn nicht vergessen! Alles ♥♥♥ Liebe ♥♥♥ zu deinem Geburtstag. Ich freue mich auf unser gemeinsames Essen zu zweit und erwarte dich um 19:00 Uhr bei mir zu Hause. ♥liche Grüße deine Nicole

Erarbeitung des Tastenfeldes

1 Wiederholung

```
1 | Leider sah sie die elf Fehler. Der Fahrlehrer fuhr aus der Garage.
2 | Durch die Recherche sah sie klarer. Der Frisör half auf der Reise.
3 | Die reale Figur fuhr eilig heraus. Der Ausflug gefiel ihr sehr.
```

2 Die Buchstaben „t" und „z"

Der Buchstabe **„t"** wird mit dem **linken Zeigefinger,** der Buchstabe **„z"** mit dem **rechten Zingefinger** angeschlagen. Beim Anschlag von „t" und „z" ist darauf zu achten, dass nur der jeweilige Zeigefinger die Grundtaste verlässt und direkt nach dem Anschlag von „t" oder „z" sofort wieder auf die Grundtaste zurückkehrt.

Linke Hand
T = Zeigefinger

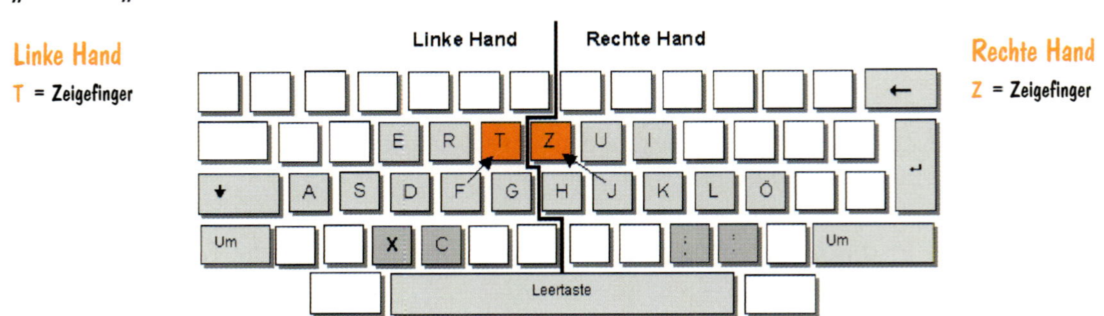

Rechte Hand
Z = Zeigefinger

3 Schreibtraining

Aufgabe

1. Holen Sie ein neues Blatt über das Menü **Datei – Neu – Training.**
2. Erfassen Sie die Übungen im Fließtext.
3. Gestalten Sie Ihr Arbeitsblatt mit Absätzen.

➡ Beachten Sie, dass der Zeigefinger sofort – nachdem „t" oder „z" geschrieben wurde – auf die Grundtaste zurückkehrt. Es sei denn, es folgt ein Buchstabe, der mit dem gleichen Zeigefinger angeschlagen wird. Man spricht dann von Sprunggriffen.

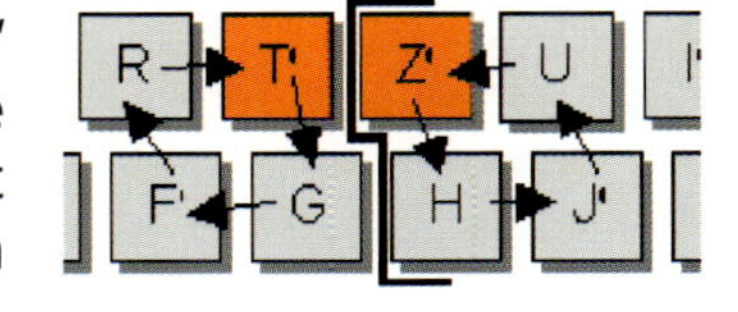

Erarbeitung

```
4 | frftf frftf frftf frftf frftf frftf ftf ftf ftf ftf ftf ftf ftf
5 | ftj ftk ftl ftö ftj ftk ftl ftö ftj ftk ftl ftö ftj ftk ftl ftö
6 | fta fts ftd ftf fta fts ftd ftf fta fts ftd ftf fta fts ftd ftf

7 | jujzj jujzj jujzj jujzj jujzj jujzj jzj jzj jzj jzj jzj jzj jzj
8 | jza jzs jzd jzf jza jzs jzd jzf jza jzs jzd jzf jza jzs jzd jzf
9 | jzö jzl jzk jzj jzö jzl jzk jzj jzö jzl jzk jzj jzö jzl jzk jzj
```

Sprunggriffe

```
10 | frtgf fgtrf frtgf fgtrf frtgf fgtrf frtgf fgtrf fgtrf fgtrf ftf
11 | juzhj jhzuj juzhj juzhj jhzuj juzhj juzhj juzhj juzhj jhzuj jzj
```

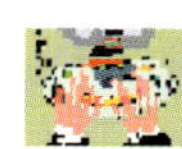

Wörter

Sprunggriffe sind grün markiert:

```
12 | alt alt alt halt halt halte halte halte halte falte falte falte
13 | fast erst zart ehrt gut kauft ist fast erst zart ehrt gut kauft
14 | tat tief teile rate alt uralt eitel fit laut leicht derart hart

15 | heutzutage, tariflich, tatterig, tauche, es taut, geteilt, treu,
16 | dreiteilig, teils gut, telegrafiere es, teuflisch, textil, teste
17 | es, teuer, tief, tierisch, es trieft, trage, traue es, treffe sie

18 | zuhauf zurecht zutage zutiefst zuteil zurzeit zuerst zuallererst
19 | zuallerletzt zuletzt zustellen zirka derzeit zahlte zeigte sitzt

20 | Steuer Start Stelle Stall Stau Statik Statist Stillzeit Strecke
21 | Streit Streitlust Streik Streife Struktur Stuckateur Sturz Stute
22 | Atelier Eitelkeit Richtigkeit Gesetz Glatze Ersatz Hetze Artikel

23 | Teil Tal Tau Tier Takt Teufel Tarif Teak Teich Telegraf Telefax
24 | Zeit Zitat Zahl Zaziki Zecke Zeh Zeile Zelle Zelt Ziffer Zettel
25 | Zertifikat Zigarre Zigarette Trauer Zuschuss Triathlet Zuschlag
```

Festigung

1. Schreiben Sie den folgenden Text im **Fließtext.**
2. Führen Sie anschließend die **Worttrennung** durch und speichern Sie die Übung im **Verzeichnis Übungstexte** unter **t-und-z.**

```
Utz reduzierte kurzfristig die Zulage. Sie zahlte die Schuhe. Zita
skizzierte die gute Idee. Der Fahrer reagierte gereizt. Das Ersatz-
teil ist zu teuer. Der Kritiker erhielt die Zusage. Sie regelte die
Zufahrt. Der Leiter der Stuttgarter Filiale kaufte die teure Reise.
Die Katze lag auf der Stufe. Der Arzt aus Stuttgart erreichte das Ziel.

Auf die Hitze reagierte Zacharias sehr gereizt. Der kurzfristig
gelieferte Stuhl ist zu teuer. Der Zeuge reagierte darauf. Die Zu-
fahrt ist fertig. Gertrud hat jetzt die teure Kerze gekauft. Sie
zerlegte die Sardelle. Das Lied ist der Hit. Theresia zahlte zu-
letzt. Der Stau löste sich auf. Der Aufsatz ist fast fertig. Der
Eilzug hielt kurz. Der Sturz der Aktie steht still.
```

1. Trainieren Sie folgenden Satz **mehrmals**.
2. Schreiben Sie ihn **1 Minute** wiederholt.
3. Zählen Sie die **Anschläge,** die Sie in dieser Minute erreicht haben.

`Der Arzt kaufte die teure Aktie.` 34 Anschläge

4 Ausgleichsübungen

Stärken Sie Ihre Handmuskulatur

Die Übung kann im Sitzen oder im Stehen gemacht werden.

1. Falten Sie Ihre Hände so, dass die Handflächen nach außen zeigen.
2. Strecken Sie die Arme in Schulterhöhe.
3. Halten Sie die Position ungefähr 15 Sekunden, bis die Spannung nachlässt und die Dehnung spürbar wird.
4. Halten Sie dabei das Becken aufrecht. Bauch- und Gesäßmuskeln sind angespannt.

1 Symbole und Sonderzeichen

Nicht alle Zeichen befinden sich auf der Tastatur. Das Programm bietet über das Menü **Einfügen – Symbol...** eine Auswahl von Symbolen und Sonderzeichen. Sie suchen das gewünschte Symbol aus, indem Sie in das Feld klicken. Mit **Einfügen – Schließen** wird das Symbol an der Cursorposition eingefügt.

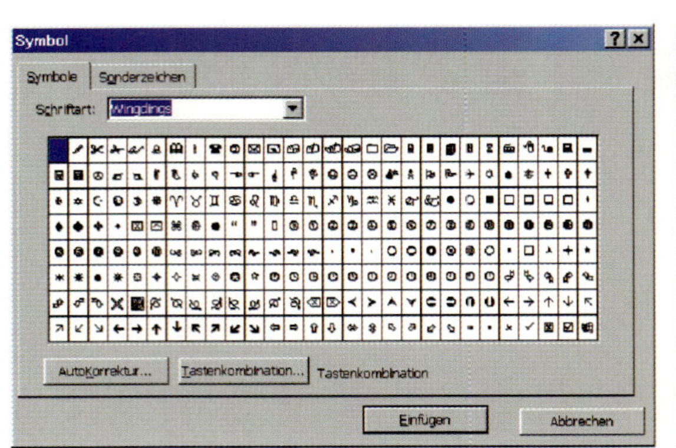

In der Registerkarte **Sonderzeichen** befinden sich Zeichen wie das geschützte Leerzeichen mit den entsprechenden Tastenkombinationen.

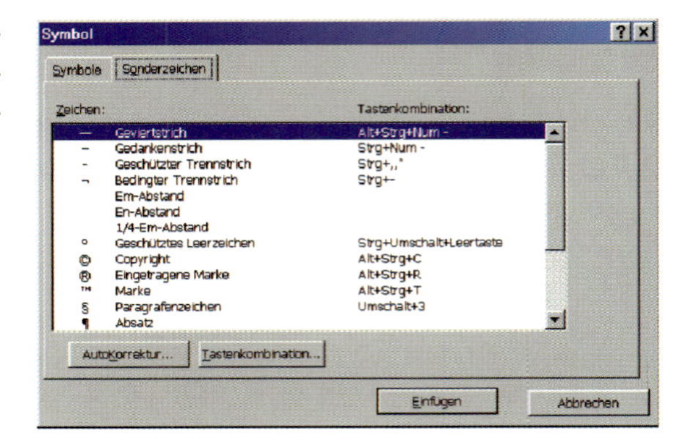

Die Zeichentabellen mit den Symbolen können mit dem aufgeführten Symbol über die Symbolleiste aufgerufen werden: Ω

Übung

1. Suchen Sie zu den Wörtern passende Zeichen in der Zeichentabelle Webdings.
2. Formatieren Sie die Zeichen mit der Schriftgröße 24 pt.
3. Gestalten Sie das Ergebnis nach dem Beispiel.

Haus, Auge, Herz, Fahrrad, Frage, Zug, Fisch, Hund, Katze, Erdkugel

Beispiel:

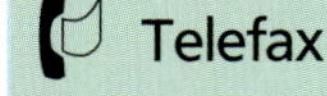 Telefax

 Frau

2 Clip Gallery

Die Clip Gallery enthält hunderte verschiedene Grafiken, die so genannten ClipArts. Neben Grafiken werden auch Fotos, Videos und Sounddateien angeboten.

Clip Gallery starten:

1. Einfügen – Grafik – ClipArt …

oder 

2. Symbolleiste Zeichnen – Schaltfläche ClipArt einfügen.

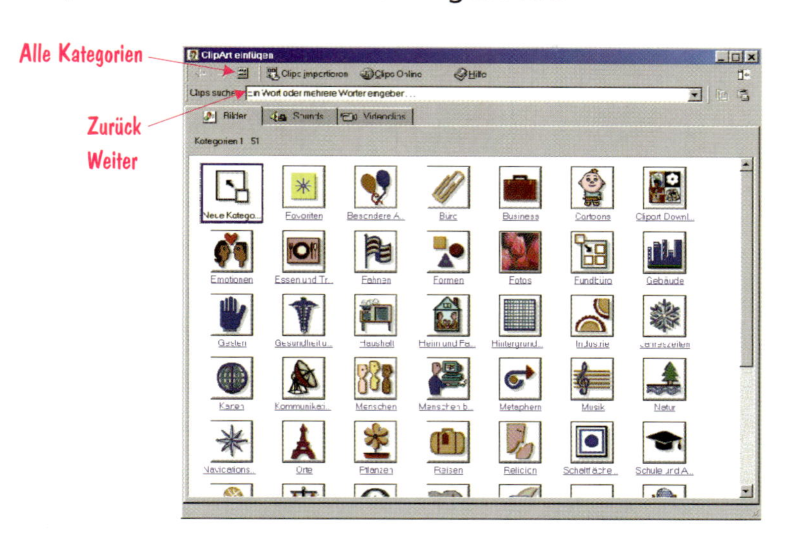

In der Registerkarte **Bilder** befinden sich Grafiken, Fotos und Bilder, die nach Kategorien geordnet sind. Diese ClipArt-Elemente eignen sich zur Gestaltung von Präsentationen und Dokumenten, die ausgedruckt werden. Der Einsatz von ClipArt-Elementen aus den Registerkarten **Sounds** und **Videos** hingegen ist nur bei Online-Dokumenten oder Präsentationen sinnvoll.

Durch Mausklick auf eine Kategorie werden die ClipArt-Elemente innerhalb dieser dargestellt. Fahren Sie mit der Maus über die einzelnen Elemente, werden zusätzliche Informationen zu Größe und Dateityp angegeben.

Klicken Sie mit der linken Maustaste das gewünschte ClipArt-Element an. Das Programm öffnet in einem Kontext-Menü verschiedene Optionen:

Clip einfügen
Das ClipArt-Element wird an der Cursorposition ins Dokument eingefügt.

Clipvorschau
Das Clip-Element wird in einem neuen Fenster vergrößert dargestellt.

Den Clip zu den Favoriten oder einer anderen Kategorie hinzufügen
Benötigen Sie das ausgewählte ClipArt-Element häufiger, kann es über diese Schaltfläche dem Favoriten-Ordner zugeordnet werden. Der Favoriten-Ordner befindet sich im Kategorienkatalog an zweiter Stelle.

Ähnliche Clips suchen
Wollen Sie z. B. zum „Telefon“ weitere Grafiken, übernimmt das Programm für Sie die Suche.

Über das Eingabefeld **Clips suchen:** können Clips auch nach Schlüsselwörtern gesucht werden. Geben Sie dazu den Begriff in das Eingabefeld und bestätigen Sie mit Return. Das Programm zeigt

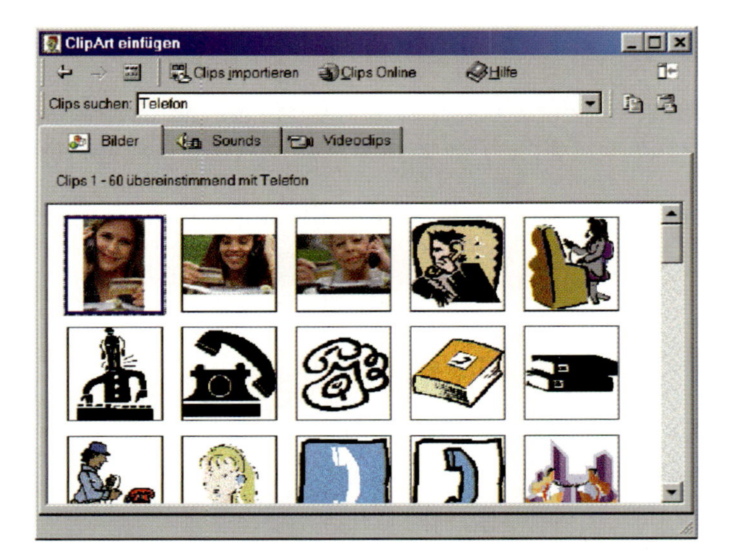

3 Grafik aus einer Internetseite einfügen

Arbeitsablauf

1. Rufen Sie die Internetseite mit der gewünschten Grafik auf.
2. Klicken Sie mit der **rechten Maustaste** auf die Grafik.
3. Wählen Sie im Kontext-Menü den Befehl **„Grafik speichern unter“.**

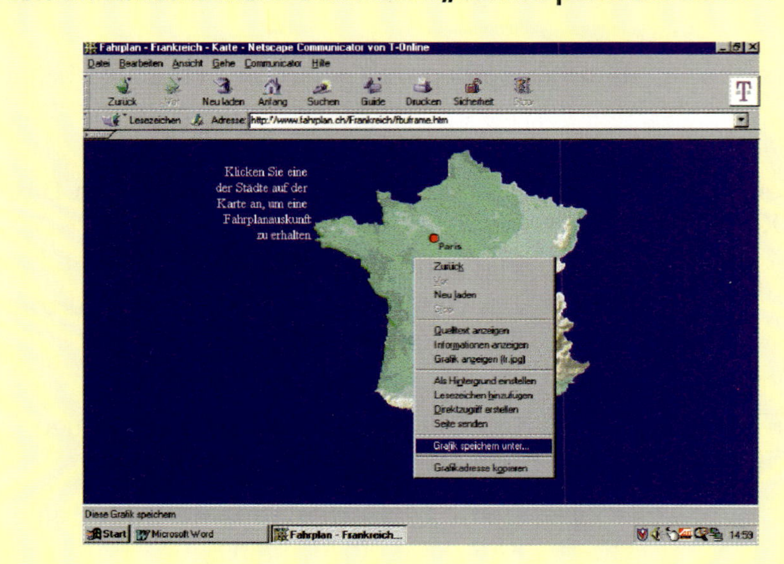

4. Das Programm öffnet das Fenster **„Speichern unter“.** Wählen Sie das Verzeichnis, in dem die Grafik gespeichert werden soll, und bestätigen Sie mit OK.
5. Rufen Sie Word auf und fügen Sie die Grafik über **Einfügen – Grafik – Aus Datei** in das Dokument ein.

4 Digitale Bilder einfügen

Auf dem Markt werden zahlreiche CD-ROMs mit Grafiken und Bildern aller Art angeboten. Diese Grafiken und Bilder sowie Bilder, die mit einer digitalen Kamera aufgenommen wurden, werden über das Menü **Einfügen – Grafik – Aus Datei ...** eingefügt.

Aufgabe

Situation

Die Katze von Juliane wird schon seit drei Wochen vermisst. Deshalb gestaltet sie ein Flugblatt, das sie an den Straßenlaternen der Umgebung, beim Bäcker und Metzger aufhängen möchte. Dazu verfasst sie unten stehenden Text.

Arbeitsanweisungen

1. Wechseln Sie in das Unterverzeichnis **Aufgaben** und rufen Sie die Datei **BS-8-Flugblatt** auf.
2. Gestalten Sie das Flugblatt.
3. Fügen Sie in das Flugblatt das **digitale Bild** von Puschel (Dateiname Katze-Puschel) ein.
4. Ersetzen Sie **Telefon, Telefax, Handy, E-Mail und Internet** durch **passende Zeichen** aus den Zeichentabellen.
5. Speichern Sie das Flugblatt unter dem gleichen Namen.

Wir vermissen seit 25. Februar 20.. unsere

Katze „Puschel“

Sie ist schwarz und hat gelbe Augen. In den Ohren ist sie tätowiert: rechtes Ohr 71522, linkes Ohr 899. Wenn die Sonne auf ihr Fell scheint, schimmert es rot-braun. Ihr Schwanz steht nach einem verheilten Bruch an der Schwanzwurzel leicht seitlich ab. Puschel trägt ein braunes Halsband.

Wenn Sie sie gesehen haben, melden Sie sich bitte:

Telefon: 07191 91988
Telefax: 07191 91987
Handy: 0170 84949494
E-Mail: juliane.sommer@web.de
Internet: www.juliane-sommer.de

Erarbeitung des Tastenfeldes

1 Wiederholung

Erfassen Sie im Fließtext und nehmen Sie die notwendigen Formatierungen vor:

Das Zitat lautet: Zeit ist Geld. Der Kreis der Kritiker löste sich **kurzfristig** auf. Die Schriftart ist sehr gefragt. Der Titel des Textes sagte zu. JULIUS hatte zuerst die Idee. Er **löscht** die Leerzeile. Die direkte Zusage erleichterte alles.

2 Die Buchstaben „w" und „o"

Der Buchstabe **„w"** wird mit dem **linken Ringfinger,** der Buchstabe **„o"** mit dem **rechten Ringfinger** angeschlagen. Beim Anschlag von „w" und „o" ist darauf zu achten, dass nur der jeweilige Ringfinger die Grundtaste verlässt und direkt nach dem Anschlag von „w" oder „o" sofort wieder auf die Grundtaste zurückkehrt.

Linke Hand
W = Ringfinger

Rechte Hand
O = Ringfinger

3 Schreibtraining

Aufgabe

1. Holen Sie ein neues Blatt über das Menü **Datei – Neu – Training.**
2. Erfassen Sie die Übungen im Fließtext.
3. Gestalten Sie Ihr Arbeitsblatt mit Absätzen.

➥ Um den Anschlag zu „w" und „o" korrekt ausführen zu können, ist die richtige Handhaltung unerlässlich: Finger sind angewinkelt, die Daumen liegen locker auf der Leertaste, Handrücken und Unterarm ergeben eine gerade Linie.

Erarbeitung

```
1 | sws sws sws sws sws sws sws sws sws sws sxsws sxsws sxsws sxsws
2 | swj swk swl swö swj swk swl swö swj swk swl swö swj swk swl swö
3 | swa sws swd swf swa sws swd swf swa sws swd swf swa sws swd swf

4 | lol lol lol lol lol lol lol lol lol lol l.lol l.lol l.lol l.lol
5 | loa los lod lof loa los lod lof loa los lod lof loa los lod lof
6 | loj lok lol loö loj lok lol loö loj lok lol loö loj lok lol loö
```

Wörter

```
 7 | wer was wir wie wer was wir wie wer was wir wie wer was wir wie
 8 | soll froh hohe hohl also soll froh hohe hohl also soll froh hohe
 9 | wo woher woraus wodurch wozu wohl wohlauf sowohl obwohl sowieso

10 | die Waage, das Wachs, die Wahl, der Wald, das Wasser, der Weiher,
11 | die Oder, das Office, der Offsetdruck, die Orchidee, die Order,
12 | der Ort, die Welle, der Ottawa, der Wurf, der Oxer, die Wilderer,

13 | die Floskel, das Dorf, das Softeis, der Storch, der Stock, der
14 | Clou, die Cola, das Chlor, der Zweifelsfall, der Gitterrost,
15 | solide, solch, sogleich, stolz, zwölf, zwei, zweistellig, trotz,

16 | die erfolgreiche Rolle, der erfolglose Fahrer, wiederhole sofort,
17 | gut korrigiert, weitere Rekorde, der wilde Löwe, esse Schokolade,
18 | er erwiderte schroff, der Soziologe sagt die Wahrheit, es ist so,
```

Festigung

1. Schreiben Sie folgenden Text im **Fließtext.**
2. Führen Sie anschließend die **Worttrennung** durch und speichern Sie die Übung im **Verzeichnis Übungstexte** unter **w-und-o.**

```
Gewiss wiederholt sie es. Der Lehrer forderte es. Das Wasser ist
gechlort. Sofia sortiert die Stoffreste. Die Zweigstelle feiert
jedes Jahr die Sieger der Wettfahrt. Er erreichte weitere Rekorde.
Das Trio ist darauf stolz. Das schwere Gewitter war letzte Woche.
Sie kaufte Sojasalat. Das Deo roch gut. Der Astrologe war sehr
gefragt. Der Darsteller wollte die schwierige Rolle. Trotz der
Sorge war Rolf ruhig. Die Sorte wird gut gekauft. Sie orderte
jetzt die Stoffe. Sie wiederholte das Wort. Herr Herzog
fotografierte die Wölfe. Stolz zeigte er das fertig gestaltete Logo.
```

4 Ausgleichsübungen

Stärken Sie Ihre Nacken- und Halsmuskulatur

1. Ziehen Sie Ihr Kinn in aufrechter Sitzhaltung in Richtung Körper. Wiederholen Sie die Übung mehrmals.
2. Stellen Sie sich aufrecht hin. Neigen Sie den Kopf auf eine Seite. Die Handfläche des Gegenarms drücken Sie gleichzeitig in Richtung Boden und verbleiben Sie kurze Zeit in der Position. Wiederholen Sie die Übung wechselseitig.

Absatzformatierung

Nicht nur Zeichen, sondern auch Absätze können formatiert werden. Absätze werden durch zwei **Absatzmarken** eingeschlossen.

1 Gestaltungsregel: Absätze

Regeln nach DIN 5008

Absätze sind vom vorhergehenden und vom folgenden Text jeweils durch eine Leerzeile zu trennen.
Vor einem Absatz sind immer 2 Zeilenschaltungen einzugeben.

Hinweise:

- Vor dem Formatieren muss der Absatz markiert oder der Cursor in den Absatz gestellt werden.
- Ein Absatz kann während der Texteingabe oder nachträglich formatiert werden. Werden Absatzformatierungen vor der Texteingabe vorgenommen, muss berücksichtigt werden, dass die Absatzmarke die vorgenommenen Formatierungen speichert. Die Formatierungen müssen gelöscht werden, wenn man im Standardformat weiterschreiben will.
- Absatzformatierungen können über verschiedene Symbole in der Symbolleiste Format oder über das Lineal vorgenommen werden. Im Menü **Format – Absatz** können mehrere Formatierungen in einem Arbeitsgang zugewiesen werden.

2 Ausrichtung eines Absatzes über die Symbolleiste

Die Ausrichtung eines Absatzes gibt seine Position in Bezug auf die Seitenränder an. Es gibt vier Möglichkeiten, einen Absatz auszurichten:

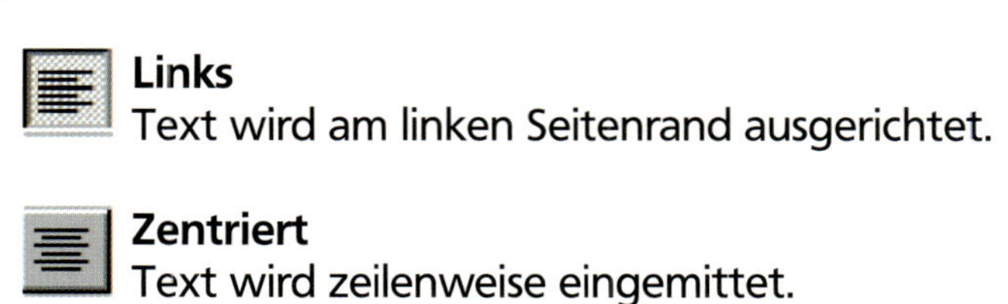

Links
Text wird am linken Seitenrand ausgerichtet.

Zentriert
Text wird zeilenweise eingemittet.

Rechts
Text wird am rechten Seitenrand ausgerichtet.

Block
Der Text wird sowohl links als auch rechts bündig mit dem Rand ausgerichtet.

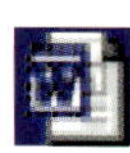

3 Ausrichtung eines Absatzes über das Menü Format – Absatz

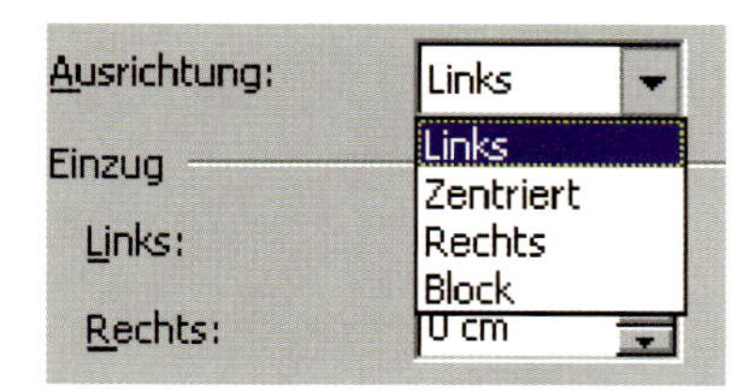

4 Ausrichtung eines Absatzes mit Shortcuts

Ausrichtung	Tastenkombination
Blocksatz	Strg + B
Zentriert	Strg + E
Links	Strg + L
Rechts	Strg + R

5 Gestaltungsregel: Zentrieren

Regeln nach DIN 5008

Zentrierte Textteile werden vom vorausgehenden und vom folgenden Text durch je eine Leerzeile abgesetzt.

Tipp: In Geschäftsbriefen sollten nur einzeilige Textteile zentriert werden.

Übung 1

Wechseln Sie in das Verzeichnis **Aufgaben** und rufen Sie die Datei **BS-9-Übung-Zentrieren** auf.

Gestalten Sie den Brieftext.

Sehr geehrter Herr Franke,

vielen Dank für Ihre freundliche Beratung und die interessanten Informationen zu dem geplanten Seminar.

Bis zum 30. Mai 20.. reserviere ich Ihnen den folgenden Termin:

25. bis 28. August 20.. in Frankfurt

Dieses Seminar führe ich gerne für Sie durch. Ich garantiere Ihnen praxisorientierte Inhalte, die auf den Bedarf Ihrer Teilnehmer zugeschnitten sind.

Bitte informieren Sie mich, für welchen Termin Sie sich entscheiden.

Freundliche Grüße aus Stuttgart

Übung 2

Schreiben den folgenden Treppensatz und nehmen Sie die entsprechenden Absatzformatierungen vor:

Das schwere Gewitter war letzte Woche.

Das	Das	Das
Das schwere	Das schwere	Das schwere
Das schwere Gewitter	Das schwere Gewitter	Das schwere Gewitter
Das schwere Gewitter war	Das schwere Gewitter war	Das schwere Gewitter war
Das schwere Gewitter war letzte	Das schwere Gewitter war letzte	Das schwere Gewitter war letzte
Das schwere Gewitter war letzte Woche.	Das schwere Gewitter war letzte Woche.	Das schwere Gewitter war letzte Woche.
Das schwere Gewitter war letzte	Das schwere Gewitter war letzte	Das schwere Gewitter war letzte
Das schwere Gewitter war	Das schwere Gewitter war	Das schwere Gewitter war
Das schwere Gewitter	Das schwere Gewitter	Das schwere Gewitter
Das schwere	Das schwere	Das schwere
Das	Das	Das

Übung 3

1. Wechseln Sie in das Verzeichnis **Aufgaben** und rufen Sie die Datei **BS-9-Übung-Wortspiele** auf.
2. Gestalten Sie die Texte.
3. Entwickeln Sie **selbst** ähnliche **Wortspiele** mit **Absatzformatierungen.**

Wortverästelungen nach Hans Manz:

AST AST AST AST
AST AST AST AST AST
AST AST AST AST AST AST
TASTE ASTI LAST LAST ASTI TASTE
LASTER ASTOR ELAST ELAST ASTOR LASTER
BASTARD ASTHMA DAMAST DAMAST ASTHMA BASTARD
PASTORIN ASTARTE BALLAST BALLAST ASTARTE PASTORIN
PASTETE ASTRID MORAST MORAST ASTRID PASTETE
KASTEN ASTER KNAST KNAST ASTER KASTEN
PASTE ASTA MAST MAST ASTA PASTE
AST AST AST AST AST AST
AST AST AST AST AST
AST AST AST AST
STAMMSTAMM
STAMMSTAMM
STAMMSTAMM
STAMMSTAMM
STAMMSTAMM
STAMMSTAMM
STAMMTSTAMMT
STAEMMIGSTAEMMIG
STAMBAUMBAUMSTAMM

Nach Hans Manz:

Was ist das?

Baum Baum Baum *Baum*
Baum *Baum Baum*
Baum *Baum*
Baum
B um

Waldsterben

Übung 4

1. Rufen Sie die Datei w-und-o auf.
2. Formatieren Sie den Text mit 10 pt, Worttrennung mit Blocksatz.

```
Gewiss wiederholt sie es. Der Lehrer forderte es. Das Wasser ist
gechlort. Sofia sortiert die Stoffreste. Die Zweigstelle feiert
jedes Jahr die Sieger der Wettfahrt. Er erreichte weitere Rekorde.
Das Trio ist darauf stolz. Das schwere Gewitter war letzte Woche.
Sie kaufte Sojasalat. Das Deo roch gut. Der Astrologe war sehr ge-
fragt. Der Darsteller wollte die schwierige Rolle. Trotz der Sorge
war Rolf ruhig. Die Sorte wird gut gekauft. Sie orderte jetzt die
Stoffe. Sie wiederholte das Wort. Herr Herzog fotografierte die
Wölfe. Stolz zeigte er das Logo.
```

Übung 5

Schreiben Sie beide Sätze je 1 Minute. Sie sollten jetzt in einer Minute ungefähr 60 – 80 Anschläge erreichen.

`Wortkarg fuhr der Coach das Auto aus der Gefahr.` 52 Anschläge

`Sie erstellte die logische Folge.` 35 Anschläge

Aufgabe 1

Situation

Regine arbeitet im Sekretariat des Hotels „Schöne Aussicht". Eine ihrer Aufgaben ist es, Speisekarten und Menüvorschläge in einem ansprechenden Layout zu schreiben. Sie soll für eine Hochzeit einen Gestaltungsvorschlag machen.

Arbeitsanweisungen

1. Wechseln Sie in das Unterverzeichnis **Aufgaben** und rufen Sie die Datei **BS-9-Menüvorschlag** auf.
2. Gestalten Sie die Speisekarte.
3. Speichern Sie die Datei unter dem gleichen Namen.

Hotel „Schöne Aussicht" – Hochzeits-Buffet: Hummerrahmsuppe mit geräucherten Jacobsmuscheln und Pastinakenrauten *** Seeteufelroulade, gefüllt mit Mangold und einer Garnelenfarce – geräucherte Entenbrust mit pikanter Soße – Perlhuhn mit weißen Trüffelscheiben und Steinpilzen – geräuchertes Rinderfilet mit einer Radieschenvinaigrette – Parmaschinkenröllchen mit grünen Spargelspitzen – Rehrücken nach „St. Hubertus" mit Cumberlandsauce – Languste „Pariser Art" – Waldorfsalat, Papayasalat – Salat vom Kalbsbries mit Spargelspitzen – Salat „Windsor", Salat „Nizza" – Artischockensalat mit Schalotten, Tomaten und Parmesan – Blattsalate mit Balsamico-Dressing, American-Dressing, French-Dressing, Roquefort-Dressing, Italian-Dressing *** Kalbsrücken „Orlow" mit Gänseleber und Trüffeln – Zander und Aalfilet in einer Krebs-Sauerampfersauce – Lamm „Baron" mit Prinzessbohnen – Gratinkartoffeln, schwarze Bandnudeln – französisches Baguette, Nussbrot, Pumpernickel, gesalzene Butter *** Maracujacreme, Mousse au Chocolat, gebackene Früchte, kleine Törtchen, Baumkuchen, hausgemachtes Eis *** 5-stöckige Hochzeitstorte

Aufgabe 2

Situation

Juliane macht eine Ausbildung als Reisekauffrau in einem Reisebüro, das für Sekretärinnen Fortbildungsseminare im Urlaub anbietet.

Arbeitsanweisungen

1. Wechseln Sie in das Unterverzeichnis **Aufgaben** und rufen Sie die Datei **BS-9-Zeitungsanzeige** auf.
2. Gestalten Sie die Anzeige.
3. Speichern Sie die Anzeige unter dem gleichen Namen.

Folgende Anzeige soll in der Tageszeitung veröffentlicht werden:

Sind Sie Sekretärin?
Wollen Sie das Angenehme mit dem Unangenehmen verbinden?
Dann sind Sie bei uns an der richtigen Adresse!
Machen Sie Urlaub und besuchen Sie gleichzeitig eines unserer Seminare.
Der neue Prospekt „Die Sekretärin im Urlaub" ist erschienen.
Sie können ihn kostenlos anfordem unter 🖷 07191 2420-844 oder ☏ 846.

Erarbeitung des Tastenfeldes

1 Wiederholung

Schreiben Sie die folgenden Sätze als aufsteigende Treppensätze und nehmen Sie die entsprechenden Absatzformatierungen vor.

Die Die Wolle Die Wolle wurde Die Wolle wurde gekauft.	Olga Olga reagiert Olga reagiert sehr Olga reagiert sehr gereizt.	Lore Lore erhielt Lore erhielt die Lore erhielt die Zusage.

2 Die Buchstaben „v" und „m"

Der Buchstabe **„v"** wird mit dem **linken Zeigefinger,** der Buchstabe **„m"** mit dem **rechten Zeigefinger** angeschlagen. Beim Anschlag von „v" und „m" ist darauf zu achten, dass nur der jeweilige Zeigefinger die Grundtaste verlässt und direkt nach dem Anschlag von „v" oder „m" sofort wieder auf die Grundtaste zurückkehrt.

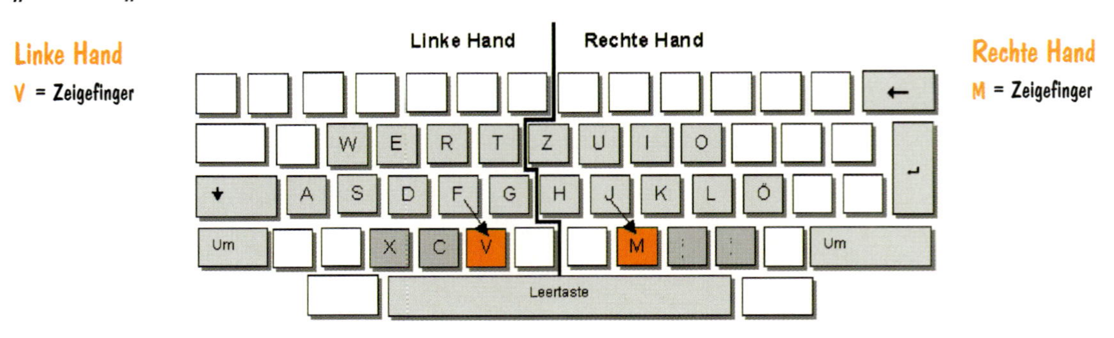

3 Schreibtraining

Aufgabe

1. Holen Sie ein neues Blatt über das Menü **Datei – Neu – Training.**
2. Erfassen Sie die Übungen im Fließtext.
3. Gestalten Sie Ihr Arbeitsblatt mit Absätzen.

➡ Beachten Sie, dass der Zeigefinger sofort – nachdem „v" oder „m" geschrieben wurde – auf die Grundtaste zurückkehrt. Es sei denn, es folgt ein Buchstabe, der mit dem gleichen Zeigefinger angeschlagen wird. Man spricht dann von Sprunggriffen.

Erarbeitung

```
1 | fgfvf fgfvf fgfvf fgfvf fgfvf fgfvf fvf fvf fvf fvf fvf fvf fvf
2 | fvj fvk fvl fvö fvj fvk fvl fvö fvj fvk fvl fvö fvj fvk fvl fvö
3 | fva fvs fvd fvf fva fvs fvd fvf fva fvs fvd fvf fva fvs fvd fvf

4 | jhjmj jhjmj jhjm jhjmj jhjmj jhjmj jmj jmj jmj jmj jmj jmj jmj
5 | jma jms jmd jmf jma jms jmd jmf jma jms jmd jmf jma jms jmd jmf
6 | jmö jml jmk jmj jmö jml jmk jmj jmö jml jmk jmj jmö jml jmk jmj
```

Sprunggriffe

```
 7 | frftfgfvf frftfgfvf frftfgfvf frtfgfvf frftfgfvf frftfgfvf fvf
 8 | jujzjhjmj jujzjhjmj jujzjhjmj jujzjhjmj jujzjhjmj jujzjhjmj jmj
```

Wörter

```
 9 | viel voll vor voraus vorher vollauf voreilig variiere virtuos
10 | verfolge, verabrede, verfasse, verfechte, verreise, vertiefe,
11 | verwalte, verlor, vorzeitig, verflixt, verhasst, vorweg, vorlaut,

12 | meist mies mich mickrig miete misslich misstrauisch missmutig
13 | mittellos mitteldeutsch mittelfristig mittelalt modisch möglich
14 | mollig muffelig multilateral mutig massiv mittags meist markiert

15 | Verdeck Vergabe Vergleich Verkauf Verkehr Verkehrsdichte Verlass
16 | Verlauf Verleih Verlust Verrat Verschluss Vertrag Verzehr Verzug
17 | Verzicht Vordach Vorfreude Vorfall Vorgesetzte Vorlauf Vorschuss

18 | das Mahl, der Magister, die Magie, der Magier, der Mais, Malmö
19 | Mallorca Malta Mai Mammut Markt Maske Melodie Mathematik Miami
20 | Maurer Meerrettich Meister Meter Musik Miete Meer Milch Milieu

21 | Mode Mehl Misswirtschaft Misskredit Misslaut Missgriff Missmut
22 | Missgeschick Misserfolg Missgriff Mittag Mittelalter Mittelfeld
23 | Modell Mofa Motiv Motor Motocross Motto Multimedia Mumm Murmel
```

Festigung

1. Schreiben Sie den folgenden Text im **Fließtext.**
2. Führen Sie anschließend die **Worttrennung** durch.
3. Formatieren Sie den Text mit **Blocksatz.**
4. Speichern Sie den Text im Verzeichnis **Übungstexte** unter **v-und-m.**

```
Das Faxformular erleichtert die Zusage. Sie formuliert die Frage.
Der Vertreter erhielt die Vollmacht. Das Schriftgut wurde im Archiv
gesammelt. Der Schmuck aus dieser Goldschmiede gefiel Vera sehr.

Familie Visterer aus Ulm verkauft das Klavier. Der Text wurde auf-
merksam markiert. Auf dem Vertrag steht das aktuelle Datum. Im Laufe
der Zeit erhöhte sich die Summe.

Der Vorfall wiederholte sich mehrmals. Die Firma verkauft die wert-
volle Vase. Der Text wird formatiert. Vor kurzem mietete Herr Vektor
die Villa auf Mallorca. Der Schmuck wurde im Museum ausgestellt.

Am Samstag hat Herr Voss die gesamte Summe gezahlt. Das Musical Cats
erfreute die Zuschauer. Der Film wurde mehrmals gezeigt. Der
Mathematiklehrer hört immer aufmerksam zu. Der Multimediacoach zeigt
die aktuelle Software.
```

4 Ausgleichsübungen

Verbessern Sie Ihre Koordination

1. Setzen Sie sich aufrecht hin. Greifen Sie gleichzeitig mit der linken Hand ans rechte Knie und mit der rechten Hand an die Nase.
2. Klatschen Sie mit beiden Händen auf die Oberschenkel.
3. Fassen Sie dann mit der linken Hand an die Nase und mit der rechten Hand ans Knie.
4. Klatschen Sie mit beiden Händen auf die Oberschenkel.

Wiederholen Sie die Punkte 1 bis 4 mehrmals so schnell wie möglich.

Einzüge

Unter einem Einzug versteht man den Abstand zwischen dem Seitenrand und dem linken Rand des zu formatierenden Absatzes.

1 Einzüge über das Menü definieren

Über das Menü **Format – Absatz** können Einzüge **millimetergenau** definiert werden.

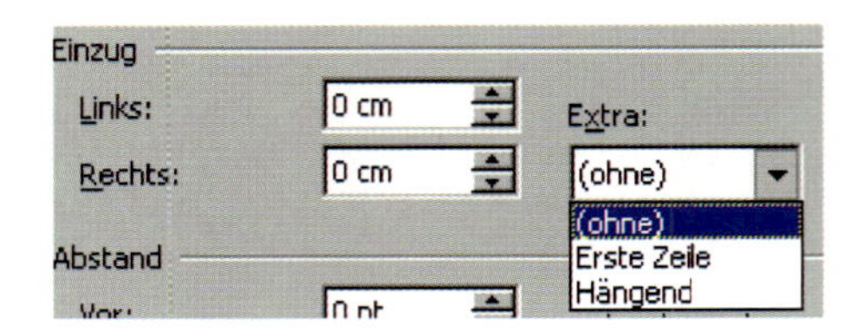

Übung 1

Rufen Sie den Text **v-und-m** aus dem Verzeichnis **Übungstexte** auf und gestalten Sie die Absätze mit folgenden Einzügen:

Menü **Format – Absatz EINZUG/*Links* 2,54 cm** (entspricht Grad 20 – **Einrückung** an der Schreibmaschine).

Das Faxformular erleichtert die Zusage. Sie formuliert die Frage. Der Vertreter erhielt die Vollmacht. Das Schriftgut wurde im Archiv gesammelt. Der Schmuck aus dieser Goldschmiede gefiel Vera sehr.

Wählen Sie im Menü **Format – Absatz – Einzug von rechts 3 cm.**

Familie Visterer aus Ulm verkauft das Klavier. Der Text wurde aufmerksam markiert. Auf dem Vertrag steht das aktuelle Datum. Im Laufe der Zeit erhöhte sich die Summe.

Wählen Sie im Feld **Einzug – Extra – Erste Zeile 2 cm.**

Der Vorfall wiederholte sich mehrmals. Die Firma verkauft die wertvolle Vase. Der Text wird formatiert. Vor kurzem mietete Herr Vektor die Villa auf Mallorca. Der Schmuck wurde im Museum ausgestellt.

Wählen Sie im Feld **Einzug – Extra – Hängend 3 cm.**

Am Samstag hat Herr Voss die gesamte Summe gezahlt. Das Musical Cats erfreute die Zuschauer. Der Film wurde mehrmals gezeigt. Der Mathematiklehrer hört immer aufmerksam zu. Der Multimediacoach zeigt die aktuelle Software.

2 Gestaltungsregel: Einrücken

Eingerückte und zentrierte Textteile werden vom vorausgehenden und vom folgenden Text durch je eine ***Leerzeile*** abgesetzt.

Regel nach DIN 5008

Einrückung

Übung 2

1. Rufen Sie die Datei **BS-10-Übung-Einrückung** aus dem Unterverzeichnis **Aufgaben** auf.
2. Gestalten Sie den Text.

Sehr geehrte Frau Maier,

viele Bankkunden würden regelmäßig etwas sparen – wenn da nicht immer das gleiche Problem wäre:

Will man einen attraktiven Zinssatz für sein Geld, so muss man sich für eine bestimmte Zeit festlegen. Was ist aber dann, wenn man vor Ablauf dieser Zeit sein Erspartes benötigt?

Einrückung auf 2,5 cm

Dieses Problem gibt es jetzt nicht mehr. Wir haben einen neuen Sparvertrag, wie ihn sich nicht nur unsere Kunden wünschen:

FLEXUS – Die Erfolgsleiter für flexibles Sparen.

Sehen Sie sich doch einfach den beiliegenden Prospekt an. Dort finden Sie alle Vorteile, Berechnungsbeispiele und weitere Informationen zu FLEXUS.

Zentrieren

Freundliche Grüße

3 Einzüge über das Lineal definieren

4 Einzüge über die Symbolleiste definieren

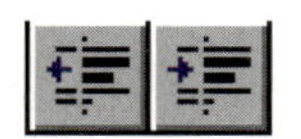

Mit den beiden Symbolen kann man einen Absatz mit einem Mausklick um jeweils **1,25 cm** nach rechts einrücken bzw. wieder zurückschieben.

Um schnell einen Absatz einzurücken, können die Schalter in der Symbolleiste genutzt werden. Eine Einrückung beginnt normalerweise auf 2,54 cm. Praxisgerechter ist es, die Einrückung über das Symbol auf **2,5 cm** vorzunehmen.

5 Abstand

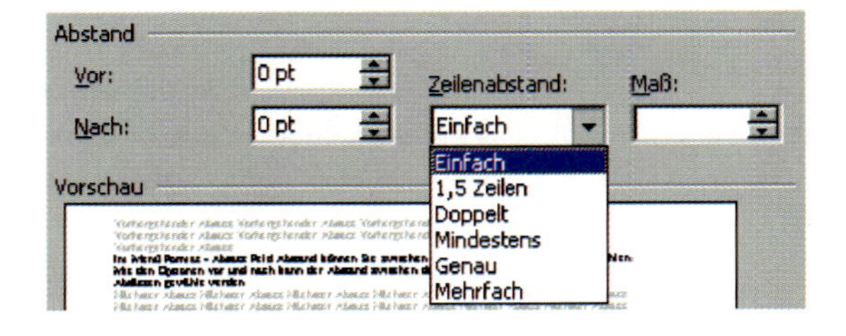

Im Menü **Format – Absatz Feld Abstand** kann der Zeilenabstand innerhalb eines Absatzes festgelegt werden. Mit den Optionen ***Vor*** und ***Nach*** kann der Abstand zwischen den vorausgehenden und nachfolgenden Absätzen vergrößert oder verkleinert werden.

Abstand innerhalb eines Absatzes

Einfach: Der Zeilenabstand richtet sich nach dem größten Zeichen in der Zeile

Der Zeilenabstand richtet sich nach dem **größten Zeichen** in der Zeile.

1,5 Zeilen, Doppelt, Mehrfach: Der Zeilenabstand wird auf 1,5 Zeilen, 2-zeilig (doppelt) oder auf ein beliebiges Maß (z. B. 3-zeilig) vergrößert.

1,5 Zeilen	2-zeilig	3-zeilig
Der Zeilenabstand wird zur Demonstration auf 1,5 Zeilen, 2-zeilig (doppelt) oder auf ein beliebiges Maß vergrößert. Die Unterschiede sind augenfällig.	Der Zeilenabstand wird zur Demonstration auf 1,5 Zeilen, 2-zeilig (doppelt) oder auf ein beliebiges Maß vergrößert.	Der Zeilenabstand wird zur Demonstration auf 1,5 Zeilen, 2-zeilig (doppelt) oder auf ein

Genau: Sie können hier ein Maß eingeben, z. B. 10 pt. Dieses Maß wird unabhängig von der Zeichengröße eingehalten.

Sie können hier ein Maß eingeben, z. B. 6 pt. Dieses Maß wird unabhängig von der Zeichengröße eingehalten.

Übung 3 Gestalten Sie den 1. Absatz mit einem Zeilenabstand 1,5 und den 2. Absatz mit einem Zeilenabstand 2:

Das Faxformular erleichtert die Zusage. Sie formuliert die Frage. Der Vertreter erhielt die Vollmacht. Das Schriftgut wurde im Archiv gesammelt. Der Schmuck aus dieser Goldschmiede gefiel Vera sehr.

Familie Visterer aus Ulm verkauft das Klavier. Der Text wurde aufmerksam markiert. Auf dem Vertrag steht das aktuelle Datum. Mit diesem Fall befasst sich am Mittwoch das Gericht. Im Laufe der Zeit erhöhte sich die Summe.

Aufgabe

Situation

Franziska arbeitet bei dem großen deutschen Wirtschaftsmagazin „Wirtschaft heute und morgen". Um neue Abonnenten zu gewinnen, entwarf sie den folgenden Brieftext:

Arbeitsanweisungen

1. Wechseln Sie in das Unterverzeichnis **Aufgaben** und rufen Sie die Datei **BS-10-Wirtschaft** auf.
2. Gestalten Sie den Text mit Absätzen und rücken Sie den unterstrichenen Text normgerecht ein.
3. Führen Sie die **Worttrennung** durch.
4. Formatieren Sie den Text mit **Blocksatz.**
5. Speichern Sie die Datei unter dem gleichen Namen.

Sehr geehrte…, **„Wirtschaft heute und morgen"** ist nicht nur Deutschlands meistgelesenes Wirtschaftsmagazin, „Wirtschaft heute und morgen" ist auch das Wirtschaftsmagazin, das am häufigsten zitiert wird. Und das aus gutem Grund! Jede Ausgabe ist das Ergebnis fundierter Recherchen. Unsere Redakteure kennen ihr Metier und verstehen es, selbst komplizierte Sachverhalte verständlich zu erklären. Qualität ist unser oberstes Prinzip. Konkrete Beispiele und Fallanalysen machen die Welt der Wirtschaft transparent, ohne oberflächlich zu bleiben. <u>Überzeugen Sie sich selbst! Fordern Sie unser Testpaket mit den nächsten 3 Ausgaben von **„Wirtschaft heute und morgen"** für nur 10,00 € an. Sie erhalten dann zusätzlich 3-mal zur Monatsmitte den internen Finanzbrief direkt aus unserer Redaktion. Darüber hinaus bekommen Sie einen exklusiven Design-Pen als Dankeschön für Ihr Interesse!</u> Freuen Sie sich auf spannende Reportagen und ausgezeichnete Empfehlungen zu allen Themen rund um Ihre Geldanlage, Steuern, Rechtsfragen, Versicherung und Karriere, und dies alles frei Haus und mit unübertroffenem Informationsgehalt. Sichern Sie sich ab heute die Kompetenz von **„Wirtschaft heute und morgen"** für Ihre privaten und geschäftlichen Ziele. Mit freundlichen Grüßen

Erarbeitung des Tastenfeldes

1 Wiederholung

Laden Sie die Datei **BS-11-Übung-Calling** aus dem Verzeichnis **Aufgaben** und nehmen Sie die notwendigen Zeichen- und Absatzformatierungen vor:

¶
Calling-Cards¶
¶
Wer·vom·Urlaubsort·nach·Hause·telefonieren·will,·zahlt·schnell·zu·viel.·Das·bequeme·Telefongespräch·im·Hotel·ist·oft·die·teuerste·Möglichkeit.·¶
¶
Eine·preiswerte·Variante·für·Anrufe·aus·dem·Ausland·bieten·die·Calling-Cards.·Das·sind·chiplose·Plastikkarten·mit·aufgedruckten·Informationen.·Sie·dienen·als·eine·Merkhilfe·für·die·kostenlose·Netzzugangsnummer·des·Inhabers.·Die·meisten·Karten·funktionieren·nach·dem¶
¶
Call-Through-System.¶
¶
Man·wählt·dazu·eine·im·Land·kostenlose·Nummer·an·und·identifiziert·sich·mit·der·Geheimnummer.·Sobald·das·Freizeichen·ertönt,·kann·die·gewünschte·Rufnummer·gewählt·werden.·¶
¶
Über·die·kostenfreie·0800-Nummer·der·jeweiligen·Anbieter·lassen·sich·Gesprächskosten·um·bis·zu·80·Prozent·senken.·¶
¶
Die·Karten·sind·fast·weltweit·–·bei·einigen·Angeboten·sogar·mit·dem·eigenen·Handy·–·nutzbar.·¶
¶

2 Die Buchstaben „b" und „n"

Der Buchstabe **„b"** wird mit dem **linken Zeigefinger,** der Buchstabe **„n"** mit dem **rechten Zeigefinger** angeschlagen. Beim Anschlag von „b" und „n" ist darauf zu achten, dass nur der jeweilige Zeigefinger die Grundtaste verlässt und direkt nach dem Anschlag von „b" oder „n" sofort wieder auf die Grundtaste zurückkehrt.

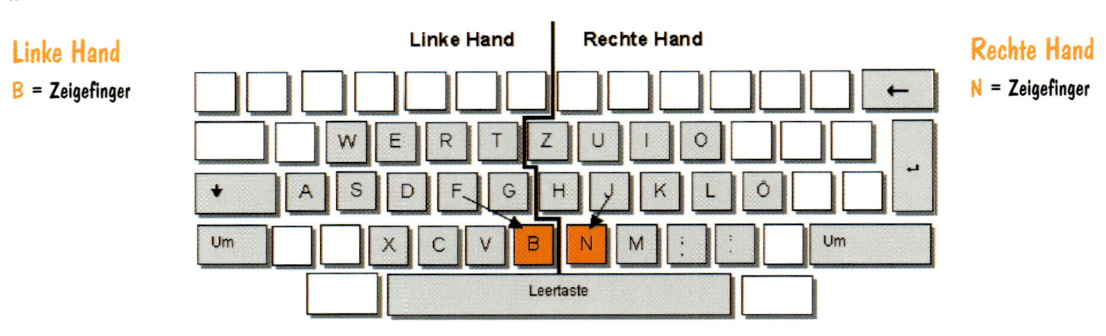

3 Schreibtraining

Aufgabe

1. Holen Sie ein neues Blatt über das Menü **Datei – Neu – Training.**
2. Erfassen Sie die Übungen im Fließtext.
3. Gestalten Sie Ihr Arbeitsblatt mit Absätzen.

➥ Beachten Sie, dass der Zeigefinger sofort – nachdem „b" oder „n" geschrieben wurde – auf die Grundtaste zurückkehrt. Es sei denn, es folgt ein Buchstabe, der mit dem gleichen Zeigefinger angeschlagen wird. Man spricht dann von Sprunggriffen.

Erarbeitung

1 fvfbf fvfbf fvfbf fvfbf fvfbf fvfbf fbf fbf fbf fbf fbf fbf fbf
2 fbj fbk fbl fbö fbj fbk fbl fbö fbj fbk fbl fbö fbj fbk fbl fbö
3 fba fbs fbd fbf fba fbs fbd fbf fba fbs fbd fbf fba fbs fbd fbf

4 jmjnj jmjnj jmjnj jmjnj jmjnj jmjnj jnj jnj jnj jnj jnj jnj jnj
5 jna jns jnd jnf jna jns jnd jnf jna jns jnd jnf jna jns jnd jnf
6 jnö jnl jnk jnj jnö jnl jnk jnj jnö jnl jnk jnj jnö jnl jnk jnj

Sprunggriffe

7 frtgvbf frtgvbf frtgvbf frtgvbf frtgvbf frtgvbf frtgvbf frtgvbf
8 juzhmnj juzhmnj juzhmnj juzhmnj juzhmnj juzhmnj juzhmnj juzhmnj

Wörter

9 blau bald bist beim blau bald bist beim blau bald bist beim blau
10 breit bereit beide bevor barock breit bereit beide bevor barock

11 neu nein nah nur nun nie nicht neu neun nein nah nur nun nie neun
12 nach naiv nasal nass nasskalt neidvoll niemals notieren nunmehr

13 der Bericht, die Bestimmung, die Bildung, die Bank, der Betrag,
14 der Betrieb, die Bibliothek, der Bezug, die Befragung, der Bonus,

15 Nachlass, Nachteil, Nachnahme, Niveau, Niederlassung, Netz, Note,
16 im November, in Not, die Navigation, die Natur, der Nennbetrag,

Festigung

1. Schreiben Sie den folgenden Text im **Fließtext.**
2. Führen Sie anschließend die **Worttrennung** durch.
3. Formatieren Sie den Text mit **Blocksatz.**
4. Speichern Sie den Text im Verzeichnis **Übungstexte** unter **b-und-n.**

Unterschriftsvollmacht

Um einen reibungslosen Ablauf im Betrieb zu sichern, sollten Sie Ihren Mitarbeitern eine Unterschriftsvollmacht erteilen. Damit sind sie berechtigt, Entscheidungen und Bestellungen bis zu einem be-stimmten Betrag vorzunehmen.

Die Kundennummer

Wenn Sie viele Kunden haben, lohnt es sich, eine individuelle Kun-dennummer zu vergeben. Das hat den Vorteil, dass schriftliche und telefonische Anfragen einfacher zugeordnet werden können.

4 Ausgleichsübungen

Schulter- und Nackenpartie:

1. Sitzen Sie aufrecht, halten Sie den Kopf gerade und drücken Sie mit einer Hand von der Seite gegen Ihren Kopf. Halten Sie die Spannung 5 – 10 Sekunden und wiederholen Sie das Ganze auf der anderen Seite.
2. Verschränken Sie die Hände miteinander, heben Sie sie vor den Kopf und drücken mit der Stirn dagegen, wieder 5 – 10 Sekunden gegen die Spannung anhalten.
3. Pressen Sie beide Hände gegen den Hinterkopf und halten Sie 5 – 10 Sekunden dagegen.

Seitenformatierung

1 Seite einrichten

Über das Menü ***Datei – Seite einrichten*** kann eine A4-Seite individuell eingerichtet werden. Die Standard-Seiteneinrichtung unter Word sieht wie folgt aus:

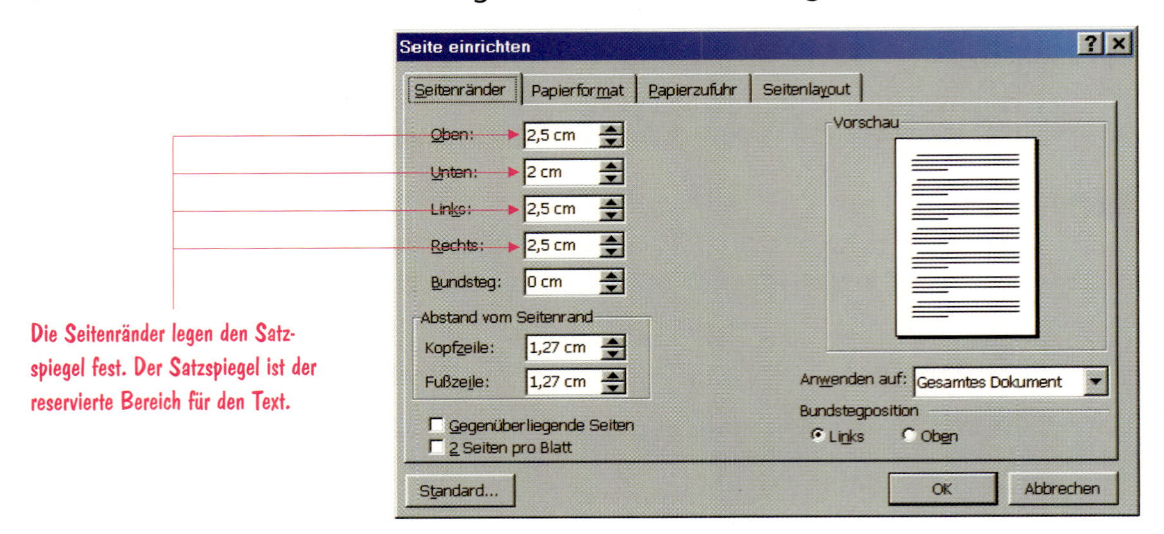

Standardeinrichtung einer A4-Seite

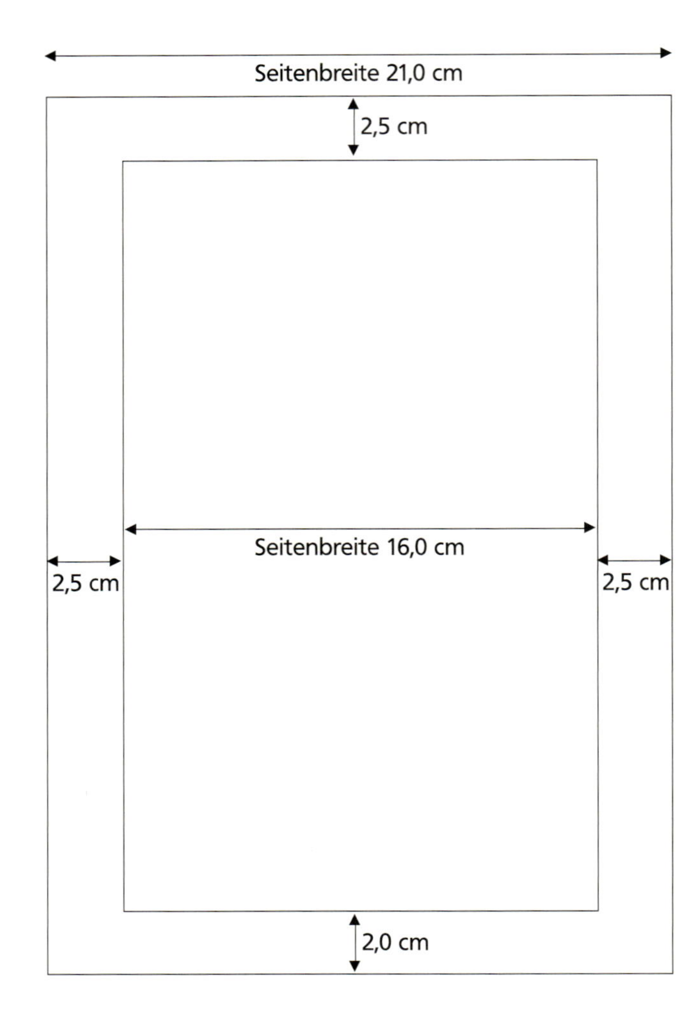

2 Papierformat ändern

Das Papierformat kann über das Menü ***Datei – Seite einrichten – Papierformat*** geändert werden.

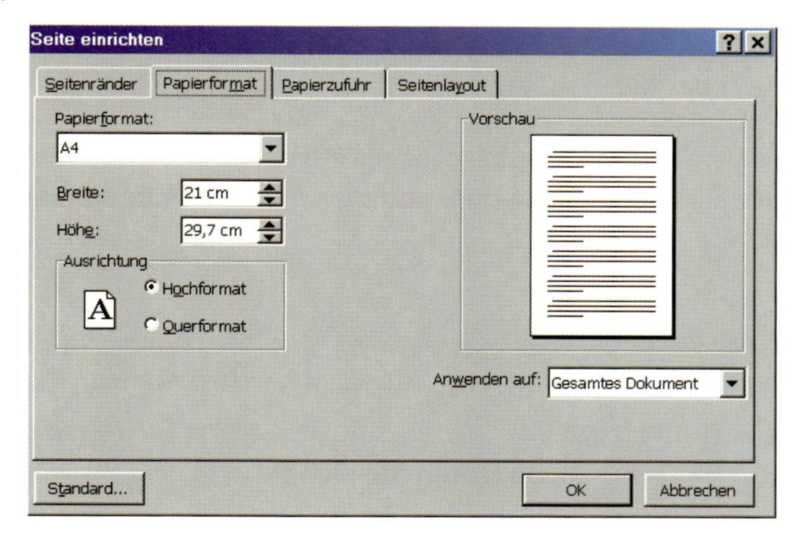

- Unter der Option **Papierformat** können genormte Papierformate ausgewählt werden. Außerdem ist es möglich, benutzerdefinierte Formate einzugeben.
- Über die Option **Ausrichtung** kann das Dokument im Hochformat oder im Querformat ausgerichtet werden.

Die gängigsten Formate der DIN-A-Reihe

DIN A2	420 mm × 594 mm
DIN A3	297 mm × 420 mm
DIN A4	210 mm × 297 mm
DIN A5	148 mm × 210 mm
DIN A6	105 mm × 148 mm
DIN A7	74 mm × 105 mm

Übersicht:

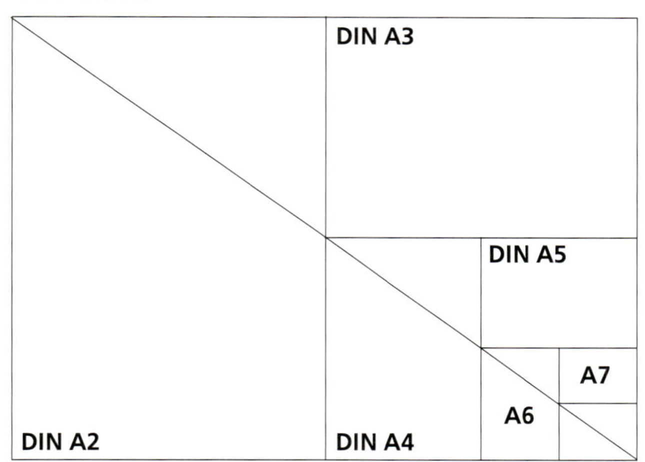

Aufgabe

Situation

In Ihrer Firma nehmen die Klagen der Mitarbeiterinnen und Mitarbeiter über Rücken- und Kopfschmerzen zu. Deshalb sollen regelmäßig Seminare zum Thema „Ergonomie am Arbeitsplatz" stattfinden. Ihr Chef bittet Sie folgenden Aushang zu gestalten.

Arbeitsanweisungen

1. Wechseln Sie in das Unterverzeichnis Aufgaben und rufen Sie die Datei **BS-11-Ergonomie** auf.
2. Gestalten Sie den Text mit einer passenden Grafik.
3. Wählen Sie das Papierformat **A4 quer** und stellen Sie die **Seitenränder** ein:
   Oben: 3,0 cm
   Unten: 3,8 cm
   Links: 2,5 cm
   Rechts: 2,5 cm
4. **Drucken** und **speichern** Sie die Datei unter dem gleichen Namen.

So halten Sie sich fit!

Seminar: Ergonomie am Arbeitsplatz

Referentin: Doris Gummel

Wann? Immer montags vor Arbeitsbeginn.

Sind Sie interessiert?

Dann tragen Sie sich in die Liste ein.

Erarbeitung des Tastenfeldes

1 Wiederholung

1. Schreiben Sie die folgenden Sätze im **Fließtext.**
2. Heben Sie den Satz **„Die neue Regel wird in der Handreichung verdeutlicht."** durch **Zentrierung** und **Fettdruck** hervor.
3. Führen Sie anschließend die **Worttrennung** durch.
4. Formatieren Sie den Text mit **Blocksatz.**

```
Herr Nieder nahm Bezug auf die Bestellung. Trainieren und verbessern
Sie gezielt Ihr Auftreten. Die Angaben werden durch Fettschrift oder
Farbe hervorgehoben. Die neue Regel wird in der Handreichung ver-
deutlicht. Sie beherrscht die Theorie der Informationsverarbeitung.
Das Kreditinstitut gab die richtige Bankleitzahl an.
```

2 Die Buchstaben „q" und „p"

Der Buchstabe **„q"** wird mit dem **linken kleinen Finger,** der Buchstabe **„p"** mit dem **rechten kleinen Finger** angeschlagen. Beim Anschlag von „q" und „p" ist darauf zu achten, dass nur der jeweilige kleine Finger die Grundtaste verlässt und direkt nach dem Anschlag von „q" und „p" sofort wieder auf die Grundtaste zurückkehrt.

Linke Hand
Q = Kleiner Finger

Rechte Hand
P = Kleiner Finger

3 Schreibtraining

Aufgabe

1. Holen Sie ein neues Blatt über das Menü **Datei – Neu – Training.**
2. Erfassen Sie die Übungen im Fließtext.
3. Gestalten Sie Ihr Arbeitsblatt mit Absätzen.

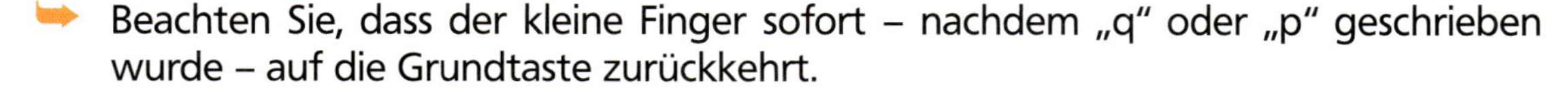
➡ Beachten Sie, dass der kleine Finger sofort – nachdem „q" oder „p" geschrieben wurde – auf die Grundtaste zurückkehrt.

Erarbeitung

```
1 | aqa aqa aqa aqa aqa aqua aqua aqua aqua aqua aqua aqua aqua aqua
2 | aquj aquk aqul aquö aquj aquk aqul aquö aquj aquk aqul aquö aqua
3 | aqua aqus aqud aquf aqua aqus aqud aquf aqua aqus aqud aquf aqua

4 | öpö öpö öpö öpö öpö öpö öpö öpö öpö öpö öpö öpö öpö öpö öpö öpö
5 | öpa öps öpd öpf öpa öps öpd öpf öpa öps öpd öpf öpa öps öpd öpf
6 | öpj öpk öpl öpö öpj öpk öpl öpö öpj öpk öpl öpö öpj öpk öpl öpj
```

Wörter

```
 7 | quaken, quatschen, quellen, quittieren, quotieren, quasi, quer
 8 | bequem schlafen, liquide Mittel, qualvoll, qualitativ getestet,
 9 | qualifizierte Mitarbeiter, bereits quittiert, konsequent leiten,
```

Lesen Sie die Bedeutung der unbekannten Wörter im Duden nach!

```
10 | packen, pampig, penibel, perplex, pfiffig, picken, platzen, polar
11 | paradox, papillar, parallel, parat, partiell, passiv, penetrant,
12 | politisch, potenziell, prima, privat, produzieren, profan, pushen
```

Festigung

1. Schreiben Sie den folgenden Text im **Fließtext.**
2. Führen Sie anschließend die **Worttrennung** durch.
3. Formatieren Sie den Text mit **Blocksatz.**
4. Speichern Sie den Text im Verzeichnis **Übungstexte** unter **p-und-q.**

Text 1

Das **Paragrafenzeichen** darf nur in Verbindung mit darauf folgenden Zahlen verwendet werden. **Postfachnummern** werden von rechts nach links in Zweiergruppen gegliedert. **Postleitzahlen** werden nicht ge-gliedert. Vor und nach dem **Prozentzeichen** steht ein Leerzeichen.

Text 2

Firmen mit hohem Postaufkommen können bei der Post eine **Postleitzahl** beantragen. Das hat den Vorteil, dass die Briefe vorrangig bearbei-tet und schneller an den Adressat weitergeleitet werden.

Text 3

Pannenhilfe am Personalcomputer

Sie wollen z.B. eine Quittung am PC ausdrucken und der Drucker rea-giert nicht. Ein Blick auf den Drucker zeigt, dass die rote Lampe blinkt und einen Papierstau anzeigt. Um dies in Zukunft zu vermei-den, sollten Sie beachten, dass das Druckerpapier zwei unterschied-liche Seiten hat. Legen Sie das Papier so ein, dass die glattere Seite bedruckt wird. Auf der Verpackung des Papierpaketes befindet sich ein Pfeil, der auf die glattere Oberseite hinweist.

Hierzu noch ein Praxistipp: Lassen Sie angebrochene Papierstapel in der Verpackung, denn sie ist ein guter Schutz gegen Feuchtigkeit.

4 Ausgleichsübungen

Kräftigen Sie Ihre Bein- und Hüftmuskulatur:

Radfahren

1. Setzen Sie sich ganz nach vorne auf den Stuhl und stützen Sie mit den Händen den Körper seitlich ab.
2. Ziehen Sie abwechselnd die Beine an und strecken Sie sie nacheinander in Kreisbewe-gung vorwärts.
3. Wiederholen Sie die gleiche Übung rückwärts.

1 Die Initiale erzeugen

In Märchenbüchern, Romanen und Büchern mit Kurzgeschichten sieht man sehr häufig, dass die Kapitel mit einem dekorativen großen Buchstaben beginnen. Diese gestalteten Buchstaben am Absatzanfang nennt man Initialen. Auch mit dem Textverarbeitungsprogramm kann man Schriftstücke mit Initialen repräsentativ gestalten.

Die Initiale kann zwei- oder dreimal größer als ein normales Zeichen und in einer anderen Schriftart gestaltet werden.

Arbeitsablauf

1. Markieren Sie den betreffenden Absatz oder stellen Sie den Cursor in den betreffenden Absatz.
2. Wählen Sie das Menü **Format – Initial.**

   Folgendes Fenster öffnet sich:

   Word bietet zwei Möglichkeiten an:

   Initial im Text

   Das Initial befindet sich im Satzspiegel und verdrängt dort den Text.

   Initial im Rand

   Der Großbuchstabe wird von Word in den linken Randbereich gesetzt, sodass der Text nicht berührt wird.

   Unter dem Feld Optionen können Sie folgende Einstellungen vornehmen:

   Schriftart

   Soll das Initial in einer anderen Schriftart als der restliche Text dargestellt werden, kann über diese Option die gewünschte Schriftart eingestellt werden.

   Initialhöhe

   Über das Feld Initialhöhe wird der Schriftgrad des Initials bestimmt.

   Abstand zum Text

   Damit das Initial nicht zu sehr am Text klebt, kann man über das Feld „Abstand zum Text" den Abstand regeln.
3. Nehmen Sie die gewünschten Einstellungen vor und bestätigen Sie mit OK.

2 Ein Initial löschen

Soll ein vorhandenes Initial gelöscht werden, muss man den Cursor in den Absatz stellen und im Menü **Format – Initial** die Option Ohne aktivieren.

Übung

1. Schreiben Sie den Text in der **Schriftgröße 18 pt** und definieren Sie einen Einzug von links mit **6 cm.** Die **Initialhöhe** beträgt **2 Zeilen** und der **Abstand zum Text 0,2 cm.**

Initial. Ein Initial ist ein besonders gestalteter Buchstabe am Absatzanfang.

2. Schreiben Sie den Text in der **Schriftgröße 18 pt.** Wählen Sie im Feld Position die **Option „Im Text"** und definieren Sie die **Initialhöhe mit 3 Zeilen** sowie den Abstand zum Text mit **0,2 cm.**

C**ookie** bedeutet auf Englisch Keks. Es handelt sich um eine Datei, die ein Web-anbieter auf der Festplatte des Nutzers ablegt. Der Anbieter kann so feststellen, wann der Nutzer die betreffende Seite besucht hat.

3. Rufen Sie die Datei **BS-12-Übung-Experiment** im Verzeichnis **Aufgaben** auf und gestalten Sie sie mit Initial:

Wir Menschen nehmen heute am größten Experiment der Menschheitsgeschichte teil! Wir wollen offenbar heraus-finden, was mit der Erde passiert, wenn...

Dieser Versuch findet nicht im Labor statt. Er wird auch nicht von Wissenschaftlern durchgeführt und ist uns längst außer Kontrolle geraten: Die ganze Menschheit experimentiert. Unser Versuchskaninchen ist die Erde.

Aufgabe

Situation

Frau Koch betreut die Auszubildenden in der Abteilung Registratur. Damit sich die Auszubildenden mit einigen Fachbegriffen vertraut machen können, erstellt sie ein kleines Lexikon:

Arbeitsanweisungen

1. Wechseln Sie in das Unterverzeichnis **Aufgaben** und rufen Sie die Datei **BS-12-Lexikon** auf.
2. Formatieren Sie den Text mit **Schriftgröße 16 pt** und gestalten Sie **jeden Absatz** mit einem **Initial.**
3. **Drucken** und **speichern** Sie die Datei.

📖 **Lexikon – Sprechende Nummer:** Einer Ziffer oder Zahl wird eine bestimmte Bedeutung zugeordnet, z. B. Autokennzeichen, Postleitzahlen. – **Nichtsprechende Nummer.** Es kann durch die Nummer kein Bezug zum Ordnungssachverhalt hergestellt werden. Es handelt sich um eine willkürlich fortlaufende Nummerierung. – **Ablageplan.** Ein Ablageplan legt fest, wie Schriftgut behandelt und aufbewahrt werden soll. Das hat den Vorteil, dass nicht zu viel oder zu aufwendig abgelegt und nicht zu lange aufbewahrt wird. – **Mehrfachablagen.** Schriftgut wird in zwei oder mehr Ausfertigungen an gleichen oder verschiedenen Stellen abgelegt. Dadurch steigen die Registraturkosten enorm. – **Nutzraum.** Der in einer Registratur bzw. einem Schriftgutbehälter tatsächlich für die Aufnahme von Schriftgut nutzbare Raum. – **Totraum.** Für die Aufbewahrung von Schriftgut nicht nutzbarer Raum. – **Elektronische Verwaltung von Daten.** Die Daten werden mit dem PC erfasst oder eingescannt und verwaltet. Mithilfe eines Stichwörter-Suchprogramms kann auf gewünschte Daten zugegriffen werden. An Wiedervorlagen und Fristen wird automatisch erinnert. Der Zugriff kann durch Passwort geschützt werden.

Erarbeitung des Tastenfeldes

1 Wiederholung

1. Schreiben und gestalten Sie den folgenden Text.
2. Gestalten Sie den Absatz mit einem Initial.

```
Multimedia. Vor der Zeit des PC bedeutete Multimedia die Kombinati-
on von unterschiedlichen Medien. Neben dem gesprochenen oder ge-
druckten Wort wurden z.B. Fotos und Dias eingesetzt. Heute bedeutet
Multimedia, dass am PC mit Texten, Bildern, Grafiken, Ton sowie
Filmsequenzen interaktiv gearbeitet und mithilfe des Internets welt-
weit kommuniziert wird.
```

2 Der Buchstabe „y" und die Zeichen „Mittestrich" und „Grundstrich"

Der Buchstabe **„y"** wird mit dem **linken kleinen Finger,** die Zeichen **„Mittestrich"** und **„Grundstrich"** mit dem **rechten kleinen Finger** angeschlagen. Um den Grundstrich zu erzeugen, muss beim Anschlag der linke Umschalter bedient werden.

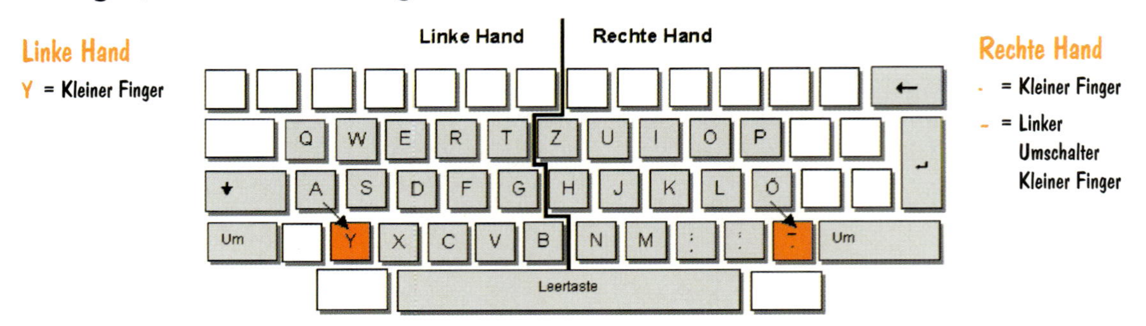

3 Schreibtraining

Aufgabe

1. Holen Sie ein neues Blatt über das Menü **Datei – Neu – Training.**
2. Erfassen Sie die Übungen im Fließtext.
3. Gestalten Sie Ihr Arbeitsblatt mit Absätzen.

➡ Beachten Sie, dass der kleine Finger sofort – nachdem „y" oder „Mittestrich/Grundstrich" geschrieben wurde – auf die Grundtaste zurückkehrt.

Erarbeitung

```
1 | aqaya aqaya aqaya aqaya aya aya aya aya aya aya aya aya aya aya
2 | ayö ayl ayk ayj ayö ayl ayk ayj ayö ayl ayk ayj ayö ayl ayk ayj
3 | aya ays ayd ayf aya ays ayd ayf aya ays ayd ayf aya ays ayd ayf

4 | ö-ö_ö ö-ö_ö ö-ö_ö ö-ö_ö ö-ö_ö ö-ö_ö ö-ö_ö ö-ö_ö ö-ö_ö ö-ö_ö ö-ö
5 | ö-a ö-s ö-d ö-f ö-a ö-s ö-d ö-f ö_a ö_s ö_d ö_f ö_a ö_s ö_d ö_f
6 | ö-ö ö-l ö-k ö-j ö-ö ö-l ö-k ö-j ö_ö ö_l ö_k ö_j ö_ö ö_l ö_k ö_j
```

Wörter mit „y"

```
 7 | analysieren, hypnotisieren, synchronisieren, systematisieren,
 8 | typisch, physisch, psychisch, zyklisch, dynamisch, rhythmisch,
 9 | synchron schwimmen, analytisch vorgehen, sympathisch wirken,

10 | Yacht, Yen, Yard, Yoga, York, Ypsilon, Ytong, Yucca, Yvonne, Yak,
11 | Yacht, Yen, Yard, Yoga, York, Ypsilon, Ytong, Yucca, Yvonne, Yak,
```

Grundstrich

Der Grundstrich kann z. B. in Dateinamen anstelle eines Leerzeichens verwendet werden.

Beispiel:
Übung_1.doc
Aufgabe_1.txt

Übung

1. Schreiben Sie den Text im **Fließtext** und führen Sie anschließend die **Worttrennung** durch.
2. Formatieren Sie den Text mit **Blocksatz.**

Das Handy

In der Berufswelt sind **Handys** heute nicht mehr wegzudenken. Sie wiegen kaum mehr als eine Tafel Schokolade und manche sind kleiner als eine Diskette. Das Handy hat eine **alphanumerische Tastatur** und ein **Display.** Auf den Tasten befinden sich **Zahlen, Buchstaben** und **Symbole.** Beim Kauf eines neuen Handys sollte man auf die Frequenzen bzw. Netze achten, in denen das Handy genutzt werden kann.

4 Gestaltungsregeln: Verwendung des Mittestrichs

Regeln nach DIN 5008

Worttrennung durch Mittestrich (Worttrennungsstrich)

Beispiel: ... Daten-
austausch ...

(siehe Baustein 5)

Kopplung und Aneinanderreihung durch Mittestrich (Bindestrich)

Richard-Wagner-Allee
Online-Shopping
Euro-Einführung
5-Zimmer-Wohnung
Stuttgart-Vaihingen
A3-Format
x-beinig
5-köpfig
8-prozentig
die 35-Jährige

Wortergänzungen durch Mittestrich (Ergänzungsstrich)

Vor-·und Zuname
Im-·und Export
Brief-·und Paketversand
Textein-·und-·ausgabe

Gedankenstrich

Als Gedankenstrich wird der **Halbgeviertstrich** mit vorausgehendem und folgendem Leerzeichen verwendet. Satzzeichen werden an den zweiten Gedankenstrich ohne Leerzeichen angeschlossen. Statt des Halbgeviertstriches darf auch der Mittestrich verwendet werden.

Der **Halbgeviertstrich** wird mit der Tastenkombination **Strg + – (Zahlenblock)** erzeugt. Es ist zweckmäßig, den Mittestrich über die Autokorrektur durch den Halbgeviertstrich zu ersetzen.

Beispiele:

Das Parfum·–·es kam erst letzte Woche auf den Markt·–·wurde sehr gut verkauft.
Ich vermute·–·alles deutet darauf hin·–, dass die Rechnung falsch ausgestellt wurde.

Zeichen für „gegen"

Vor und nach dem Zeichen für „gegen" wird ein Leerzeichen geschrieben.

Beispiele:

Werder Bremen·–·FC Köln
TSG Neustadt·–·TUS Altenstein

Zeichen in Streckenangaben

Vor und nach einem Zeichen in Streckenangaben steht ein Leerzeichen.

Beispiele:

Stuttgart·–·Mannheim·–·Köln
Frankfurt·–·Hannover

5 Geschützter Bindestrich und bedingter Trennstrich

Bei der Texteingabe können an den betreffenden Stellen „nicht druckbare Zeichen" berücksichtigt werden:

Zeichen	Tasten	Bildschirmanzeige
Geschützter Bindestrich Er verhindert, dass Wortzusammensetzungen am Zeilenende durch die Silbentrennung auseinander gerissen werden.	Strg + Um + Mittestrich	-
Bedingter Trennstrich Er kann während der Texteingabe an der gewünschten Trennstelle eines Wortes eingegeben werden.	Strg + Mittestrich	¬

1. Schreiben Sie den Brieftext. Führen Sie anschließend die Worttrennung durch.
2. Formatieren Sie den Text mit **Blocksatz.**

Übung

Sehr geehrte Damen und Herren,

unser neuer Katalog zeigt Ihnen die ganze Vielfalt an Produkten und Innovationen, mit denen Sie jetzt noch einfacher, bequemer und vielseitiger kommunizieren können – und das auch noch besonders preiswert.

Hier einige Beispiele: Mit **T-ISDN** können Sie – besonders am Wochen-ende – viel Geld sparen. **Die T-Online-Tarife** sind auf Ihre persön-liche Internetnutzung zugeschnitten. Der analoge **T-Net-Anschluss** bietet Ihnen attraktive City- und Deutschlandtarife.

Wenn Sie ein Produkt oder ein Service interessiert, schicken Sie uns ein Fax – Formulare finden Sie im Katalog.

Wir freuen uns auf eine Nachricht von Ihnen.

6 Ausgleichsübungen

Kräftigen Sie Ihre Armmuskulatur:

1. Strecken Sie Ihre Arme seitlich aus. Die Handflächen sind nach oben gedreht.
2. Klappen Sie die Unterarme nach oben, sodass die Hände die Schultern berühren.
3. Wiederholen Sie die Übung mehrmals.

1 AutoKorrektur

Sie verschreiben sich häufig in den gleichen Wörtern und müssen korrigieren. Das Programm kann über die Funktion AutoKorrektur Ihre Schreibfehler lernen und dann diese automatisch berichtigen. Wenn Sie beispielsweise ständig „dei" statt „die" schreiben, tragen Sie den Fehler in die AutoKorrektur ein und das Programm korrigiert in Zukunft diesen Schreibfehler.

In der AutoKorrektur befinden sich standardmäßig viele Einträge, die von Ihnen jederzeit ergänzt, verändert oder gelöscht werden können.

Neben Wörtern und Zeichen können auch kleinere Textmengen in die AutoKorrektur eingetragen werden. Für die im Geschäftsbrief häufig verwendete Grußformel „Mit freundlichen Grüßen" können Sie in der AutoKorrektur zum Beispiel „Mfg" verwenden.

2 AutoKorrektur-Eintrag erstellen

Arbeitsablauf

1. Wählen Sie das Menü **Extras – AutoKorrektur.**

   Im Fenster befinden sich Optionen, die über die Kästchen aktiviert oder deaktiviert werden können. Wurde beispielsweise das Kästchen „Während der Eingabe ersetzen" deaktiviert, funktioniert das Ersetzen durch die AutoKorrektur nicht.
2. Tragen Sie in das Feld **Ersetzen:** das falsch geschriebene Wort ein.
3. Im Feld **Durch:** geben Sie die richtige Schreibweise ein.
4. Bestätigen Sie mit OK.

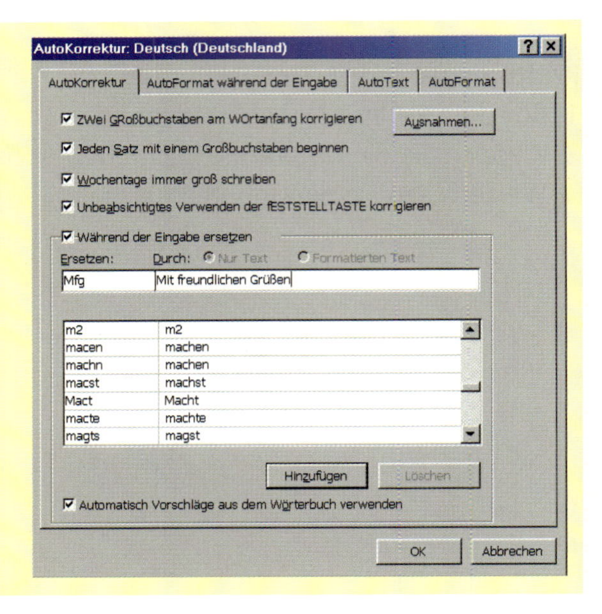

Feld „Hinzufügen"

Über das Feld „Hinzufügen" können Sie mehrere AutoKorrekturen hintereinander eingeben, ohne das Fenster zu schließen.

Feld „Ausnahmen..."

Hinter dem Feld „Ausnahmen..." verbergen sich in einer Liste alle Ausnahmen, nach denen das Programm nicht automatisch groß weiterschreiben soll. Es handelt sich hier um Abkürzungen, die mit einem Punkt enden. Die Listeneinträge können nach Bedarf ergänzt oder gelöscht werden.

Feld „Löschen"

Sobald Sie in der Liste einen nicht mehr gewünschten AutoKorrektur-Eintrag anklicken, wird die Schaltfläche „Löschen" aktiv und der Eintrag kann gelöscht werden.

Achtung

Wollen Sie ein Symbol in die AutoKorrektur aufnehmen, müssen Sie anders vorgehen:

Arbeitsablauf

1. Fügen Sie das Symbol (z. B. über Einfügen – Symbol) in das Dokument ein.
2. Markieren Sie das Symbol.
3. Öffnen Sie das Menü **Extras – AutoKorrektur ...**

   Im Feld **Durch:** erscheint das Symbol

Ersetzen:	Durch: ○ Nur Text ◉ Formatierten Text
Buch	🕮¶

4. Tragen Sie ins Feld **Ersetzen:** das Wort/die Abkürzung ein, die durch das Symbol ersetzt werden soll.
5. Bestätigen Sie mit OK.

Übung

1. Erstellen Sie folgende AutoKorrektur-Einträge:

- (Mittestrich)	– (Halbgeviertstrich)
alzu	**allzu**
nummerisch	**numerisch**
Telefon	☎
Fax	📠

2. Löschen Sie die folgenden AutoKorrektur-Einträge:

Accesoir	**Accessoire**
enldich	**endlich**

3. Erstellen Sie für Fehler, die Sie häufig machen, AutoKorrektur-Einträge.

Aufgabe 1

Arbeitsanweisungen

1. Wechseln Sie in das Unterverzeichnis **Aufgaben** und rufen Sie die Datei **BS-13-Fehlertest** auf.
2. Verbessern Sie die Fehler.
3. Führen Sie die Worttrennung durch.
4. Drucken und speichern Sie die Datei.

Das Seminargebäude befindet sich in der Sebastian – Bach - Straße 5–7.
Im Programm-und Kunstbeirat der Deutschen Post werden die Briefmarken ausgewählt.
Die T – Shirts wurden nach dem Öko – Tex – Standard hergestellt.
Mit 100 – prozentiger Sicherheit hat er gewonnen.
Die 5- köpfige Kommission reiste nach Paris.
Frauke wohnt seit dem 1. März in München – Pasing.
Im Training bewältigte der Leistungssportler die 10 – km – Strecke.
Das Fußballspiel FC Bayern München gegen VfB Stuttgart endete 3 : 1.
Die gebrauchten Fahrzeuge wurden von unserem Verkäufer, Herrn Dipl. – Ing. Robert Stein, am 25. September d. J. in unserer Frankfurter Zweigniederlassung besichtigt.
Die meisten alltäglichen Rechtsgeschäfte-z. B. mit Vermietern, Handwerkern, Händlern, Ärzten–verjähren nach zwei Jahren.
Unser neuer Mitarbeiter ist für den Warenein-und-ausgang zuständig.
Die beigefügten Prospekte sagen Ihnen mehr über unsere neue Mode – Kollektion.
Die Zuschuss für das Bauvorhaben–der erwartete Betrag lag höher–wurde von der Behörde überwiesen.

Aufgabe 2

Situation

Herr Simon hat immer wieder die gleichen kurzen Redewendungen in seinen Geschäftsbriefen und möchte sich Schreibarbeit sparen. Seit kurzem kennt er die Autokorrektur. Deshalb nimmt er die meisten in die Liste auf. Trotzdem ist er aber vorsichtig!

Arbeitsanweisungen

1. Erstellen Sie folgende AutoKorrektur-Einträge:
   fg Freundliche Grüße
   fgS Freundliche Grüße aus Stuttgart
2. Begründen Sie, welche Probleme bei AutoKorrektur-Einträgen auftreten können.

Erarbeitung des Tastenfeldes

1 Wiederholung

1. Schreiben Sie folgende Sätze im **Fließtext.**
2. Führen Sie anschließend die **Worttrennung** durch.
3. Formatieren Sie den Text mit **Blocksatz.**

Die **Liefer- und Versandkosten** gehen laut Vertrag zu Ihren Lasten. Erfolgreiche Unternehmen zeichnen sich durch ein unverwechselbares Image **- die so genannte Corporate Identity -** aus. Unsere neue Filia-le befindet sich im **Robert-Koch-Weg.** Die Datei wird unter dem Namen **Robinson_XY.txt** gespeichert. Durch eine eindeutige **E-Mail-Adresse** wird jedem Teilnehmer ein elektronisches Postfach zugewiesen. Die Begeg-nung **FC Köln - Werder Bremen** ging unentschieden aus. Die Mitarbeite-rin fuhr gestern mit dem **D-Zug Stuttgart - Singen - Konstanz.**

2 Die Buchstaben „ä", „ü" „ß" und Fragezeichen

Die Buchstaben **„ä", „ü" und „ß"** werden mit dem **rechten kleinen Finger** angeschlagen. Um das **Fragezeichen** zu erzeugen, muss beim Anschlag der **linke Umschalter** bedient werden.

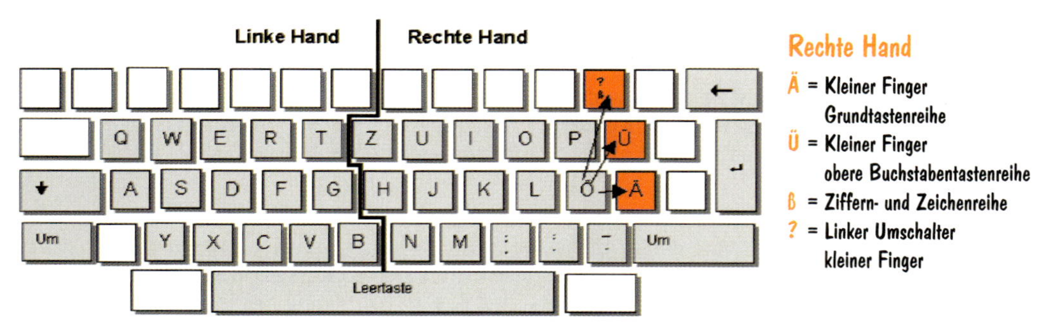

Rechte Hand

Ä = Kleiner Finger Grundtastenreihe
Ü = Kleiner Finger obere Buchstabentastenreihe
ß = Ziffern- und Zeichenreihe
? = Linker Umschalter kleiner Finger

3 Schreibtraining

Aufgabe

1. Holen Sie ein neues Blatt über das Menü **Datei – Neu – Training.**
2. Erfassen Sie die Übungen im Fließtext.
3. Gestalten Sie Ihr Arbeitsblatt mit Absätzen.

➥ Beachten Sie, dass der kleine Finger sofort – nachdem „ä", „ü", „ß" oder „?" geschrieben wurde – auf die Grundtaste zurückkehrt.

Erarbeitung

```
1 | öäö öäö öäö öäö öäö öüö öüö öüö öüö öüö ößö ößö ößö ößö ößö ö?ö
2 | öäö öäö öäö öäö öäö öüö öüö öüö öüö öüö ößö ößö ößö ößö ößö ö?ö

3 | ändern ärgern ähnlich abwärts ändern ärgern ähnlich ärgern ändern
4 | Äpfel Ärzte Ärger Ägypten Äquator Äquivalenz Äste Ästhetik u. Ä.

5 | über überall überaus übereinander übermitteln überweisen übervoll
6 | Übereifer Überweisung Überfall Übersicht Übertrag Übung Übereifer
```

4 Schreibweise „ss" oder „ß"

Regel Nr. 1: Nach langem Vokal und nach Doppellaut ist „ß" zu schreiben.

```
 7 | außen reißen heißen schmeißen mäßig grüßen groß genießen äußern
 8 | Maß Maßnahme Spieß Fleiß Strauß Grieß Straße Gruß Soße Geißel Fuß
```

Regel Nr. 2: Nach kurzem Vokal ist immer „ss" zu schreiben.

```
 9 | Kuss Schluss Kongress Abschluss Überschuss Ausschuss Express Fass
10 | Riss Masse Kasse Ross Hass Fluss Nuss Schloss Prozess Kompromiss
```

Regel Nr. 3: Treffen in Wortzusammensetzungen drei gleiche Buchstaben aufeinander, sind diese zu schreiben.
Es darf auch ein Bindestrich geschrieben werden.

```
11 | Schlossstraße, Schloss-Straße; Schlusssitzung, Schluss-Sitzung;
12 | Flusssand, Fluss-Sand; Kongresssaal, Kongress-Saal;
```

5 Das Fragezeichen

```
Wie spät ist es? Wohin fährst du? Was kann ich helfen? Warum kommst
du nicht? Wo sind die Pferde? Weshalb darf er das nicht? Wie heißt
du?
```

Nach indirekten Fragesätzen steht kein Fragezeichen:

```
Er weiß nicht, wann die nächste Lieferung kommt. Wir prüfen noch,
warum die Rechnungen nicht bezahlt wurden. Wir wissen nicht, warum
die Telefonnummer zum Nulltarif genutzt werden kann.
```

Übung

1. Schreiben Sie den Text. Führen Sie anschließend die Worttrennung durch.
2. Formatieren Sie den Text mit **Blocksatz.**

Die Kündigung

Kündigungen kommen im **Arbeits-, Miet- und Vertragsrecht** vor. Was ist eine **ordentliche Kündigung?** Sie ist eine **fristgerechte Kündigung** ei-ner vertraglich oder gesetzlich festgelegten Frist. Was ist eine **außerordentliche Kündigung?** Sie ist eine **fristlose Kündigung,** bei der ein Vertrag mit sofortiger Wirkung beendet wird. Eine fristlose Kün-digung ist nur in Ausnahmefällen möglich. Wer kündigt ist beweis-pflichtig. Eine Kündigung sollte immer per **Einschreiben mit Rück-schein** verschickt werden.

6 Ausgleichsübungen

Kräftigen Sie Ihre Rückenmuskulatur:

1. Stellen Sie sich aufrecht hin.
2. Strecken und ziehen Sie die Arme im Wechsel an.
3. Halten Sie dabei Ihr Becken gerade.

1 Allgemeine Hinweise

Absätze bzw. Listen können mit Aufzählungszeichen oder einer Nummerierung gegliedert werden. Im Menü **Format – Nummerierung und Aufzählungen...** werden dazu folgende Registerkarten angeboten:

- **Aufzählung**
- **Nummerierung**
- **Gliederung**

Hinweise

- Die zu formatierende Liste ist vorher zu **markieren.**
- Aufzählungen und Nummerierungen sind über die entsprechenden **Symbole** in der **Symbolleiste „Format"** schnell zuzuweisen. Dabei ist zu beachten, dass immer das im Menü zuletzt zugewiesene Aufzählungszeichen oder die zuletzt zugewiesene Nummerierung übertragen wird.

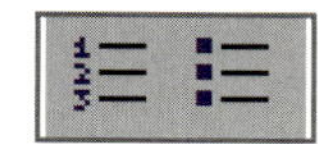

- Zwischen dem Aufzählungszeichen/der Nummer und dem folgenden Text fügt Word als Abstandhalter ein **Tabulatorzeichen** ein (● ➔ Text, Text, Text ...).
- Ist **Autoformat** eingestellt, dann genügt es, zweimal auf die Enter-Taste zu drücken, um die Aufzählung/Nummerierung zu beenden. Beginnt ein Absatz mit einer Ordnungszahl (1.), wird beim Schalten in die nächste Zeile die nächsthöhere Zahl automatisch eingefügt. Autoformat wird über das **Menü Extras – Autokorrektur – „AutoFormat"** aufgerufen.

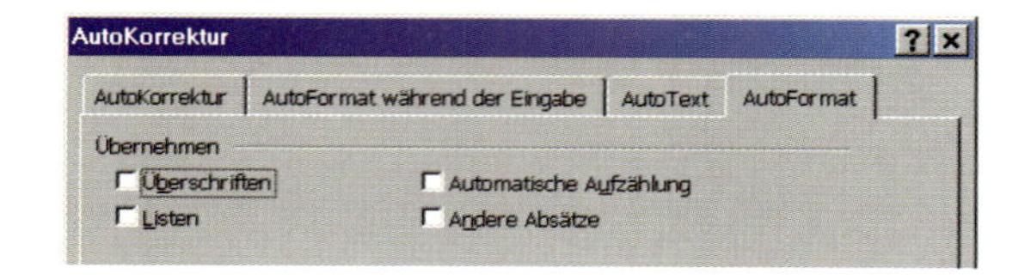

Die infrage kommenden Kontrollkästchen sind je nach Wunsch zu aktivieren oder zu deaktivieren.

- Die Aufzählungsglieder/Nummerierungen können **mit** oder **ohne Leerzeile** gegliedert werden. Word berücksichtigt dies und nummeriert die Leerzeilen nicht. Wird die Nummerierung oder Aufzählung gleich bei der Eingabe aktiviert, genügt es, zweimal zu schalten, um die Nummerierung oder Aufzählungskennzeichnung abzuschalten.

- Um eine Aufzählung, Nummerierung oder Gliederung aufzuheben, klickt man in der Dialogbox auf **„Ohne"** oder **deaktiviert** die **entsprechende Schaltfläche** in der **Symbolleiste.**
- Genaue Einstellungen müssen über das Menü vorgenommen werden.
- Die Aufzählung/Nummerierung kann durch Betätigung der Enter-Taste fortgesetzt werden.
- Durch Betätigung der Rücktaste, Klick auf das Symbol oder durch zweimaliges Schalten wird die Aufzählung/Nummerierung beendet und das Aufzählungszeichen/die Nummer gelöscht.

2 Aufzählungen

Arbeitsablauf

1. **Markieren** Sie die Aufzählungsglieder, die Sie mit einem Aufzählungszeichen versehen wollen.
2. Wählen Sie das **Menü Format – Nummerierung und Aufzählungszeichen ...** die Registerkarte **„Aufzählungen",** klicken Sie auf das gewünschte Aufzählungszeichen und bestätigen Sie mit OK.

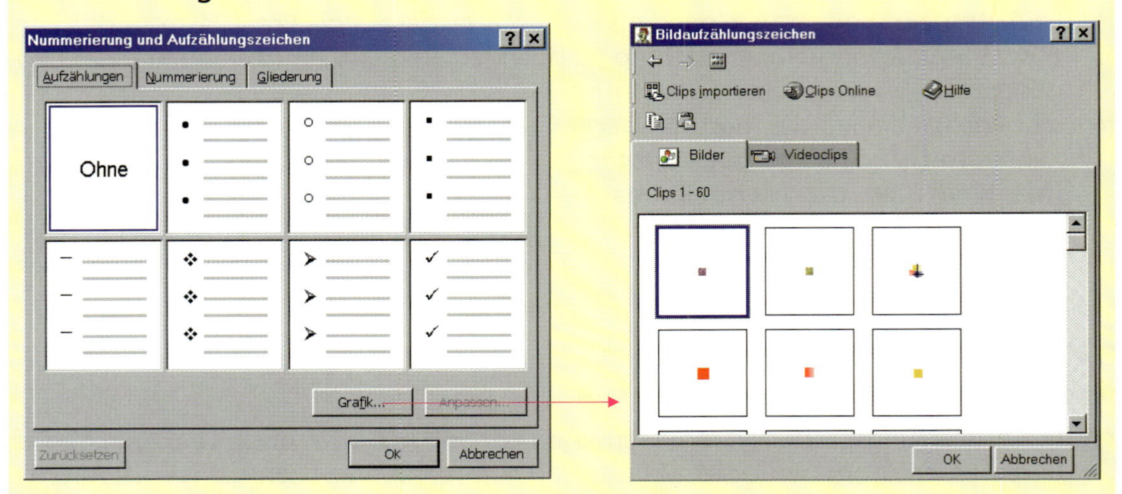

Schaltfläche: „Grafik"

Neben den vorgegebenen Aufzählungszeichen können Sie Ihre Aufzählung mit einer kleinen Grafik schmücken. Es handelt sich um Clipart-Grafiken, die für Webseiten verwendet werden.

Schaltfläche: „Anpassen"

Über die Schaltfläche **Anpassen ...** steht eine Reihe von Möglichkeiten zur Verfügung:

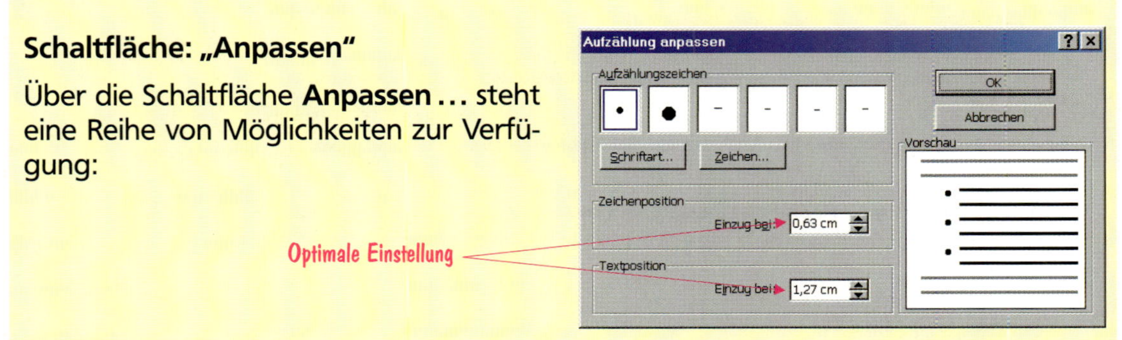

Schaltfläche: Schriftart

Über die Schaltfläche Schriftart können dem Aufzählungszeichen die gewohnten Zeichenformatierungen zugewiesen werden.

Schaltfläche: Zeichen

Aktiviert man die Schaltfläche Zeichen, kann man über die Registerkarte „Symbol" aus dem Listenfeld „Schriftart" ein neues Aufzählungszeichen auswählen.

Zeichenposition

Über **Einzug bei:** kann der Abstand zwischen Aufzählungszeichen und linkem Seitenrand vergrößert bzw. verkleinert werden. Die Standardeinstellung des Programms ist bei 0,63cm. Eine einheitliche Fluchtlinie erhalten Sie, wenn Sie den **Wert auf „0"** setzen.

Textposition

Über **Einzug bei:** wird der Abstand zwischen dem Aufzählungszeichen und dem folgenden Text vergrößert bzw. verkleinert. Zweckmäßig ist eine Einstellung von 0,7cm, wenn der Wert im Feld Zeichenposition „Einzug bei" auf „0" gesetzt wurde.

Schaltfläche Zurücksetzen

Die Schaltfläche „Zurücksetzen" wird immer dann aktiv, wenn aus der Liste ein Feld mit einem Aufzählungszeichen ausgewählt wird, das nicht der Standardeinstellung des Programms entspricht. Durch Klick auf die Schaltfläche „Zurücksetzen" wird das standardmäßige Aufzählungszeichen angezeigt.

Übung 1

1. Schreiben Sie den Text, markieren Sie die Aufzählungsglieder und weisen Sie ein Aufzählungszeichen über das Menü zu.
2. Stellen Sie über die Schaltfläche „Anpassen" die Zeichenposition auf „0 cm" und die Textposition auf „0,7 cm".

```
Bevor Sie einen Brief formulieren, sollten Sie sich einige Fragen
stellen:
- An wen schreibe ich?
- Was möchte ich bewirken?
- Was möchte ich mitteilen?
- Welchen Informationsstand hat der Empfänger?
- Welche Informationen benötigt er noch?
- Wird Bekanntes wiederholt?
- Welcher Stil ist angemessen?
```

Übung 2

1. Schreiben Sie folgende Liste.
2. Weisen Sie, bevor Sie mit den Aufzählungsgliedern beginnen zu schreiben, über das Symbol das zuletzt eingestellte Aufzählungszeichen zu.

```
FLEXUS ist ein Sparplan, wie es ihn bisher nicht gab:
- hohe, betragsabhängige Verzinsung,
- zusätzlicher Bonus auf die Zinsen am Ende eines Sparjahres,
- Sie können die Ratenhöhe jederzeit ändern,
- über Ihr gesamtes Sparkapital können Sie bei Bedarf kurzfristig
  verfügen.
```

Aufgabe 1

Situation

Juliane ist Auszubildende im „Bürohaus Mayer". Zu ihren Aufgaben gehört es, Kunden zu beraten. Zurzeit befindet sie sich in der Abteilung, die Kopier- und Vervielfältigungsgeräte anbietet. Um die Kunden besser beraten zu können, hat sie sich eine Checkliste erstellt:

Arbeitsanweisungen

1. Wechseln Sie in das Unterverzeichnis **Aufgaben** und rufen Sie die Datei **BS-14-Aufzählungen** auf.
2. Gestalten Sie den entsprechenden Text mit Aufzählungszeichen und rücken Sie die gesamte Liste auf 2,5 cm ein.
3. Führen Sie die Worttrennung und Blocksatz durch.
4. Speichern Sie die Datei und drucken Sie anschließend.

Im modernen Büro bieten sich mehrere Möglichkeiten der Vervielfältigung an. Jeder Betrieb muss das für ihn geeignetste und wirtschaftlichste Verfahren auswählen. Dabei sind folgende Vorüberlegungen anzustellen:

Wie viel Kopien werden pro Auflage benötigt? – Wie ist die Vorlage beschaffen? – Welche Qualität muss die Vervielfältigung haben? – Wie hoch ist der Zeitaufwand? – Wie hoch sind die Arbeitskosten? – Ist eine Nachbearbeitung des Kopiergutes erforderlich? – Wie hoch sind die Anschaffung und Wartung des Gerätes? – Wie leicht bzw. schwer lässt sich das Gerät bedienen?

Aufgabe 2

Situation

Kevin ist ebenfalls Auszubildender im „Bürohaus Mayer" und soll die Kunden beim Druckerkauf beraten. Er erstellt eine Liste mit Auswahlkriterien.

Arbeitsanweisungen

1. Wechseln Sie in das Unterverzeichnis **Aufgaben** und rufen Sie die Datei **BS-14-Aufzählungen** auf.
2. Gestalten Sie den Text mit Aufzählungszeichen Ihrer Wahl.
3. Führen Sie die Worttrennung und Blocksatz durch.
4. Speichern Sie die Datei und drucken Sie anschließend.

Auswahlkriterien beim Druckerkauf: Anschaffungspreis – Folgekosten. Oft ist der Anschaffungspreis niedrig, die Folgekosten hoch. Es ist darauf zu achten, nach welcher Anzahl von Druckseiten der Toner oder die Tintenpatrone gewechselt werden muss. – **Geschwindigkeit.** Die Geschwindigkeit wird in CPS und PPM gemessen. Die Geschwindigkeit hängt auch von der gewählten Schriftart ab. – **Lautstärke.** Am lautesten sind die Nadeldrucker mit einer schlechten Schalldämmung. Bei Laserdruckern ist auf das permanente Lüftergeräusch zu achten. **Schriftqualität.** Die Qualität des Ausdrucks wird durch den Begriff DPI beschrieben. Je höher die Auflösung ist, desto besser die Ausgabequalität. **– Papierzuführung – Papierformat.** Heute wird meist das Einzelblatt verwendet. Für Endlospapiere empfiehlt sich eine Papier-Park-Funktion. Für die Verwendung unterschiedlicher Formate bieten einige Hersteller die Möglichkeit, verschiedene Papierschächte zu installieren. – **Farbdruck.** Viele angebotenen Modelle können gegen einen geringen finanziellen Mehraufwand auch in Farbe drucken. Bei der Bewertung eines Farbausdrucks ist insbesondere auf die Farbübergänge und die Farbintensität zu achten. – **Umweltfaktoren.** Farbbänder für Matrixdrucker können neu eingefärbt und wieder verwendet werden. Bei manchen Fabrikaten können Tintenpatronen von Tintenstrahldruckern mit entsprechender Tinte nachgefüllt werden. Beim Kauf eines Laserdruckers ist auf ein Toner-Recycling und einen eingebauten Ozonfilter zu achten.

Erarbeitung des Tastenfeldes

1 Wiederholung

Schreiben und gestalten Sie den Text.

In manchen Situationen ist es wichtig, nachweisen zu können, dass ein Brief termingerecht abgeschickt wurde. Mit der Zusatzleistung Einschreiben bietet die Deutsche Post die Möglichkeit, die Einlieferung und Zustellung schriftlich zu bestätigen. Je nach Situation können Sie wählen:

- Einschreiben
- Einschreiben Eigenhändig
- Einschreiben Rückschein
- Einschreiben Einwurf

2 Die Zahlen

Auf der linken Seite der Tastatur werden die Ziffern 1 und 2 mit dem kleinen Finger, die Ziffer 3 mit dem Ringfinger, die Ziffer 4 mit dem Mittelfinger und die Ziffern 5 und 6 mit dem Zeigefinger angeschlagen. Mit der rechten Hand werden die Ziffern 7 und 8 mit dem Zeigefinger, die Ziffer 9 mit dem Mittelfinger und die Ziffer 0 mit dem Ringfinger angeschlagen.

Linke Hand

1, 2 = Kleiner Finger
3 = Ringfinger
4 = Mittelfinger
5, 6 = Zeigefinger

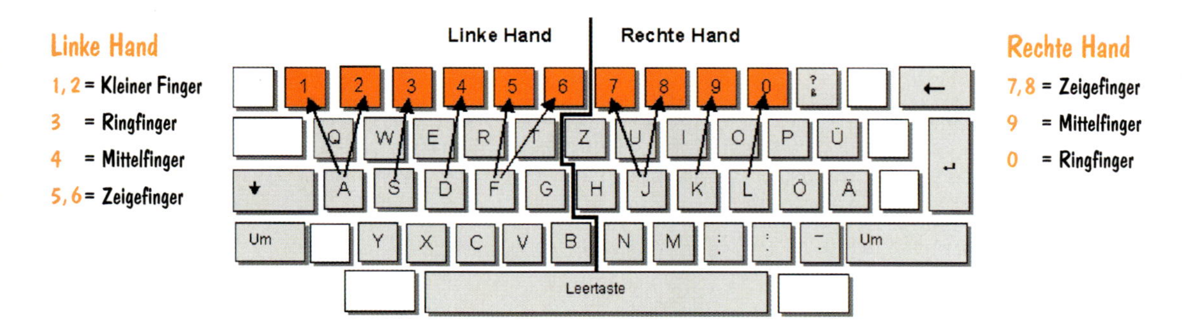

Rechte Hand

7, 8 = Zeigefinger
9 = Mittelfinger
0 = Ringfinger

Zahlen im fortlaufenden Text werden über den **alphanumerischen Tastenblock** eingegeben. Soll jedoch mit einer Zahl gerechnet werden, muss diese über den **numerischen Tastenblock** eingegeben werden, damit das System den **Zahlenwert** erkennt. Über die **Num-Taste** kann die Belegung des Ziffernblocks umgeschaltet werden.

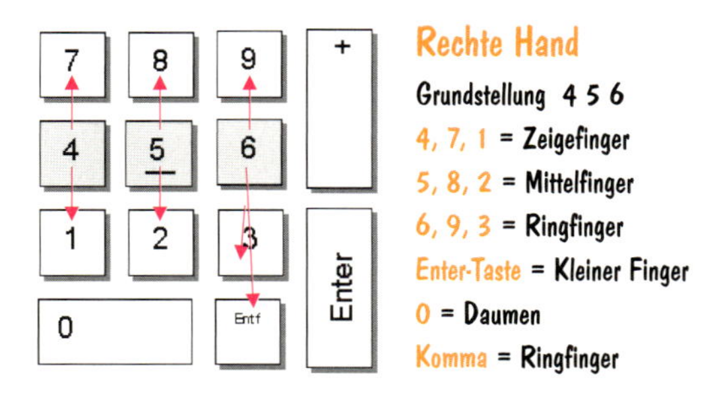

Rechte Hand

Grundstellung 4 5 6
4, 7, 1 = Zeigefinger
5, 8, 2 = Mittelfinger
6, 9, 3 = Ringfinger
Enter-Taste = Kleiner Finger
0 = Daumen
Komma = Ringfinger

➡ Beachten Sie, dass der Finger sofort – nachdem eine Zahl geschrieben wurde – auf die Grundtaste zurückkehrt.

3 Gestaltungsregeln: Zahlen

Regeln

Vor und **nach** einer Zahl steht **ein Leerzeichen:**

1·altes Haus,·22·Ampeln,·222·Zuschauer

Ordnungszahlen werden **mit einem Punkt** geschrieben:

1.·Platz, 2.·Januar, 2.·Rang

Geschütztes Leerzeichen

Texteinheiten, die beim Zeilenumbruch unbedingt zusammenbleiben müssen – beispielsweise 21°Disketten – erhalten an der entsprechenden Stelle ein geschütztes Leerzeichen.

STRG + UM + LEER = °

Das geschützte Leerzeichen gehört zu den nichtdruckbaren Zeichen.

21°Multimediaprogramme, 21°EUR, 682°MByte

4 Schreibtraining

Erarbeitung

Die Ziffern 1 und 2

```
aqa2a aqa2a aqa2a aqa2a a2a a2a; aqa2a1a aqa2a1a aqa1a a1a a1a;
alte Münzen, 2 allein stehende Männer, 2 afrikanische Staaten,
22 EUR, 1 Flasche Wein, 11. September, 1. Versuch, 21 Tage.
```

Die Ziffern 3 und 0

```
sws3s sws3s s3s s3s s3s s3s; l0l0l l0l0l l0l l0l l0l l0l;
3 Säulen, 3. Satz, 20 Liter, 30 Schüler, 10 EUR, 30. Oktober,
23 Handys. Die Rechnung ist innerhalb von 30 Tagen zu bezahlen.
Vor 10 Tagen passierte das Unglück.
```

Die Ziffern 4 und 9

```
ded4d ded4d d4d d4d d4d d4d; kik9k kik9k k9k k9k k9k k9k; 444 Dosen,
99 Kinder, 4. Wiederholung, 9. Konzert, 499 EUR, 94 Passagiere. Eine
Übernachtung mit Frühstück kostet 94 EUR.
```

5 Gestaltungsregeln: Dezimale Teilungen, Geldbeträge

Regeln nach DIN 5008

Dezimale Teilungen werden mit dem **Komma** gekennzeichnet.

129,99°EUR,·0,80°EUR,·120,10°kg

Bei runden oder ungefähren Werten darf die Kennzeichnung fehlender dezimaler Teile der Einheit entfallen.

über 399°EUR Schulden, ungefähr 4°kg

Zahlen mit mehr als 3 Stellen können durch je **ein Leerzeichen** in **dreistellige Gruppen** gegliedert werden – sowohl links als auch rechts neben dem Komma.

120°200°Einwohner,·90°000°km,·400°000°Erythrozyten

Bei **Geldbeträgen** kann aus Sicherheitsgründen **mit Punkt** gegliedert werden.

9.900.000°EUR, 1.200,49°EUR

Die Ziffern 5 und 6

```
frf5f frf5f f5f f5f f5f f5f; frf5f6f frf5f6f f6f f6f f6f f6f;
5 Fische, 6 Flaschen, 56 Mitglieder, 6 500 Filme, 5. Bezirk,
6-teiliges Set, 5-Zimmer-Wohnung, 6-prozentig. Die Kosten für das
Einfamilienhaus betrugen 256.560 EUR.
```

Die Ziffern 8 und 7

```
juj8j juj8j j8j j8j j8j j8j; juj8j7j juj8j7j j7j j7j j7j j7j;
8 Jagdschlösser, 8 Jahre, 78 Jungtiere, 87 Jazzmusiker. Die Frist
ist in 78 Tagen abgelaufen. Das Auto wurde in der Anzeige zu
8.700 EUR angeboten.
```

Schreiben Sie die folgenden Zahlen auf dem Ziffernblock:

```
456, 756, 789, 112, 632, 500, 8555, 789, 456, 123, 471, 582, 693,
```

6 Ausgleichsübungen

Kräftigen Sie Ihre Schultermuskulatur:

1. Stellen Sie sich aufrecht hin.
2. Halten Sie die Arme gestreckt nach oben.
3. Beugen Sie den Rumpf auf die Seite und schieben Sie den äußeren Arm nach oben.
4. Wiederholen Sie die Übung wechselseitig.

.

1 Nummerierungen

Arbeitsablauf

1. Markieren Sie die zu nummerierenden Absätze.
2. Wählen Sie im Menü **Format – Nummerierung und Aufzählungszeichen...** die Registerkarte „Nummerierung“ und die gewünschte Nummerierung aus. Klicken Sie anschließend auf OK.
3. Sie können zwischen verschiedenen Arten von Zahlenformaten wählen: Arabische Ziffern, römische Ziffern (mit und ohne Fettdruck) und Kleinbuchstaben mit unterschiedlichen Trennungszeichen. **Vorsicht:** Die Vorgaben müssen gegebenenfalls geändert werden, da sie nicht den Regeln nach DIN 5008 entsprechen!

Folgende Optionen können gewählt werden:

Neu nummerieren: Die Nummerierung des Absatzes beginnt bei „1“;

Liste fortführen: Eine vorhandene Nummerierung wird weitergeführt.

Zurücksetzen
Die Symbolfelder mit den vorgeschlagenen Nummerierungen werden auf die Standardeinstellung zurückgesetzt. Dazu müssen Sie die jeweiligen Symbolfelder vorher markieren.

2 Nummerierung anpassen

Über die Schaltfläche **Anpassen...** können folgende Einstellungen vorgenommen werden:

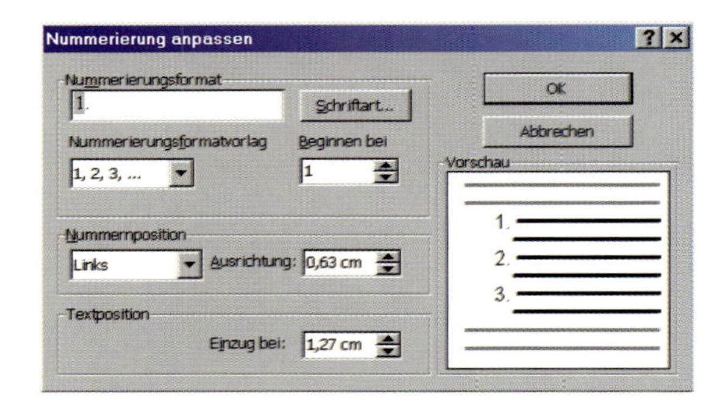

Nummerierungsformat

Im Fenster Nummerierungsformat können die vorgeschlagenen Nummerierungsformate modifiziert werden. Fehlt z. B. das Trennungszeichen „Nachklammer“ nach einem Kleinbuchstaben, kann sie im Feld Nummerierungsformat ergänzt werden.

Nummerierungsformatvorlage

Hier können fertige Nummerierungsformate ausgewählt werden.

Beginnen bei

Im Feld „Beginnen bei“ kann die Startnummer beliebig festgelegt werden.

Schriftart

Über diese Schaltfläche wird das Menü **Format – Zeichen** aufgerufen. Die Nummern können dort wie gewohnt formatiert werden.

Nummernposition

Die horizontale Stellung der Nummern sowie des Textes vor- und nachher können über die Gruppe Nummernposition gesteuert werden.

Achtung: Die ein- und zweistelligen Ordnungszahlen stehen nach Durchführung der Nummerierung nur dann richtig untereinander, wenn die Ausrichtung der Nummernposition auf „Rechts" eingestellt ist.

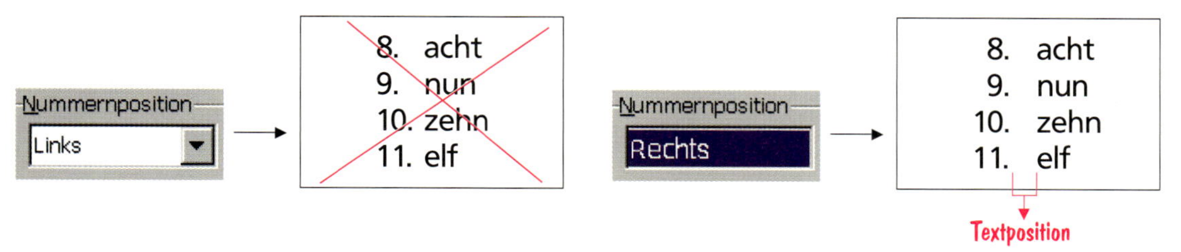

Textposition

Hier kann der Abstand zwischen Nummern und Text beliebig vergrößert oder verkleinert werden.

3 Harte und weiche Zeilenschaltung

Die Absatzmarke speichert jede Formatierung, auch die Absatzformatierung. Deswegen nummeriert Word nach jeder Absatzschaltung **(= harte Zeilenschaltung)** weiter. Wollen Sie eine neue Zeile innerhalb eines Absatzes beginnen oder eine Zeile freilassen, so muss eine **weiche Zeilenschaltung** anstelle einer Absatzschaltung eingegeben werden.

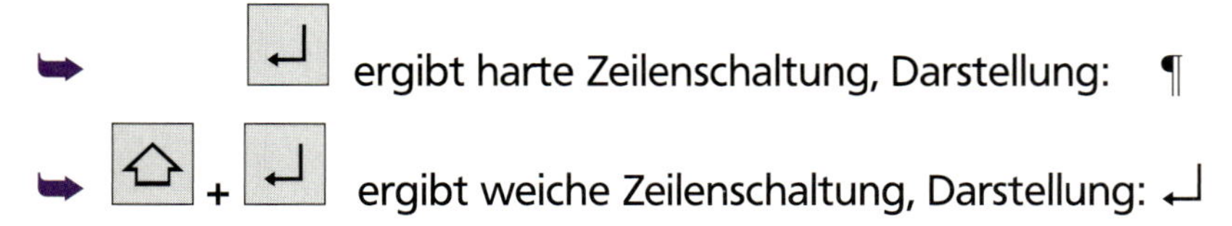

Übung 1

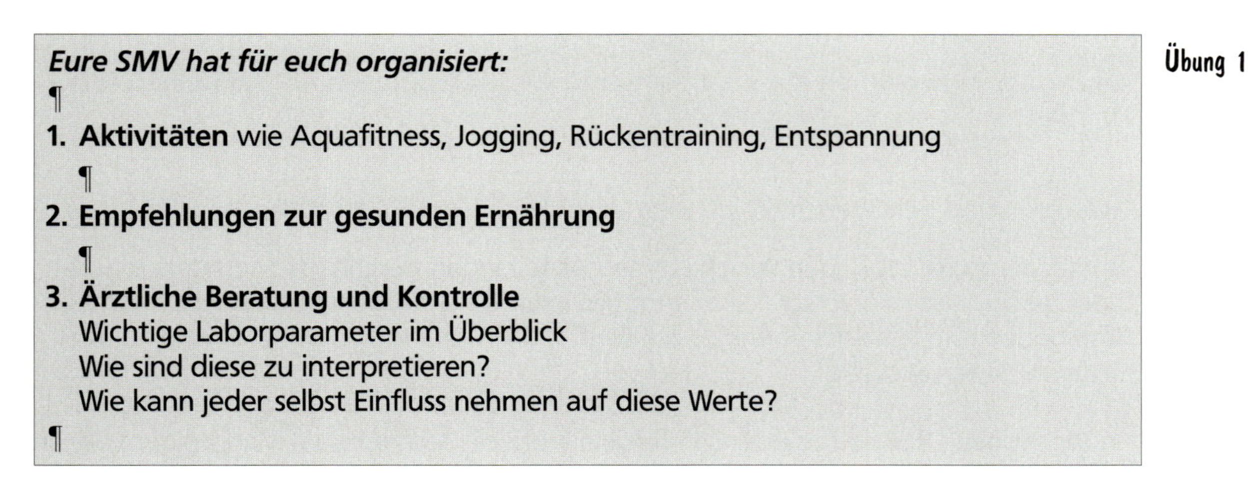

Eure SMV hat für euch organisiert:
¶
1. **Aktivitäten** wie Aquafitness, Jogging, Rückentraining, Entspannung
¶
2. **Empfehlungen zur gesunden Ernährung**
¶
3. **Ärztliche Beratung und Kontrolle**
Wichtige Laborparameter im Überblick
Wie sind diese zu interpretieren?
Wie kann jeder selbst Einfluss nehmen auf diese Werte?
¶

Sie können schon während der Texteingabe die entsprechenden Absätze gliedern bzw. nummerieren. Dazu stellen Sie den Cursor an die Stelle, an der die Aufzählung, Nummerierung oder Gliederung beginnen soll, und klicken auf das entsprechende Symbol in der Funktionsleiste.

Übung 2

Schreiben Sie die nummerierte Liste:

Diktatablauf am Beispiel eines Briefes:

1. Name des Diktierenden
2. Abteilungs- oder Bereichsbezeichnung
3. Gebäude, Hausruf usw.
4. zu verwendender Vordruck
5. Anzahl der Kopien
6. beigefügte Unterlagen
7. Verarbeitungsart (Reinschrift/Entwurf)
8. Versendungsart – Versendungsform
9. Anschrift
10. Bezugszeichenzeile
11. Betreff
12. Behandlungsvermerk
13. Anrede
14. Text
15. Gruß
16. Anlagenvermerk
17. Verteilvermerk
18. Ende dieses Schreibens – keine weitere Ansage

4 Gestaltungsregel: Einfache Aufzählungen und Nummerierungen

Regeln nach DIN 5008

„Der Beginn und das Ende einer Aufzählung ist vom übrigen Text durch eine Leerzeile zu trennen."

Übung 3

Schreiben und gestalten Sie folgenden Text:

Der Posteingang gliedert sich in folgende Arbeitsschritte:

¶

1. Annahme der Eingangspost
2. Öffnen der Briefe
3. Kontrolle des Briefhülleninhalts
4. Stempeln der eingegangenen Briefe
5. Sortieren der Eingangspost
6. Verteilen der Eingangspost

¶

Posteingangssysteme ermöglichen eine schnelle Bearbeitung auf engstem Raum.

Regeln nach DIN 5008

„Die einzelnen Aufzählungsglieder können auch durch Leerzeilen getrennt werden, insbesondere wenn sie mehrzeilig sind."

Die Aufzählungszeichen aus dem Textverarbeitungsprogramm können angewendet werden.

Übung 4

Schreiben und gestalten Sie folgenden Text:

Briefe, die tagsüber in den verschiedenen Abteilungen geschrieben wurden, werden dort gesammelt und so schnell wie möglich zur weiteren Bearbeitung der Poststelle übergeben. Die Poststelle bereitet die Briefe zum Versand vor. Dabei sind zwei Briefarten zu unterscheiden:

¶

- **Tagespost.** Dies sind meistens individuelle Briefe, Rechnungen, Mahnungen, die an bestimmte Personen gerichtet sind.

¶

- **Massenpost.** Darunter versteht man Briefe mit gleichem Inhalt zu Werbezwecken, Kataloge und Prospekte. Diese können mit den Postbearbeitungsmaschinen zum Versand vorbereitet werden.

Aufgabe

Situation

Juliane und Kevin sollen für das „Bürohaus Mayer" eine Liste mit Auswahlkriterien für Bürostühle erstellen. Sie haben Folgendes zusammengestellt:

Arbeitsanweisungen

1. Wechseln Sie in das Unterverzeichnis **Aufgaben** und rufen Sie die Datei **BS-15-Nummerierung** auf.
2. Gestalten Sie den entsprechenden Text mit **Aufzählungs-/Nummerierungsgliedern.**
3. Speichern Sie die Checkliste unter dem gleichen Namen und drucken Sie anschließend.

Auswahlkriterien für Bürostühle – Welchen Stuhl benötigen Sie? – Bürodrehstuhl, Besucherstuhl, Konferenzstuhl, Stuhl für Schulungsraum – Voraussetzung für entspanntes und gesundheitsverträgliches Arbeiten ist eine Stuhlkonstruktion, die den aktuellen ergonomischen Erkenntnissen entspricht. Das bedeutet, dass der Stuhl folgende Kriterien erfüllen muss: die Möglichkeit, die Rückenlehne in vorderster Position zu arretieren, um eine aufrechte Sitzhaltung zu unterstützen, unterschiedliche Stauchhärten der Polsterung für Sitz- und Rückenpolster, eine Polsterkante, die die Bewegungen unterstützt, ohne die Durchblutung der Beine zu beeinträchtigen, Langzeitsitzen ohne zu schwitzen. Das wird durch Wasserdampfdurchlässigkeit und Luftzirkulation bzw. durch entsprechendes Oberflächenmaterial erreicht, Polsterung mit Mehrzonenschaum, mit verringerter Stauchhärte an der Sitzvorderkante. – Nützlich ist weiterhin: die Austauschbarkeit des Polsters, da erfahrungsgemäß das Polster zuerst abgenutzt wird, während die Bürostuhltechnik noch jahrelang funktioniert, wenn ein vielfältiges Farbangebot gewährleistet wird, damit der Stuhl einerseits den individuellen Farbwünschen gerecht werden kann, andererseits aber auch problemlos in das Farbkonzept der vorhandenen Büroeinrichtung passt, wenn sich die Gasdruckfeder ohne besondere Abziehvorrichtung austauschen lässt.

Erarbeitung des Tastenfeldes

1 Wiederholung

Schreiben Sie den Text und gliedern Sie die Zahlen normgerecht.

```
Das 2560km entfernte Anwesen kostete über 1000000EUR. Die Mannschaft
erreichte auf dem Turnier den 1.Platz. Der Service im Internet bietet
Musikfreunden eine kostenlose Bibliothek mit über 120000Musiktiteln.
Das Abonnement kostet jährlich 40,80EUR.
```

2 Telefonnummern

Regeln nach DIN 5008

Die Gliederung von Telefonnummern erfolgt funktionsbezogen durch je ein Leerzeichen. Eine Telefonnummer kann sich aus folgenden Teilen zusammensetzen: Anbieter, Landesvorwahl, Ortsnetzkennzahl, Einzelanschluss bzw. Durchwahlnummer.

06841•88997

Zentrale Abfragestellen und Durchwahlnummern werden mit einem **Bindestrich** abgetrennt. Es steht kein Leerzeichen vor oder nach dem Bindestrich.

07191•8095-0

07191•8095-244

Kostenpflichtige Sondernummern enthalten nach der Nummer des Anbieters **eine Ziffer für die Gebührenzählung.** Vor und nach der Ziffer für die Gebührenzählung steht ein Leerzeichen.

0180•1•483984

0190•2•892343

Kostenlose Sondernummern werden funktionsbezogen gegliedert.

0130•493049

0800•385849

Im Schriftverkehr mit dem **Ausland** entfällt die „0" der Ortsnetzkennzahl (Vorwahl). Das Pluszeichen und eine 49 für Deutschland (in Österreich eine 60) werden vorangestellt.

+49•7191•8095-244

Die **funktionsbezogenen Teile** von Telefon- und Telefaxnummern dürfen wegen der besseren Lesbarkeit durch Fettschrift oder Farbe hervorgehoben werden.

0180•1•483984 **07191•8095-0**

0190•2•892343 **07191•8095-244**

Vanity-Nummern. Statt Nummern werden Buchstaben angegeben. Es sind die Buchstaben des Namens oder Firmennamens. Beim Wählen drückt man nur einmal auf die Taste, auf der der Buchstabe verzeichnet ist.

0800·Telekom

8	3	5	3	5	6	6
TUV	DEF	JKL	DEF	JKL	MNO	MNO

Schreiben Sie folgende Sätze und gliedern Sie die Telefonnummern normgerecht.

Unsere Mitarbeiterin ist ab Januar unter der Rufnummer **071198998** zu erreichen. Die neue Niederlassung in Stuttgart hat die Telefonnummer **0711847-0.** Herr Mayer hat die Telefondurchwahl **0711849-948.** Die Firma ist unter der Servicerufnummer **08003458493** rund um die Uhr von Montag bis Freitag zu erreichen. Für eine Beratung unter der Servicerufnummer **01804948230** müssen 0,23 EUR pro Minute gezahlt werden. Über die Rufnummer **0190055555** können täglich aktuell die unterschiedlichsten Informationen abgerufen werden.

3 Telefaxnummern

Telefaxnummern werden wie Telefonnummern **funktionsbezogen** durch ein Leerzeichen gegliedert.

Telefax•07191•83345

Fax•07191•8334-255 oder Fax 07191•**8334**-255

Tfx•+49•07191•833455

Regeln nach DIN 5008

Schreiben Sie folgende Sätze und gliedern Sie die Telefaxnummern normgerecht.

Bestellungen werden unter der **Telefaxnummer 07119849-948** angenommen. Informationen zu diesem Thema können Sie über die **Fax-Nr.071184930-949** abrufen.

4 Telexnummern

Telexnummern werden im Gegensatz zur Schreibweise von Telefon- und Faxnummern im Ziffernteil **nicht** gegliedert. Danach folgt der Buchstabenteil und das Kennzeichen.

Telex 89434•GGH•d

Tx 45434•rwe•d

Regeln nach DIN 5008

Schreiben Sie folgende Sätze und gliedern Sie die Telexnummer normgerecht.

Wie bereits angekündigt, werden wir am 1. Januar 20.. unser Telexgerät – bisher erreichbar unter der Telexnummer **89324swrd** – abschalten. Bitte haben Sie dafür Verständnis.

5 Bankleitzahlen

Regeln nach DIN 5008

Bankleitzahlen werden von links nach rechts in 2 Dreiergruppen und 1 Zweiergruppe gegliedert.

BLZ 602•500•10

Internationale Bankleitzahlen werden von links nach rechts in 5 Vierergruppen und eine Zweiergruppe gegliedert.

IBAN•DE89•3702•0044•0532•0130•00

Schreiben Sie folgenden Satz und gliedern Sie die Bankleitzahl normgerecht.

```
Bitte überweisen Sie das Gehalt von Frau Sommer auf das Konto
498 8493 393 bei der Kreissparkasse Waiblingen BLZ60250010.
```

6 Postfachnummern

Regeln nach DIN 5008

Postfachnummern werden zweistellig von rechts nach links gegliedert.

Postfach•49•83

Postfach•3•46

Schreiben Sie folgenden Satz und gliedern Sie die Postfachnummer normgerecht.

```
Für die Firma Müller hat die Post ein Postfach mit der Nummer
93848756 eingerichtet.
```

7 Postleitzahlen

Regeln nach DIN 5008

Postleitzahlen sind fünfstellig und werden nicht gegliedert.

71522 Backnang

Schreiben Sie folgenden Satz und gliedern Sie die Postleitzahl normgerecht.

```
Die neue Anschrift der Firma Rolf Rauscher e. K. lautet: Rolf
Rauscher e. K., Postfach 8 44 92, 71522 Backnang.
```

8 Ausgleichsübungen

Beugen Sie Nackenbeschwerden vor:

1. Falten Sie Ihre Hände hinter dem Kopf.
2. Führen Sie die Ellbogen weit nach hinten.
3. Drücken Sie Kopf und Hände zirka fünf Sekunden gegeneinander.
4. Senken Sie das Kinn in Richtung Brust.
5. Halten Sie diese Dehnung etwa fünf bis acht Sekunden und atmen Sie dabei gleichmäßig.

1 Gliederungen

Eine Gliederung ist eine Spezialform eines nummerierten Absatzes. Bei einer hierarchischen Gliederung empfiehlt es sich, den zu gliedernden Text zunächst zu erfassen und danach zu gestalten.

Arbeitsablauf

1. Erfassen und markieren Sie den zu gliedernden Text.
2. Rufen Sie das Menü **Format – Nummerierung und Aufzählungszeichen...** auf und aktivieren Sie **Gliederung.**
3. Weisen Sie die gewünschte Gliederungsvariante zu.
4. Setzen Sie den Cursor an den Anfang des Abschnittes, der heruntergestuft werden soll, und klicken Sie auf das Symbol „Einzug vergrößern", bis Sie die richtige Gliederungsebene erreicht haben. Über die Symbolschaltfläche „Einzug verkleinern" lassen sich die Abschnitte wieder zurückstufen.

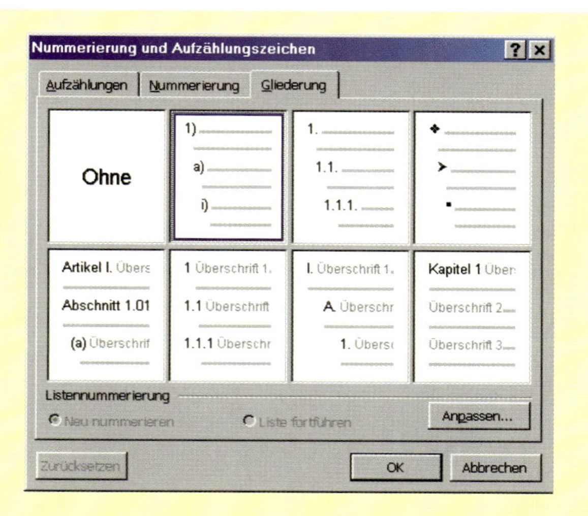

Einzug verkleinern 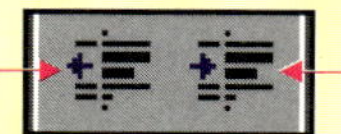 Einzug vergrößern

Über das Dialogfeld Anpassen ... können die Einstellungen vorgenommen werden:

Die Bearbeitungsflächen entsprechen weitgehend den Möglichkeiten für Nummerierungen und Aufzählungen. Achten Sie darauf, dass bei der Bearbeitung die richtige Ebene markiert bzw. aktualisiert ist.

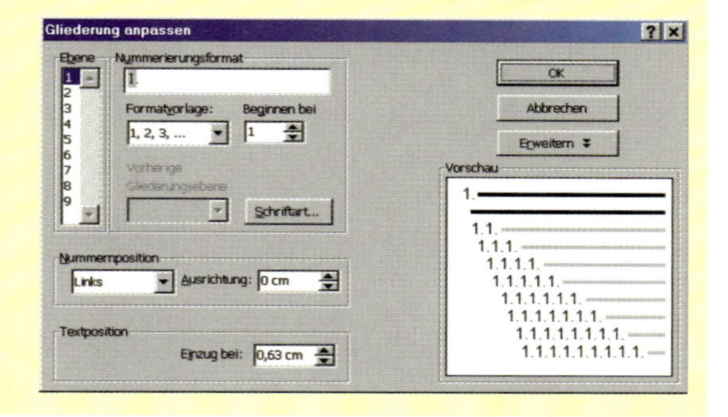

Übung 1

Erfassen und gestalten Sie den Text:

1 Die erste Ebene wird mit einer einstelligen Zahl gekennzeichnet.

1.1 Die nächste Ebene wird mit einer zweistelligen Zahl gekennzeichnet, die mit der Nummer der übergeordneten Ebene gebildet wird.

1.2 Die Absätze der gleichen Ebene werden mit derselben Zahlenebene bezeichnet. Es können aber auch Zeichen und Buchstaben als Nummerierungszeichen verwendet werden.

1.2.1 Die dritte Ebene verwendet eine Zahl mit drei Ziffern

1.2.2 und so weiter.

2 Gestaltungsregel: Mehrstufige Aufzählungen

Regeln nach DIN 5008

Die Aufzählungen können mehrstufig gestaltet werden.

Übung 2

Erfassen und gestalten Sie den Text:

Die Arbeit in der Poststelle beim Postausgang kann in folgende Arbeitsschritte gegliedert werden:
¶
1. Adressieren
¶
    a) Fensterbriefhüllen
    b) Automatisches Adressieren
¶
2. Zusammentragen
¶
    a) Manuell
    b) Maschinell
¶
3. Falzen
¶
    a) Falzarten
    b) Falzmaschinen
¶

3 Gestaltungsregel: Abschnitte

Regeln nach DIN 5008

„Abschnittsüberschriften sind durch je eine Leerzeile vom vorhergehenden Text und vom folgenden Text abzusetzen; ein- oder mehrstufige Abschnittsnummern erhalten am Ende keinen Punkt. Der Abschnittsnummer folgen mindestens 2 Leerzeichen; in mehrzeiligen Abschnittsüberschriften beginnen Folgezeilen an der neuen Fluchtlinie. Die Abschnittsnummern und die Texte der Abschnitte beginnen an derselben Fluchtlinie."

Übung 3

Erfassen und gestalten Sie den Text:

2 Vervielfältigen
¶
Eine Kommunikation erfordert Information. Deshalb werden erstellte Schriftstücke vervielfältigt, um weitergegeben, an verschiedenen Stellen weiterverarbeitet und abgelegt zu werden.
¶
2.1 Durchschreiben und Durchschlagen
¶

4 Gestaltungsregel: Inhaltsverzeichnisse und Übersichten

„Alle Abschnittsnummern beginnen an derselben Fluchtlinie. Die Abschnittsüberschriften – auch mehrzeilige – beginnen an einer weiteren Fluchtlinie. Nach Abschnittsnummern folgen mindestens zwei Leerzeichen."

Regeln nach DIN 5008

Erfassen und gestalten Sie den Text:

Übung 4

Inhalt

¶

1 Organisation
1.1 Diktieren
1.1.1 Diktiergeräte
1.1.2 Diktatsprache
1.1.3 Diktieranlagen
1.1.4 Digitale Sprachspeicherung
1.1.5 Spracherkennung

¶

2 Rationalisierung des Schriftverkehrs
2.1 Papierherstellung
2.2 Papiernormung
2.2.1 Papierformate
2.2.2 DIN-Reihen
2.2.3 Briefhüllen

Aufgabe 1

Situation

Iris ist Auszubildende bei einer Computerfirma und muss sehr viel telefonieren. Hin und wieder ist es notwendig, bei Software-Herstellern Fragen zu klären, und sie nutzt dazu die angegebene Hotline. Der Ausbildungsleiter macht sie auf die teuren Tarife aufmerksam und rät ihr, bevor sie die Hotline-Nummer nutzt, im Telefonbuch nachzuschauen, wie viel das Gespräch kosten wird.

Arbeitsanweisungen

1. Wechseln Sie in das Unterverzeichnis **Aufgaben** und rufen Sie die Datei **BS-16-Servicenummern** auf.
2. Suchen und verbessern Sie die Fehler.
3. Schauen Sie in den vorderen Seiten Ihres Telefonbuchs nach, wie hoch die Gebühren für die 0180er- und 0190er-Nummern sind. Bitte ziehen Sie in Betracht, dass sich die Tarife häufiger ändern.
4. Speichern und drucken Sie den Text.

Kostenlose Servicerufnummern

Viele Unternehmen bieten ihren Kunden kostenlose Telefonverbindungen über die Servicenummern 0800 und 0130 an. Die 0130-Nummern werden nach und nach auf die neuen 0800-Nummern umgestellt.

Auch im Internet können kostenlose Rufnummern genutzt werden. Besucher einer Homepage klicken dabei einfach die „freecall-Schaltfläche" an. Über das Internet wird dann eine kostenlose Telefonverbindung zu einem vorbestimmten Anschluss hergestellt.

Service 0180

Beratungen, Bestellungen oder Reservierungen können unter einer 0180-Servicenummer genutzt werden. Der Anbieter legt fest, in welchem Maße der Anrufer an den Gesprächskosten beteiligt wird. Die Deutsche Telekom bietet hierfür fünf Tarifvarianten an. Hier drei Beispiele: Ein Kunde, der die Rufnummer 018019494 wählt, zahlt für jede angefangenen 90 Sekunden von Montag bis Freitag zwischen 09:00 Uhr und 18:00 Uhr 0,06€. Für einen Anruf unter der Rufnummer 018029494 muss er 0,06€ zahlen. Die Rufnummer 018044958 kostet ihn pro Gespräch 0,25€. In den beiden letzten Fällen (Gebührenziffer 2 und 4) spielt es keine Rolle, wie lang das Gespräch dauert.

Service 0190

Über den Service 0190 bieten Unternehmen ihren Kunden hochwertige Unterhaltungs- und Informationsdienste an. Die genutzten Serviceleistungen werden über die Verbindungsentgelte direkt vergütet und sind entsprechend hoch. Die Abrechnung und Inkasso übernimmt die Deutsche Telekom. Ein Anruf bei einer Beratungs-Hotline mit der Rufnummer 019083344 kostet den Kunden zum Beispiel 0,06€ je angefangene 2Sekunden

Aufgabe 2

Situation

Max hat für das Fach Büropraxis ein Referat über „Ordnen und Speichern von Informationen" ausgearbeitet. Für das Inhaltsverzeichnis hat er folgende Gliederung vorgesehen:

Arbeitsanweisungen

1. Wechseln Sie in das Unterverzeichnis **Aufgaben** und rufen Sie die Datei **BS-16-Inhaltsverzeichnis** auf.
2. Gestalten Sie das Inhaltsverzeichnis normgerecht.
3. Speichern und drucken Sie die Datei.

Inhaltsverzeichnis – Ordnen und Speichern von Informationen – 1 Ordnungssysteme, 1.1 Alphabetische Ordnung, 1.1.1 Ordnen von Personennamen, 1.1.2 Ordnen von Firmen- und Behördennamen, 1.1.3 Ordnen nach geografischen Namensbegriffen, 1.2 Numerische Ordnung, 1.2.1 Ordnen nach fortlaufenden Nummern, 1.2.2 Ordnen nach Vorziffern, 1.2.3 Dekadische Ordnung, 1.3 Alphanumerische Ordnung, 1.4 Chronologische Ordnung, 1.5 Mnemotechnische Ordnung, 1.6 Ordnen nach Farben und Symbolen. 2 Schriftgutverwaltung, 2.1 Notwendigkeit der Schriftgutverwaltung, 2.2 Aufbewahrungsfrist, 2.3 Wertigkeit des Schriftgutes, 2.4 Schriftgutbehälter und Ablagetechniken, 2.5 Registraturformen, 2.6 Standorte, 2.7 Zubehör, 2.8 Kosten der Registratur, 2.9 Elektronische Archivierung

Dekadische Ordnung: Ordnung nach der Zehnerstaffel (Zehnergruppe = Dekade). Mögliche Ziffernreihen z. B. 0–9, 20–29.
Mnemotechnische Ordnung: Ordnung mithilfe der Gedächtniskunst.

Aufgabe 3

Situation

In der Firma Ratio sollen Kosten eingespart werden. Dabei werden Überlegungen angestellt, wie ein Kopierer im Betrieb wirtschaftlich eingesetzt werden kann.

Arbeitsanweisungen

1. Wechseln Sie in das Unterverzeichnis **Aufgaben** und rufen Sie die Datei **BS-16-Gliederung** auf.
2. Gestalten Sie die Gliederung normgerecht.
3. Speichern und drucken Sie die Datei.

Folgende Überlegungen müssen angestellt werden, um einen Kopierer wirtschaftlich einzusetzen: 1. Kauf oder Leasing, 2. Standort, a) Dezentraler Standort, b) Zentraler Standort, 3. Unnötige Kopierkosten, 4. Betreuung des Kopierers, 5. Überwachung von Kopierkosten und -volumen.

Erarbeitung des Tastenfeldes

1 Wiederholung

Schreiben Sie den Text und gliedern Sie die Zahlen normgerecht.

Bei Teilnehmern, die ein Funktelefon besitzen, kann an der Zugangskennzahl erkannt werden, in welchem Netz das Handy angemeldet ist, z.B. **D1-Netz 01718765432** und **D2-Netz 01727107558, E-Plus-Netz 01771173245.**

2 Kalenderdaten

Regeln nach DIN 5008

Das **numerisch geschriebene Datum** besteht nur aus Ziffern. Die Reihenfolge Jahr, Monat, Tag ist einzuhalten. Gegliedert wird mit dem Mittestrich ohne Leerzeichen. Die Jahreszahl kann vier- oder zweistellig angegeben werden.

2003-12-31 03-01-01

Bei der **alphanumerischen Schreibweise** wird der Monatsname in Buchstaben geschrieben. Der Monatsname darf auch nach Duden abgekürzt werden. Die Tagangaben 1. bis 9. werden einstellig geschrieben. Die Jahreszahl wird zwei- oder vierstellig angegeben.

31.·Dezember·2003 1.·Januar·2003 1.·Januar·03

Abkürzungen der Monatsnamen nach Duden:

Jan., Febr., März, Apr., Mai, Juni, Juli, Aug., Sept., Okt., Nov., Dez.

1.·Jan.·03 3.·Sept.·03

Um **Missverständnisse** zu vermeiden, darf auch die Schreibweise Tag, Monat, Jahr – gegliedert mit Punkt ohne Leerzeichen – verwendet werden.

01.01.03 12.08.2003

3 Tabulatortaste

Tabulatortaste

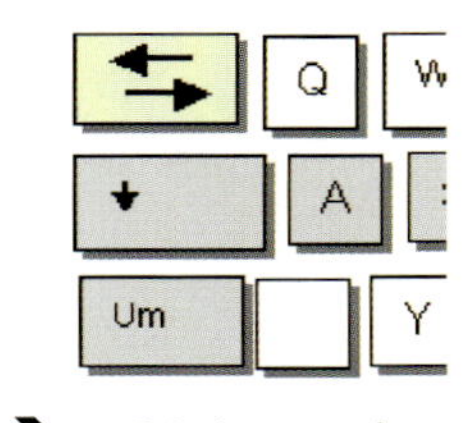

➔ = Tabulatorzeichen

Wird die Tabulatortaste gedrückt, setzt Word standardmäßig alle **1,25 cm** einen Tabstopp. Der Leerraum zwischen den Tabstopps wird mit einem Tabulatorzeichen gefüllt. Das Tabulatorzeichen gehört zu den nichtdruckbaren Zeichen.

Die Standardtabulatoren werden im **Zeilenlineal** durch **Markierungsstriche** gekennzeichnet:

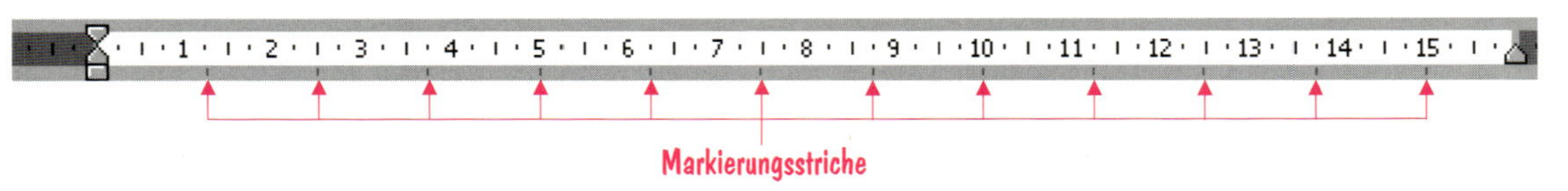

Mit dem Einsatz des Standardtabulators erreicht man beim Untereinanderschreiben eine einheitliche Fluchtlinie. Versucht man den Abstand mit der gleichen Anzahl von Leerzeichen zu erreichen, kommt es bei der Verwendung von Proportionalschriften – spätestens auf dem Ausdruck – zu einer unregelmäßigen Fluchtlinie.

Winter **Sommer** einheitliche Fluchtlinie	**Sommer** **Winter** unregelmäßige Fluchtlinie

Übung 1

1. Wechseln Sie in das Verzeichnis **Aufgaben** und rufen Sie die Datei **BS-17-Euro** auf.
2. Fahren Sie mit der Tabulatortaste die Formularfelder an und geben Sie das entsprechende Datum alphanumerisch ein.
3. Speichern Sie die Datei unter dem **gleichen Namen.**

Der Weg zur Einheitswährung

1948-06-20	Mit der Währungsreform tritt in Westdeutschland die Mark an die Stelle der Reichsmark.
1951-04-18	Vertrag über die Europäische Gemeinschaft für Kohle und Stahl (Montanunion).
1958-01-01	Die Römischen Verträge über die von Frankreich, Deutschland, Italien, den Niederlanden, Belgien und Luxemburg gebildete Wirtschaftsgemeinschaft.
1972-03-21	Gründung des Europäischen Währungsverbunds.
1979-03-13	Das von Frankreich und Deutschland initiierte Europäische Währungssystem tritt in Kraft.
1987-07-01	Das Ziel Währungsunion wird im EG-Vertrag verankert.
1989-06-26	Der Europäische Rat billigt den Plan für eine Währungsunion.
1992-02-07	Unterzeichnung des EU-Vertrages von Maastricht, der die Währungsunion bis 1999 vorsieht und Beitrittskriterien festlegt.
1993-01-01	Der Europäische Binnenmarkt tritt in Kraft.
1993-11-01	Ratifizierung des Maastricht-Vertrages. Aus den Europäischen Gemeinschaften wird die Europäische Union.
1997-06-16	Verabschiedung des Stabilitäts- und Wachstumspakts in Amsterdam.
1998-03-01	Die EU-Kommission empfiehlt elf Länder für den Start der Währungsunion.
1998-05-03	Ein EU-Sondergipfel gibt grünes Licht für den Euro. Die Staats- und Regierungschefs bestimmen den 1. Januar 1999 als Start der Währungsunion.
1998-12-31	Die EU-Finanzminister legen den Umrechnungskurs des Euros endgültig fest.
1999-01-01	Der Euro wird gemeinsame Währung der elf Länder.
1999-01-04	Die Börsen nehmen den Handel mit Euro auf.
1999-07-01	Die Herstellung des neuen Bargeldes läuft an.
2001-01-01	Griechenland wird zwölftes Euroland-Mitglied.
2001-09-01	Ausgabe von Euro-Geld an Banken und Handel.
2002-01-01	Der Euro wird gesetzliches Zahlungsmittel.
2002-03-01	Die Mark verliert ihre Gültigkeit, kann aber eingewechselt werden.

Übung 2

Schreiben und gestalten Sie den Text:

Sehr geehrte Frau Müller,

bitte überprüfen Sie die folgenden **Rechnungen** und veranlassen Sie die Bezahlung auf unser **Konto 990900 bei der Deutschen Bank in Köln, BLZ 370 700 60:**

Nr.	Datum	Zahlung bis
938	02-01-23	02-02-28
234	02-03-18	02-04-30
496	02-07-01	02-08-29

Haben Sie in der Zwischenzeit gezahlt? Dann können Sie dieses Schreiben direkt in den Papierkorb werfen.

Freundliche Grüße

4 Uhrzeiten

Regeln nach DIN 5008

Die Uhrzeit in Stunden und Minuten oder Stunden, Minuten und Sekunden werden immer zweistellig geschrieben und mit Doppelpunkt ohne Leerzeichen gegliedert.

08:50·Uhr 20:00·Uhr 00:05·Uhr 14:04:04·Uhr

Bei ungefähren Zeitangaben ist die folgende Schreibweise möglich:

gegen·8·Uhr vor·7·Uhr

Übung 3

Schreiben und gestalten Sie den Text:

Sehr geehrte Projektmitglieder,

unsere 30-minütigen Besprechungen finden an folgenden Terminen statt:

Raum	Datum	Uhrzeit
10	02-01-08	08:00 Uhr
12	02-02-05	09:30 Uhr
24	02-04-04	08:30 Uhr

Bitte bereiten Sie sich sorgfältig vor. Der zeitliche Rahmen sollte nicht überschritten werden.

Freundlichen Gruß

5 Ausgleichsübungen

Sitzen Sie aufrecht, halten Sie den Kopf gerade und drücken Sie mit einer Hand von der Seite gegen Ihren Kopf. Halten Sie die Spannung 5 bis 10 Sekunden und wiederholen Sie die Übung auf der anderen Seite.

Rahmen

Mit dem Menü **Format – Rahmen und Schattierung...** können Absätze, Textteile und Tabellen mit einem Rahmen versehen werden.

1 Absätze und markierte Textbereiche umrahmen

Arbeitsablauf

1. Markieren Sie den zu umrahmenden Absatz/Textteil.
2. Wählen Sie das Menü **Format – Rahmen und Schattierung...**

   Das Fenster öffnet sich:

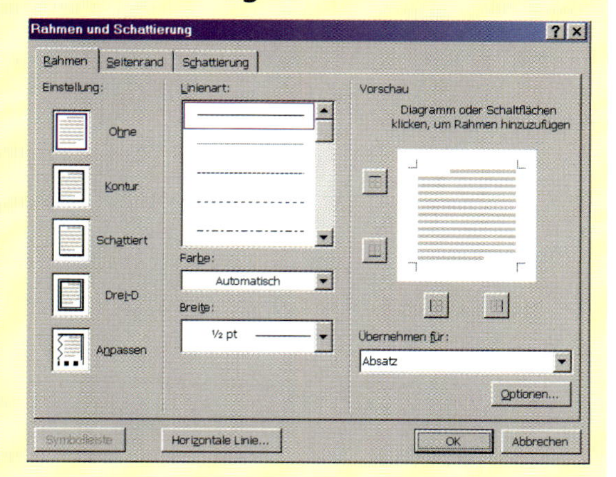

3. In der Registerkarte im Feld ***Einstellung: Kasten*** aktivieren.
4. Im Feld ***Linienart*** die gewünschte ***Linie*** auswählen und mit OK bestätigen.

In der Registerkarte „Rahmen" können weitere Einstellungen vorgenommen werden:

Feld: ***Einstellung***

- **Ohne** Der Rahmen um den markierten Textbereich wird entfernt.
- **Kasten** Der markierte Textbereich wird mit einem Rahmen versehen.
- **Schattiert** Der Rahmen wird unten und rechts mit einer Schattierung versehen.
- **3-D** Über diese Schaltfläche wird dem markierten Textbereich ein standardmäßig voreingestelltes 3-D-Rahmenformat zugewiesen.
- **Anpassen** Über diese Schaltfläche kann ein benutzerdefinierter Rahmen erstellt werden. Zum Beispiel eine Rahmenlinie oben und unten definieren oder unterschiedliche Rahmenlinien in einem Kasten verwenden.

Feld: ***Linienart***

- Im ***Feld Linienart*** hat man eine große Auswahl von unterschiedlich gestalteten Linien.
- Im ***Feld Farbe*** kann man der umrahmenden Linie eine Farbe geben, vorausgesetzt der Drucker kann in Farbe drucken.
- Im ***Feld Breite*** kann die ausgewählte Linie verbreitert werden.

Schaltfläche „Horizontale Linie"

Hauptsächlich für die Gestaltung von Webseiten werden die ClipArts für horizontale Linien verwendet. Die schmückenden Linien können Sie aber auch in der Textverarbeitung zur Gestaltung von besonderen Schriftstücken einsetzen.

Diese Rahmenlinien sind nur in der Seiten-Layout-Ansicht sichtbar.

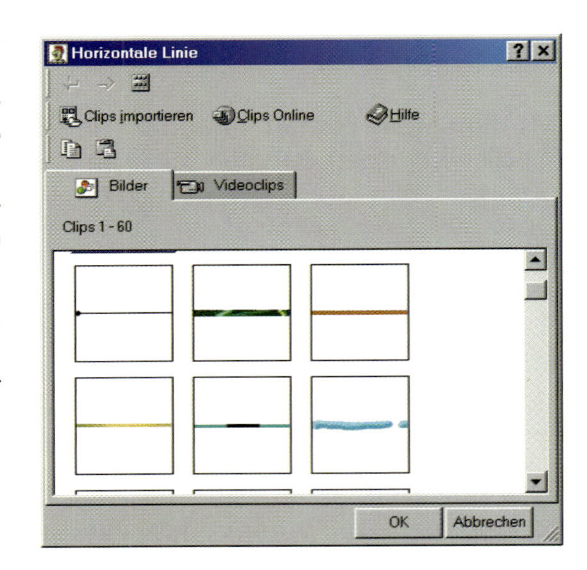

Übung 1

1. Wechseln Sie in das Unterverzeichnis **Aufgaben** und rufen Sie die Datei **BS-17-Rahmen** auf.
2. Weisen Sie verschiedene Rahmenlinien zu.

Hier eine kleine Auswahl der zur Verfügung stehenden Rahmenlinien:

Über das Menü Format – Rahmen und Schattierung lassen sich Texte und Textteile schöner gestalten.	Über das Menü Format – Rahmen und Schattierung lassen sich Texte und Textteile schöner gestalten.	Über das Menü Format – Rahmen und Schattierung lassen sich Texte und Textteile schöner gestalten.	Über das Menü Format – Rahmen und Schattierung lassen sich Texte und Textteile schöner gestalten.
Über das Menü Format – Rahmen und Schattierung lassen sich Texte und Textteile schöner gestalten.	Über das Menü Format – Rahmen und Schattierung lassen sich Texte und Textteile schöner gestalten.	Über das Menü Format – Rahmen und Schattierung lassen sich Texte und Textteile schöner gestalten.	Über das Menü Format – Rahmen und Schattierung lassen sich Texte und Textteile schöner gestalten.

2 Umrahmung einzelner Wörter

Übung 2

Neben der Möglichkeit, einen Absatz zu umrahmen, kann man auch einzelne Wörter im Text markieren und zur Hervorhebung umrahmen. Dazu muss die Option **Anwenden auf: Text** aktiviert werden.

1. Wechseln Sie in das Unterverzeichnis **Aufgaben** und rufen Sie die Datei **BS-17-Rahmen** auf.
2. Nehmen Sie die Umrahmung einzelner Wörter vor.

Das Diktiergerät von heute geht auf den „Fonografen", eine Erfindung von Edison im Jahre 1879 zurück.

3 Teilumrahmung

Absätze können mit einer Teilumrahmung gestaltet werden.

a) Wählen Sie das Menü **Format – Rahmen und Schattierung...**

b) Klicken Sie in der Vorschau die entsprechenden Schaltflächen

c) Klicken Sie in der Vorschau direkt auf die gewünschte/n Seite/n der Grafik.

d) Rahmenlinien können aber auch sehr schnell über die Symbolleiste **Tabellen und Rahmen – Rahmenlinie außen** zugewiesen werden:

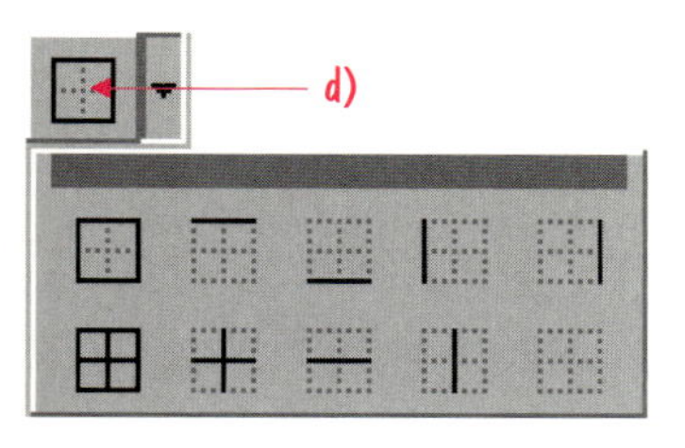

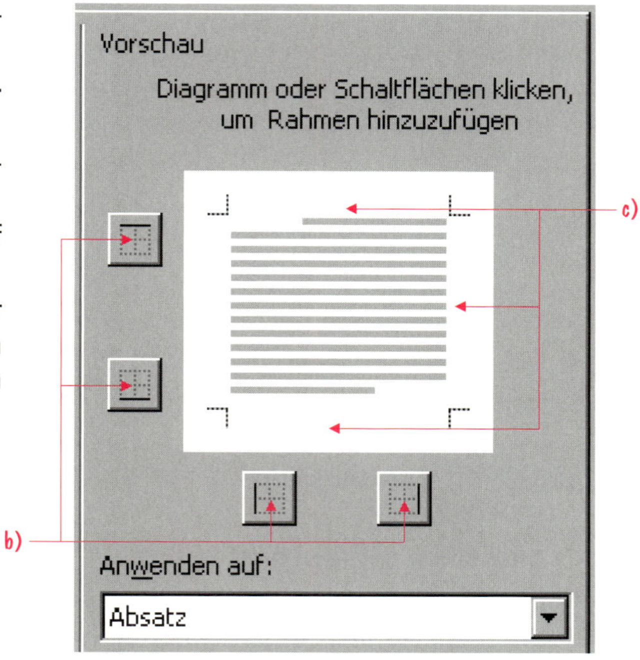

Wechseln Sie in das Unterverzeichnis **Aufgaben** und rufen Sie die Datei **BS-17-Rahmen** auf.

Übung 3

Die gesprochene Sprache kann direkt über einen Personalcomputer mit dem Diktiergerät aufgenommen werden.

Die am meisten verwendeten Tonträger sind Mini-, Mikro- und Kompaktkassetten.

Tonträger verschiedener Systeme sind häufig nicht miteinander kompatibel. Nachdem die Minikassette nach DIN 32750 genormt worden ist, ist sie bei allen Minikassetten-Geräten einsetzbar.

Die Diktatsprache ist nach DIN 5009 „Regeln für das Fonodiktat“ genormt. Konstanten und Anweisungen müssen während der Ansage eines Diktats mit artikulierter Stimme gesprochen werden.

4 Abstand zum umrahmten Text

Der standardmäßige Abstand vom Rahmen zum Text ist unter Word recht klein eingestellt.

Beispiel:

Der standardmäßig eingestellte Abstand vom Rahmen zum Text ist recht klein eingestellt und kann über das Menü vergrößert werden.

Standardeinstellung –
linker und rechter Rand 4 pt.

Der standardmäßig eingestellte Abstand vom Rahmen zum Text ist recht klein eingestellt und kann über das Menü vergrößert werden.

Abstandsvergrößerung – rechter Rand um 10 pt.

Achtung: Der Rahmen wird dabei vom Text weggezogen.

Arbeitsablauf

1. Markieren Sie den Text, den Sie umrahmen möchten.
2. Rufen Sie anschließend das Menü **Format – Rahmen und Schattierung...** auf.
3. Nehmen Sie bei **Rahmen** die gewünschten Einstellungen (z. B. Kasten, Linienart, Farbe usw.) vor.
4. Klicken Sie anschließend auf das Feld **Optionen,** wenn Sie den Abstand zum Text verändern wollen.

Es öffnet sich das Fenster:

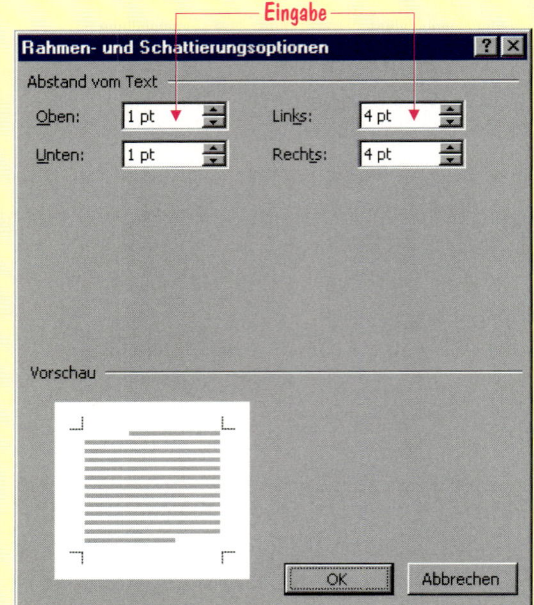

5. Über die Felder kann der ***Abstand oben, unten, links und rechts*** individuell vom Text zum Rahmenrand eingegeben werden. Die Veränderungen können in der Vorschau kontrolliert werden.
6. Bestätigen Sie die Eingaben mit OK.

Übung 4

1. Wechseln Sie in das Unterverzeichnis **Aufgaben** und rufen Sie die Datei **BS-17-Rahmen** auf.
2. Umrahmen Sie den Text mit einem Abstand von 5 pt.

Spracherkennung

Bisher wurden Texte über das Diktiergerät aufgenommen und später mit der Schreibmaschine/Personalcomputer übertragen. Durch die Spracherkennung ist es erstmals möglich, den gesprochenen Text ohne weitere Arbeitsschritte auf dem Bildschirm in Schriftform erscheinen zu lassen und wie jede Textdatei weiterzubearbeiten oder zu speichern.

5 Seitenrand

Über **Seitenrand** wird dem Dokument automatisch ein ganzseitiger Rahmen zugewiesen. Besteht das Dokument aus mehreren Seiten, so erhält jede Seite den gleichen Rahmen.

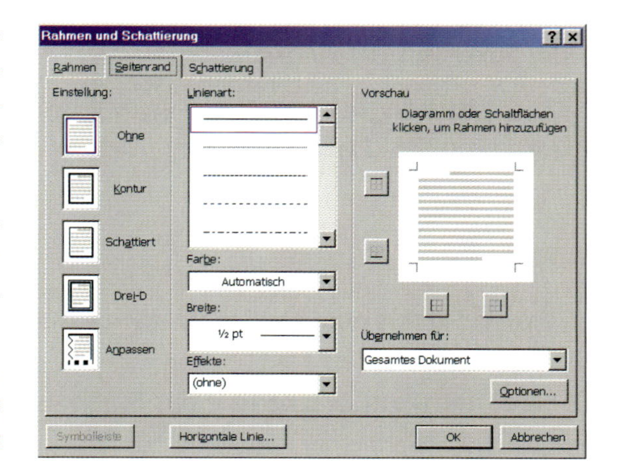

Die Registerkarte ***Seitenrand*** enthält zusätzlich das Feld ***Effekte.*** Das Programm bietet hier weitere gestalterische Möglichkeiten.

Über die Option ***Anwenden auf*** kann man den ausgewählten Rahmen nicht nur auf das ganze Dokument, sondern auch auf verschiedene Abschnitte anwenden. Dazu stehen vier Optionen zur Verfügung:

- Gesamtes Dokument
- Diesen Abschnitt
- Diesen Abschnitt – Nur 1. Seite
- Diesen Abschnitt – Alle außer 1. Seite

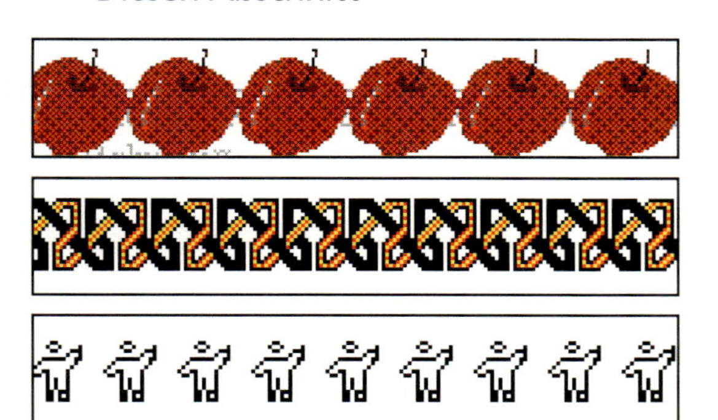

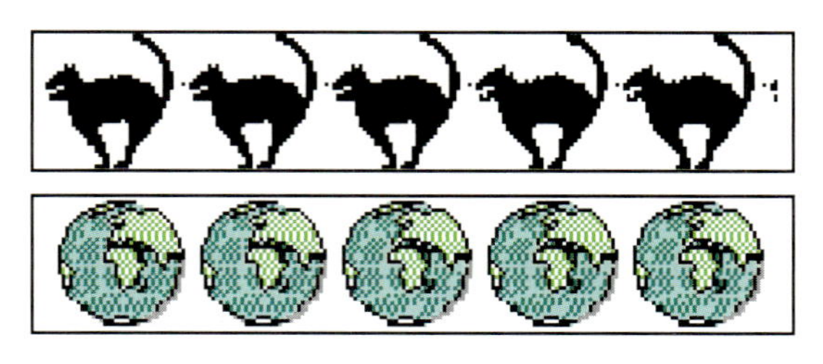

Aufgabe 1

Arbeitsanweisungen

Rufen Sie aus dem Unterverzeichnis **Aufgaben** folgende Dateien auf und gestalten Sie die Texte mit passenden Rahmenlinien.

BS-7-Werbeaktion, BS-7-Aufgabe-2, BS-7-Aufgabe-3, BS-8-Flugblatt, BS-9-Menüvorschlag, BS-11-Ergonomie

Aufgabe 2

Arbeitsanweisungen

1. Rufen Sie aus dem Unterverzeichnis **Aufgaben** die Datei **BS-17-Zeit** auf.
2. Gestalten Sie den Text.
3. Speichern und drucken Sie das Ergebnis.

Die Zeit wartet auf niemanden …

Vom Wert der Zeit

Um den Wert eines Jahrtausends zu erfahren,
frage alle, die den Jahrtausendwechsel mitgefeiert haben

Um den Wert eines Jahrhunderts zu erfahren,
frage einen Menschen, der 1901 geboren ist

Um den Wert eines Jahrzehnts zu erfahren,
frage den Forscher nach dem Absturz der Arianerakete

Um den Wert eines Monats zu erfahren,
frage eine Mutter, die ihr Kind zu früh zur Welt gebracht hat

Um den Wert einer Woche zu erfahren,
frage den Herausgeber einer Wochenzeitschrift

Um den Wert eines Tages zu erfahren,
frage ein Ehepaar, das seine diamantene Hochzeit feiert

Um den Wert einer Stunde zu erfahren,
frage die Verliebten, die darauf warten, sich zu sehen

Um den Wert einer Minute zu erfahren,
frage jemanden, der den Zug, Bus oder seinen Flug verpasst hat

Um den Wert einer Sekunde zu erfahren,
frage jemanden, der einen Unfall erlebt hat

Um den Wert einer Millisekunde zu erfahren,
öffne dein Herz und erkenne deine Seele!

Um den Wert der Zeit zu erfahren,
vertraue Gott.

Um den Wert der Ewigkeit zu erfahren – liebe!

Die Zeit ist Gottes Art und Weise zu verhindern,
dass alles auf einmal passiert!

(Quelle: unbekannt)

1 Wiederholung

1. Schreiben und gestalten Sie die Anzeige des Möbelhauses Maler.
2. Speichern Sie die Datei im Verzeichnis **Aufgaben** unter dem Namen **Möbel-Maler.**

Herzlich willkommen bei Ihrem

Kreativ Möbelhaus Maler

Unsere neuen Öffnungszeiten:

Montag bis Mittwoch: **09:00 – 12:30 Uhr und 14:00 – 18:30 Uhr**
Donnerstag bis Freitag: **09:00 – 12:30 Uhr und 14:00 – 19:30 Uhr**
Samstag: **09:00 – 16:00 Uhr**

Kleinhofstraße 18
71522 Backnang
Telefon: 07191 89485
Telefax: 07191 89488
E-Mail: www.moebelhaus-maler.de

Das Ausrufezeichen und die Anführungszeichen werden mit dem linken kleinen Finger und gedrücktem rechten Umschalter erzeugt. Die Vorklammer wird mit dem rechten Zeigefinger, die Nachklammer mit dem rechten Mittelfinger und gedrücktem linken Umschalter geschrieben.

Ausrufezeichen, Anführungszeichen und Klammern

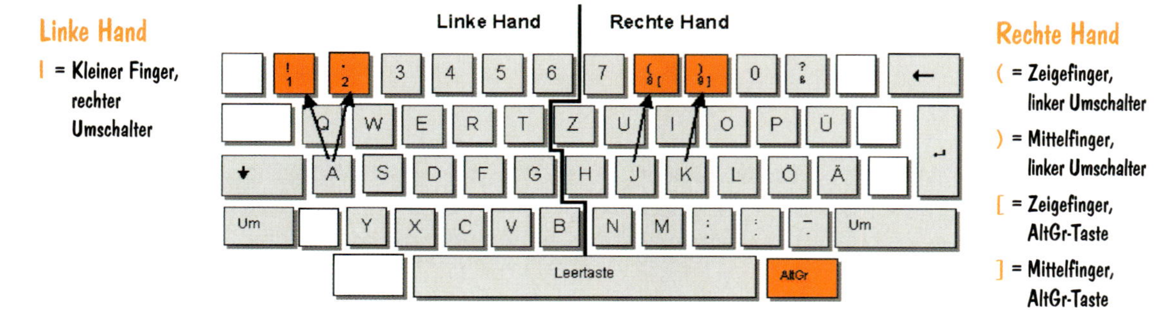

➡ Beachten Sie, dass auch die Zeichen blind geschrieben werden und die jeweiligen Finger nach dem Anschlag zurück zur Grundstellung gehen!

2 Ausrufezeichen

Regeln

Das Ausrufezeichen steht nach **Ausrufen und Ausrufesätzen** und nach **Aufforderungs- bzw. Befehlssätzen.**

Das Ausrufezeichen folgt dem Wort oder Schriftzeichen **ohne Leerzeichen.** Danach folgt ein Leerzeichen.

Einführung und Beispiele:

aqa1a!a aqa1a!a aqa1a!a aqa1a!a. Au! Sorry! Was für eine Unverschämtheit! Achtung! Rauchen verboten! Einfahrt freihalten! Sitzen Sie aufrecht! Ruhe! Bitte nicht stören!

3 Anführungszeichen

Regeln nach DIN 5008

Anführungszeichen werden **ohne Leerzeichen** vor und nach den Textteilen, die von ihnen eingeschlossen sind, geschrieben.

Über das **Menü Extras – AutoKorrektur … – AutoFormat während der Eingabe** können Sie automatisch die „typografischen Anführungszeichen" einstellen.

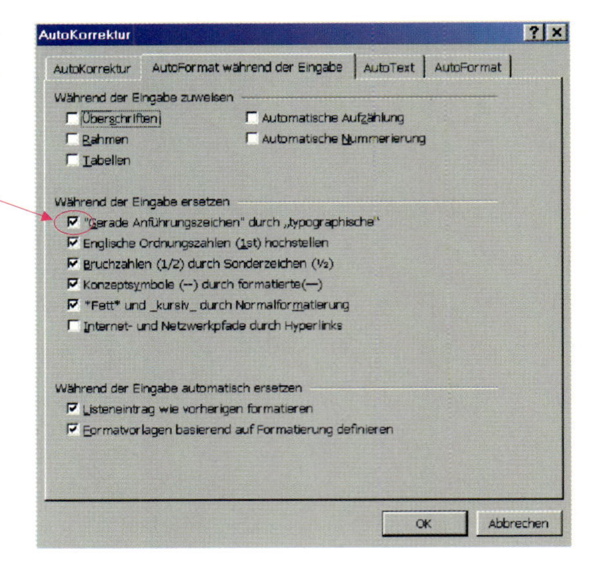

Einführung und Beispiele:

aqa2a"a aqa2a"a aqa2a"a aqa2a"a. Frank abonnierte die Zeitschrift „Der Reiter". Eine Redensart lautet: „Aller guten Dinge sind drei". Der Prokurist sagte: „Die Verträge müssen heute noch unterschrieben und zurückgeschickt werden." „Geben Sie ihm sofort das Geld zurück!", brüllte der Angestellte.

Regeln nach DIN 5008

Das Anführungszeichen kann als Unterführungszeichen statt Wortwiederholung verwendet werden. Das Unterführungszeichen ist unter den ersten Buchstaben jedes zu unterführenden Wortes zu schreiben. Zahlen sind stets zu wiederholen.

Übung 1

Schreiben Sie folgendes Beispiel:

Sehr geehrte Frau Sommer,

von unserer Lieferung vom 2. Januar 20.. haben wir folgende Artikel als Rücksendung erhalten:

Warenbezeichnung	**Bestell-Nr.**	**Größe**	**Menge**
Rollkragenpullover	2205005	2	1
"	2205005	3	1
Sporttasche	9983949	0	1

Der Gegenwert dieser Rücksendung wird bei der Aufstellung Ihrer Kontoübersicht berücksichtigt, die Sie am 31. Januar 20.. erhalten.

Mit freundlichem Gruß

4 Klammern

Erklärende Zusätze werden in Klammern geschrieben. Sie stehen ohne Leerzeichen vor und nach den Textteilen, die von ihnen eingeschossen sind.

Heike Drechsler·(Olympiasiegerin)·

Regeln nach DIN 5008

Einführung und Beispiele:

juj8j(j juj8j(j juj8j(j kik9k)k kik9k)k kik9k)k. Mit dem Handy können Sie verschiedene Rufnummern zu Gruppen zusammenfassen **(z. B. „geschäftlich" oder „privat")** und ihnen besondere Klingeltöne und Anruflogos zuordnen. Für den Faxabruf brauchen Sie entweder ein Kombi-Fax **(Fax mit integriertem Telefon)** oder jeweils ein separates Fax und Telefon.

In der ersten Hälfte der 90er-Jahre lagen die Inflationsraten in Deutschland zwischen 5,1 Prozent **(1992)** und 1,7 Prozent **(1995).**

Regeln

Eckige Klammern

Sie können für Erläuterungen zu einem bereits eingeklammerten Zusatz oder bei weglassbaren Buchstaben, Wortteilen oder Wörtern gesetzt werden.

Der Vortrag von Dr. Max Hauser (Präsentieren mit PC-Programmen **[z. B. PowerPoint]**) fand großen Anklang.

fünf**[und]**einviertel

Die Nachklammer in mehrstufigen Aufzählungen

Bei mehrstufigen Aufzählungen steht die Nachklammer hinter Kleinbuchstaben. Im Programm wird die Einstellung über **Format – Nummerierung und Aufzählungszeichen … – Gliederung** vorgenommen.

Übung 2

Schreiben und gestalten Sie folgende Beispiel:

1. **Briefe**
   a) Standardbrief
   b) Kompaktbrief
   c) Großbrief
   d) Maxibrief
2. **Zusatzleistungen**
   a) Einschreiben
   b) Eigenhändig
   c) Rückschein
   d) Einschreiben Einwurf
   e) Nachnahme

5 Ausgleichsübungen

Verschränken Sie die Arme, heben Sie sie vor den Kopf und drücken mit der Stirn dagegen, wieder 5 bis 10 Sekunden gegen die Spannung anhalten.

Pressen Sie beide Hände gegen den Hinterkopf und halten Sie 5 bis 10 Sekunden dagegen an.

Schattierung

Über das Menü **Format – Rahmen und Schattierung … – Schattierung** kann man einem markierten Textbereich eine Schattierung zuweisen. Die Schattierung kann mit oder ohne Umrahmung des Textbereichs erfolgen. Schattierungen ohne Umrahmung eignen sich zur Hervorhebung wichtiger Textbereiche im laufenden Text.

1 Absätze und Textteile schattieren

Arbeitsablauf

Markieren Sie den gewünschten Textbereich und rufen Sie das Menü **Format – Rahmen und Schattierung … – Schattierung** auf.

Folgendes Fenster öffnet sich:

Nehmen Sie die gewünschten Einstellungen vor und klicken Sie auf OK.

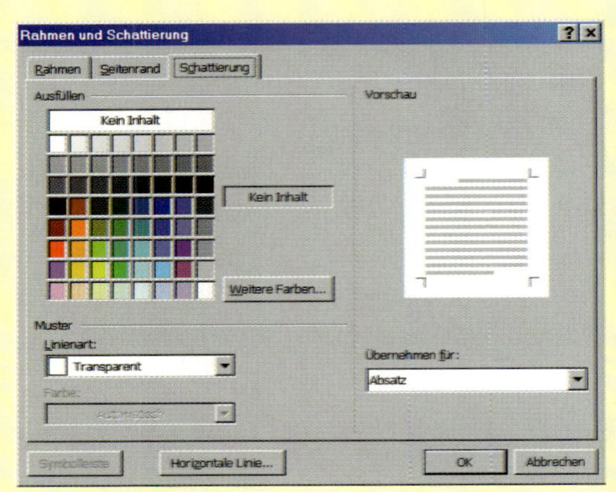

Über Schattierung können folgende Einstellungen vorgenommen werden:

Ausfüllen

Das Programm bietet neben verschiedenen Grauschattierungen eine Palette unterschiedlicher Füllfarben an. Die Auswahl erfolgt durch einen Mausklick auf das gewünschte Farbquadrat.

Muster

Über das Feld ***Linienart*** wird das Schattierungsmuster festgelegt. Das Listenfeld ***Farbe*** zeigt die Musterfarben.

Übernehmen für

Das Feld ***Übernehmen für*** enthält die Optionen ***Text*** und ***Absatz.*** Die Option ***Text*** wird zur Schattierung eines markierten Textbereichs und die Option ***Absatz*** zur Schattierung von einem oder mehreren Absätzen gewählt.

Übung 1

1. Wechseln Sie in das Unterverzeichnis **Aufgaben** und rufen Sie die Datei **BS-18-Schattierung** auf.
2. Weisen Sie den Absätzen unterschiedliche Schattierungen Ihrer Wahl zu.

Beispiele:

Um Absätze und Textbereiche hervorzuheben, können unterschiedliche Schattierungen verwendet werden. Neben der Farbe kann man unter Linienart Grauschattierungen (von 5 bis 100 %) und Schraffierungen (z. B. dunkel horizontal, dunkel vertikal, dunkel abwärts, dunkel aufwärts, hell horizontal usw.) zuweisen.

Um Absätze und Textbereiche hervorzuheben, können unterschiedliche Schattierungen verwendet werden. Neben der Farbe kann man unter Linienart Grauschattierungen (von 5 bis 100 %) und Schraffierungen (z. B. dunkel horizontal, dunkel vertikal, dunkel abwärts, dunkel aufwärts, hell horizontal usw.) zuweisen.

Um Absätze und Textbereiche hervorzuheben, können unterschiedliche Schattierungen verwendet werden. Neben der Farbe kann man unter Linienart Grauschattierungen (von 5 bis 100 %) und Schraffierungen (z. B. dunkel horizontal, dunkel vertikal, dunkel abwärts, dunkel aufwärts, hell horizontal usw.) zuweisen.

Um Absätze und Textbereiche hervorzuheben, können unterschiedliche Schattierungen verwendet werden. Neben der Farbe kann man unter Linienart Grauschattierungen (von 5 bis 100 %) und Schraffierungen (z. B. dunkel horizontal, dunkel vertikal, dunkel abwärts, dunkel aufwärts, hell horizontal usw.) zuweisen.

Über **Schattierung** erhält man auch die inverse (umgekehrte) Darstellung der Schrift:

Schrift invers dargestellt

2 Textabstand verändern

Will man einer Schattierung ohne Rahmen einen Abstand vom Text zuordnen, verweigert das Programm die Ausführung. Um dies zu umgehen, benötigt man mehrere Arbeitsschritte:

Arbeitsablauf

1. Markieren Sie den Textbereich und nehmen Sie die gewünschte Schattierung über **Format – Rahmen und Schattierung...** vor.
2. Nachdem Sie unter **Schattierung** die gewünschte Schattierung zugewiesen haben, klicken Sie auf **Rahmen.** Dort wählen Sie unter ***Einstellung*** die Option ***Kasten,*** unter ***Linienart*** die Option ***Strich*** und unter ***Farbe*** die Option ***Weiß.***
3. Geben Sie anschließend über die Schaltfläche **Optionen** die gewünschten Abstände ein.
4. Übernehmen Sie die Einstellungen und klicken Sie auf OK.

Übung 2

Testen Sie die Einstellungen an einem Beispiel:

Standardeinstellung: Oben: 1 pt, Unten: 1 pt, Links: 4 pt, Rechts: 4 pt

Schattierte Schrift Standardeinstellung

Veränderter Abstand zum Text: Oben: x pt, Unten: x pt, Links: x pt, Rechts: x pt

Schattierte Schrift mit verändertem Abstand zum Text

3 Überschriften umrahmen und schattieren

Überschriften können links-, selten rechtsbündig oder zentriert angeordnet werden. Umrahmt oder schattiert man eine Überschrift, sieht das zunächst so aus:

Linksbündig angeordnete Überschrift

Rechtbündig angeordnete Überschrift

Zentrierte Überschrift

Über einen linken Einzug und einen Einzug von rechts können der Rahmen und die Schattierung über das Lineal auf den Text begrenzt werden.

Arbeitsablauf

1. Markieren Sie die umrahmte/schattierte Überschrift.
2. **Zentrierte Überschriften:** Ziehen Sie im Lineal das linke Einzugssymbol bis zum Anfang des Textes und das rechte Einzugssymbol bis an das Ende des Textes.
   Linksbündig angeordnete Überschriften: Ziehen Sie im Lineal das rechte Einzugssymbol bis zum Ende des Textes.

Sie können die Einzüge auch über das Menü **Format – Absatz** vornehmen.

Übung 3

Gestalten Sie die Überschriften:

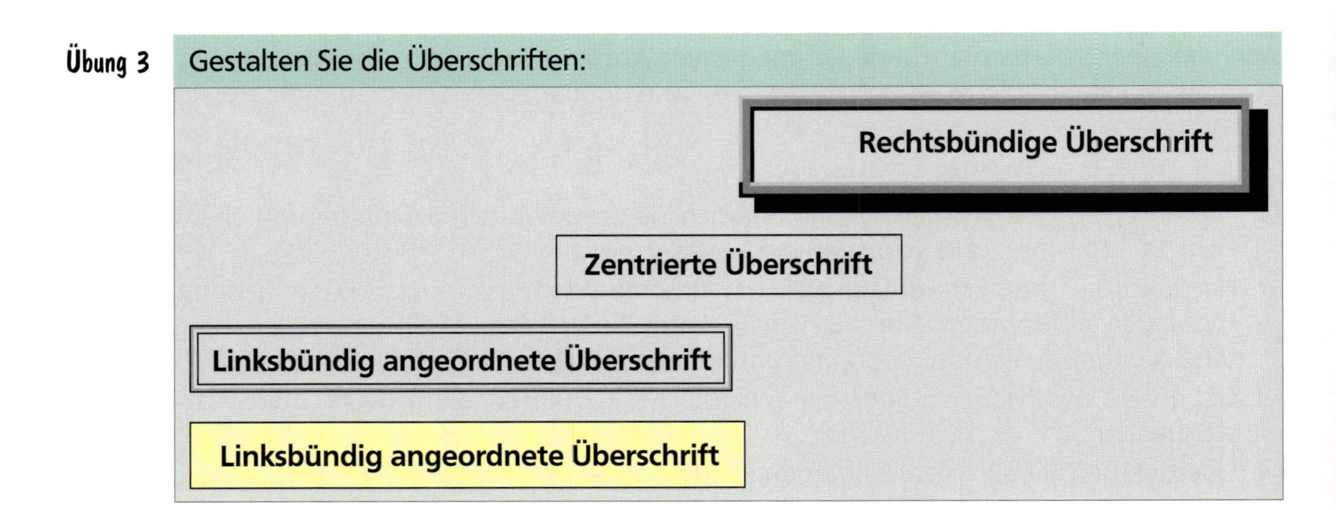

4 Rahmen, Linien und Schattierungen über die Symbolleiste definieren

Folgendes Symbol in der Standardleiste blendet eine Symbolleiste für Rahmen usw. ein.

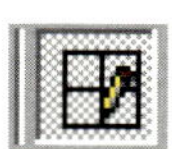

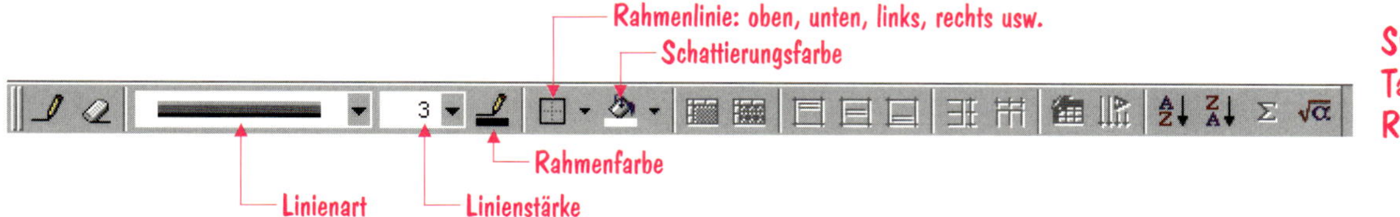

Symbolleiste Tabellen und Rahmen:

Einfache Rahmen und Schattierungen können über die Symbolleiste **Tabellen und Rahmen** – auch gleichzeitig – sehr schnell zugewiesen werden. Genaue Einstellungen wie z. B. Textabstand können nur über das Menü eingestellt werden.

Übung 4

Gestalten Sie folgenden Hinweis:

Aufgabe 1

Situation

Die Rotfuchs GmbH plant am 25. Juli 20.. eine Fortbildung für alle Chefsekretärinnen. Frau Reinhard führt die Organisation durch. Zunächst soll ein Aushang am „Schwarzen Brett" die geplante Fortbildung ankündigen.

Arbeitsanweisungen

1. Rufen Sie aus dem Unterverzeichnis **Aufgaben** die Datei **BS-18-Aushang** auf.
2. Gestalten Sie den Aushang.
3. Speichern und drucken Sie das Ergebnis.

Die Angaben zum Aushang:

Rotfuchs GmbH, Personalabteilung – Aushang – Bringen Sie sich auf den neuesten Stand! – Liebe Kolleginnen, am 25. Juli 20.. führen wir eine Fortbildungsveranstaltung für alle Chefsekretärinnen in unserem Hause durch. Folgende Workshops sind geplant: Einführung in Office 2000, Moderne Geschäftskorrespondenz, Stressmanagement, Projektmanagement. Sollten Sie noch Anregungen, Wünsche oder Ergänzungen haben, wenden Sie sich bitte bis zum 3. April an die Organisationsleiterin, Frau Reinhard.

Aufgabe 2

Arbeitsanweisungen

Rufen Sie aus dem Unterverzeichnis **Aufgaben** folgende Dateien auf und gestalten Sie die Texte mit passenden Rahmenlinien.

BS-7-Werbeaktion
BS-7-Aufgabe-2
BS-7-Aufgabe-3
BS-8-Flugblatt
BS-9-Menüvorschlag
BS-11-Ergonomie
BS-17-Zeit

1 Wiederholung

Gestalten Sie die Anzeige mit **Einzügen** und **Schattierung.**

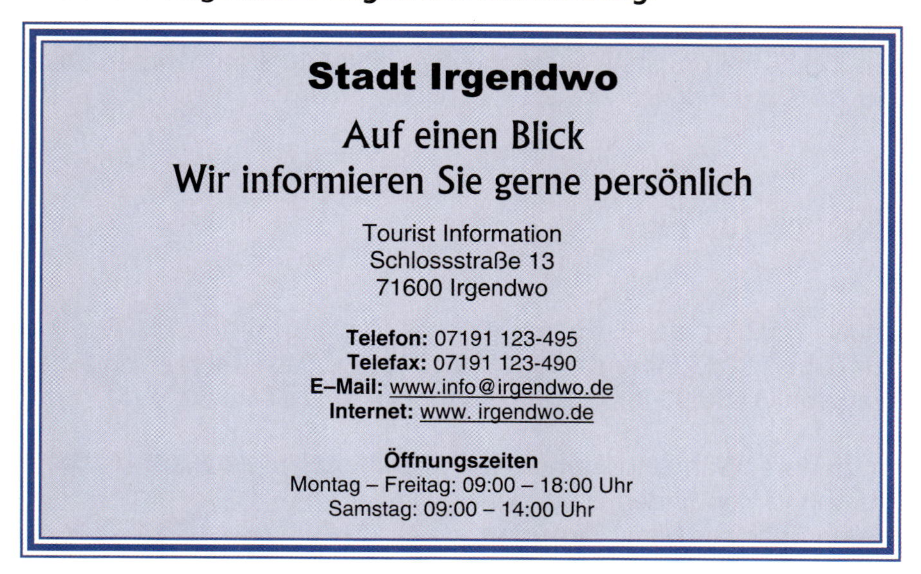
Stadt Irgendwo

Auf einen Blick
Wir informieren Sie gerne persönlich

Tourist Information
Schlossstraße 13
71600 Irgendwo

Telefon: 07191 123-495
Telefax: 07191 123-490
E–Mail: www.info@irgendwo.de
Internet: www. irgendwo.de

Öffnungszeiten
Montag – Freitag: 09:00 – 18:00 Uhr
Samstag: 09:00 – 14:00 Uhr

Zeichen für Paragraf, Dollar, Euro und Prozent

Das Zeichen für **Paragraf** wird mit dem **linken Ringfinger,** das Zeichen für **Dollar** mit dem **linken Mittelfinger** und das Zeichen für **Prozent** mit dem **linken Zeigefinger** angeschlagen. Die **drei Zeichen** werden mit gedrücktem **rechtem Umschalter** erzeugt. Das Zeichen für **Euro** wird mit dem **linken Ringfinger** und gleichzeitig gedrückter **AltGr-Taste** geschrieben.

Linke Hand

§ = Ringfinger und rechter Umschalter
$ = Mittelfinger und rechter Umschalter
% = Zeigefinger und rechter Umschalter
€ = Ringfinger und AltGr-Taste

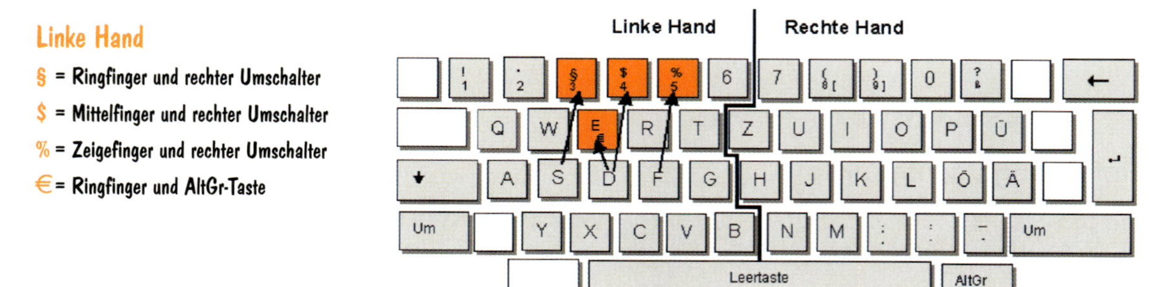

2 Zeichen für Paragraf

Regeln nach DIN 5008

Das Zeichen für Paragraf darf nur in Verbindung mit darauf folgenden Zahlen verwendet werden. Vor und nach dem Zeichen für Paragraf steht ein Leerzeichen.

§ 5 HGB, § 248 Abs. 2 Satz 3

Dieser **Paragraf** wurde im HGB neu aufgenommen. Die Verordnung wurde in **14 Paragrafen** verankert.

Die Mehrzahl wird durch zwei Paragrafenzeichen dargestellt.

Die **§§** 8 und 12 wurden geändert.

Einführung und Beispiele:

sws3s§s sws3s§s sws3s§s sws3s§s. Der **§ 91** HGB regelt die Vollmachten des Handelsvertreters. Auf Seite 53 bis 59 finden Sie die §§ 238 bis 257. Die **Paragrafen** der vorliegenden Prüfungsordnung wurden überarbeitet. Heute wurde beschlossen, dass 9 Paragrafen neu in die Gesetzgebung aufgenommen werden.

3 Zeichen für Dollar

Einführung und Beispiele:

ded4d$d ded4d$d ded4d$d ded4d$d. Der Rechnungsbetrag der Fracht belief sich auf **1.989 $.** Die Firma musste ein Darlehen von **150.000 $** aufnehmen. Der Mietwagen kostete **40 $** pro Woche.

4 Zeichen für Euro

Bespiele:

Seit 1. Januar 2002 ist **der Euro** gesetzliches Zahlungsmittel. Die Rechnung vom 27. März 20.. über **·1.245,60·** € ist noch nicht bezahlt. Bitte überweisen Sie den Rechnungsbetrag von **·3.699,90·** € bis zum 28. August 20.. auf unser Konto.

Zeichen für **andere Währungseinheiten** wie z. B. Pfund und Yen finden Sie in den Zeichentabellen über das Menü **Einfügen – Symbol.**

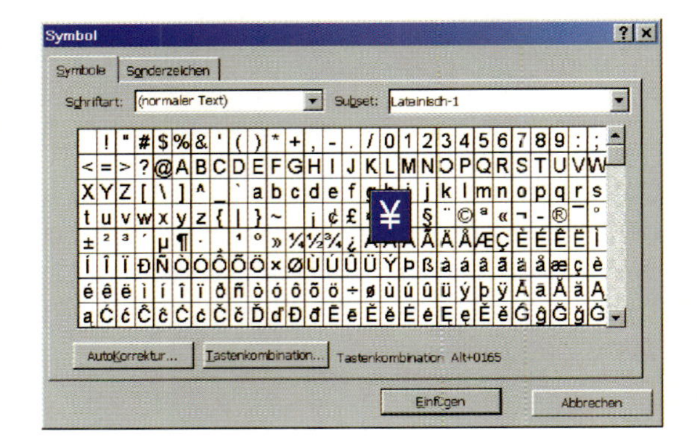

5 Zeichen für Prozent

Einführung und Beispiele

frf5f5f%f frf5f%f frf5f%f frf5f%f. Auf den Rechnungsbetrag gewähren wir Ihnen 5 % Skonto. Durch die Euroeinführung wurde eine **5%ige Preiserhöhung** erwartet.

Das nicht so häufig gebrauchte **Zeichen für Promille** kann über die Zeichentabelle eingefügt werden oder mit o/oo (Kleinbuchstabe o) zusammengesetzt werden.

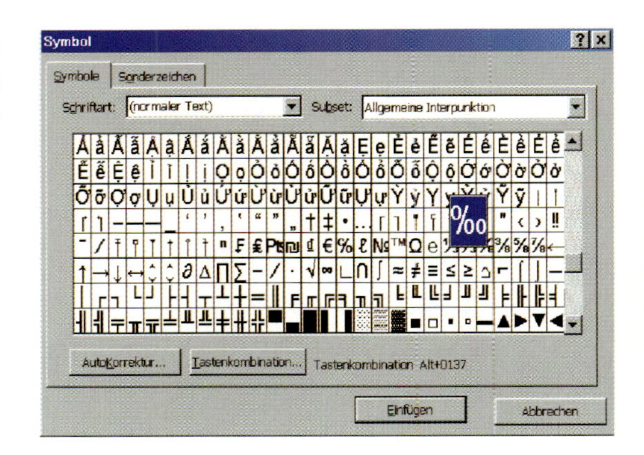

6 Ausgleichsübungen

Fassen Sie mit beiden Händen über den Kopf an den Hinterkopf und ziehen den Kopf sanft nach vorne. Sitzen Sie dabei aufrecht.

Um eine Dehnung der gesamten Rückenmuskulatur mit einzubeziehen, wiederholen Sie die eben genannte Übung, aber runden Sie den Rücken, sodass die Ellbogen in Richtung Hüfte zeigen.

1 Stellung der Kopf- und Fußzeile im Dokument

Bei mehrseitigen Dokumenten empfiehlt es sich, eine Kopf- und/oder Fußzeile einzurichten. Die Kopf- und Fußzeilen befinden sich außerhalb des Satzspiegels, d. h., sie werden in den oberen und unteren Randbereich eines Blattes gesetzt.

Allgemeine Hinweise:

- Zur besseren Orientierung wird der Kopf- und Fußzeilenbereich mit Begrenzungslinien angezeigt.
- Die einmal am Anfang eingerichtete Kopf- und Fußzeile pflanzt sich auf jeder Seite des dazugehörigen Dokuments fort.
- Der Kopf- und Fußzeilenbereich passt sich jeder beliebigen Größe an.
- Kopf- und Fußzeilen werden nur in der **Seiten-Layout-Ansicht** und in der **Seitenansicht** abgeblendet sichtbar.
- Zur Gestaltung innerhalb der Kopf- und Fußzeile können alle bekannten Absatz- und Zeichenformatierungen ohne Einschränkung genutzt werden. Auch Grafiken, Objekte, Clip-Arts und sogar die Tabellenfunktion können als Gestaltungselement verwendet werden.

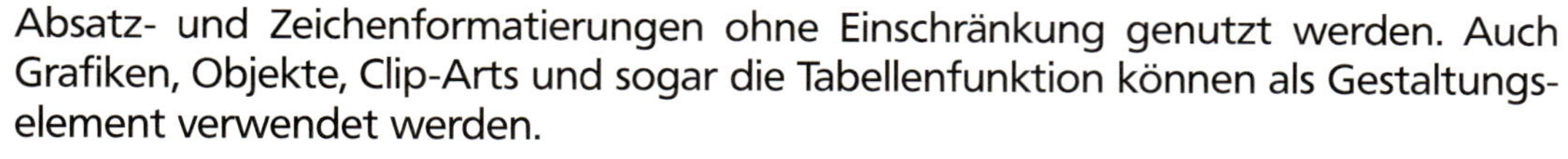

2 Kopf- und Fußzeile erstellen

Eine Kopf- und Fußzeile wird über das Menü **Ansicht – Kopf- und Fußzeile** eingerichtet.

Arbeitsablauf

1. Rufen Sie das Menü **Ansicht – Kopf- und Fußzeile** auf.
   Word wechselt automatisch in die **Layout-Ansicht** und blendet eine zusätzliche Symbolleiste zur Bearbeitung der Kopf- und Fußzeile ein. Der Cursor steht standardmäßig in der linken oberen Ecke der Kopfzeile.

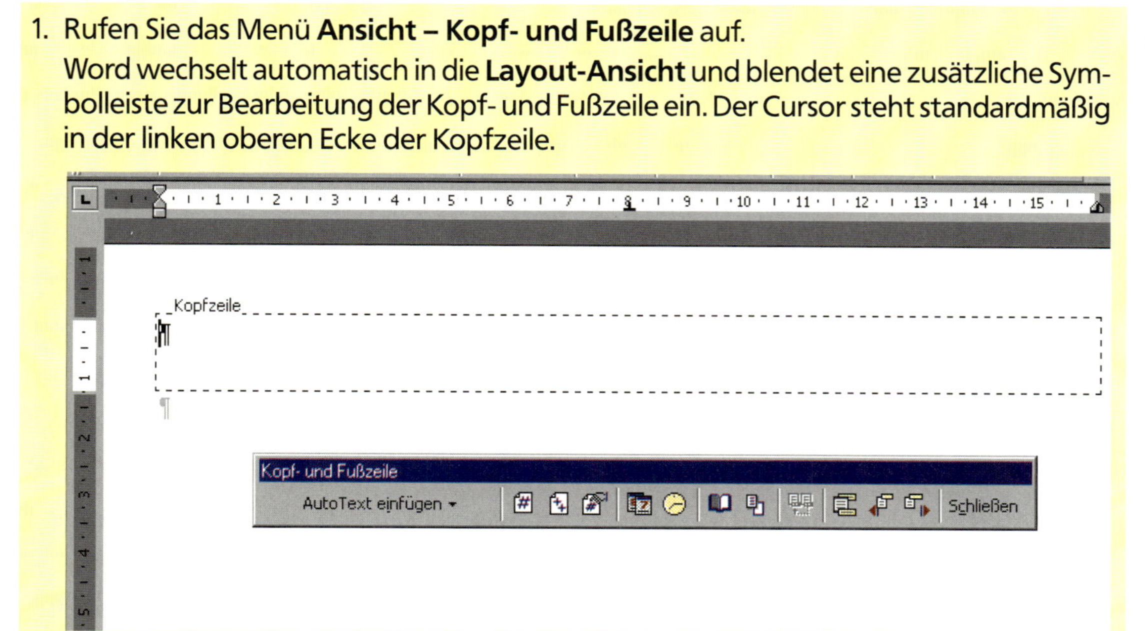

2. Sie können jetzt mit der Eingabe des Textes für die Kopfzeile beginnen. Für die Gestaltung der Elemente hat Word in der Kopf- und Fußzeile standardmäßig einen zentrierten und einen rechtsbündigen Tabstopp gesetzt.

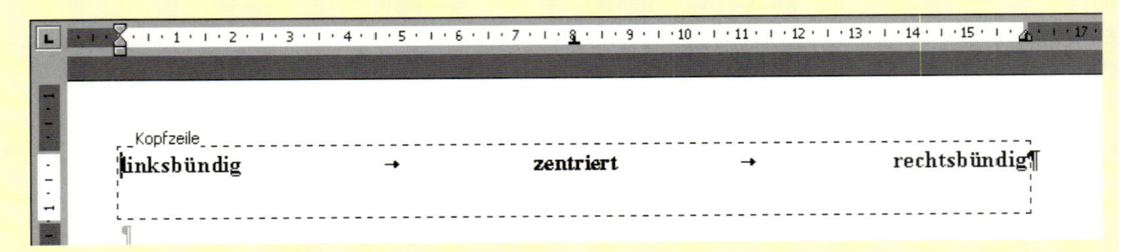

Eine dreiteilig gestaltete Kopfzeile **(linksbündig – zentriert – rechtsbündig)** könnte folgendes Aussehen haben:

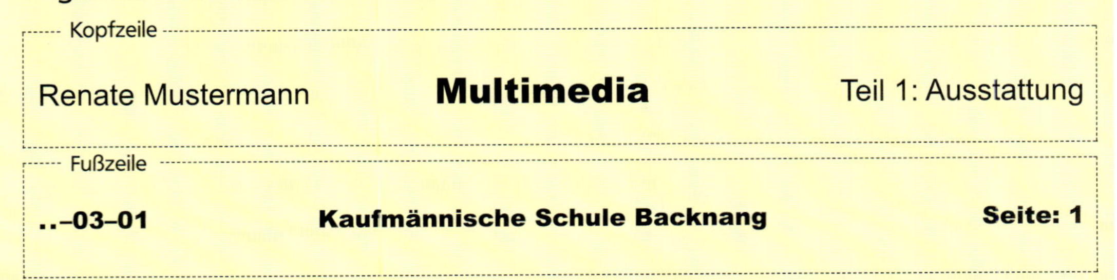

Selbstverständlich kann die Kopf- und Fußzeile entsprechend den Bedürfnissen auch ein- oder zweiteilig und mehrzeilig geschrieben werden.

Zur Bearbeitung der Kopf- und Fußzeile stehen in der Symbolleiste folgende Schaltflächen zur Verfügung:

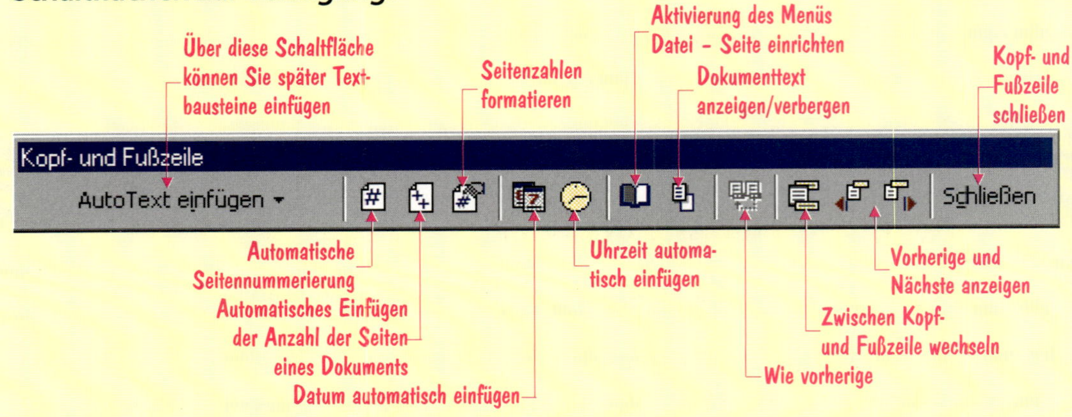

3. Geben Sie den Text für die Kopfzeile ein.
4. Markieren Sie anschließend die ganze Kopfzeile und weisen Sie über die Symbolschaltfläche **Rahmenlinie außen** eine **Rahmenlinie unten** zu.

5. Wechseln Sie zur **Fußzeile** und machen Sie Ihre Eintragungen.
   Bei der **Fußzeile** definieren Sie eine **Rahmenlinie oben:**

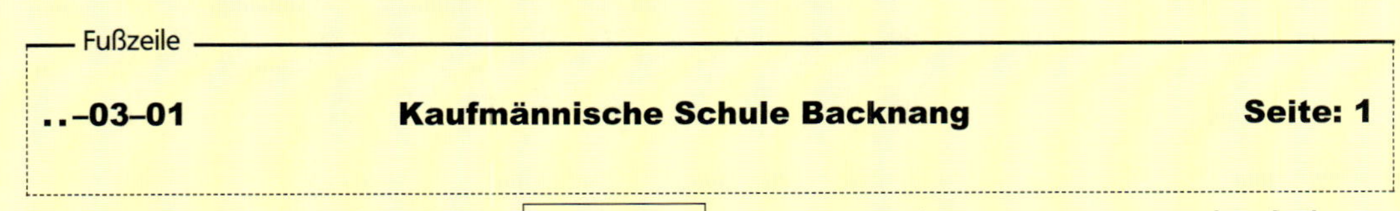

6. Klicken Sie auf die Schaltfläche Schließen, um zum Dokumenttext zurückzukehren.

3 Feldfunktionen in der Kopf- und Fußzeile

In der Symbolleiste Kopf- und Fußzeile befinden sich Feldfunktionen, die automatisch das Datum, die Uhrzeit und die Anzahl der Seiten einfügen sowie die fortlaufende Seitennummerierung vornehmen.

Achtung, beim automatischen Einfügen des Datums und der Uhrzeit wird eine – nach DIN – falsche Schreibung vom Programm vorgegeben. Diese kann durch die Eingabe über die Tastatur korrigiert werden.

Regeln nach DIN 5008

Kalenderdaten	Kalenderdaten können **alphanumerisch** oder **numerisch** geschrieben werden.
Numerische Schreibweise	Die numerische Form wird in der Reihenfolge **Jahr-Monat-Tag** absteigend geschrieben. Das Jahr kann zwei- oder vierstellig geschrieben werden, Tag und Monat müssen aber stets zweistellig angegeben werden. **Beispiele:** ..–03–01 2...–03–01 03.03.02 Sofern keine Missverständnisse entstehen, darf auch die Schreibung in der Reihenfolge Tag, Monat, Jahr – mit Punkt gegliedert – verwendet werden.
Alphanumerische Schreibweise	Bei der alphanumerischen Schreibung wird der Monatsname in Buchstaben geschrieben. Die Reihenfolge wird in aufsteigender Form Tag, Monat, Jahr angegeben. Bei längeren Monatsnamen kann auch die abgekürzte – nach Duden festgelegte – Schreibung verwendet werden. **Beispiele:** 1. März 20.. 15. Sept. 20.. 3. Oktober 20..
Uhrzeitangaben	Bei ***Uhrzeiten*** werden ***Stunden, Minuten*** und ***Sekunden*** in zwei Ziffern angegeben und mit dem Doppelpunkt gegliedert. **Beispiele:** **09:42 Uhr, 12:00 Uhr oder 12 Uhr, 18:43:54 Uhr**

Im Menü **Einfügen – Datum und Uhrzeit** bietet das Programm auch einige Schreibungen für das Datum an, die nach DIN 5008 korrekt sind und als Feldfunktion ausgewählt und eingefügt werden können:

Korrekte Schreibungen:
- Sonntag, 1. April 2001
- 1. April 2001
- 2001-04-01
- 01.04.01

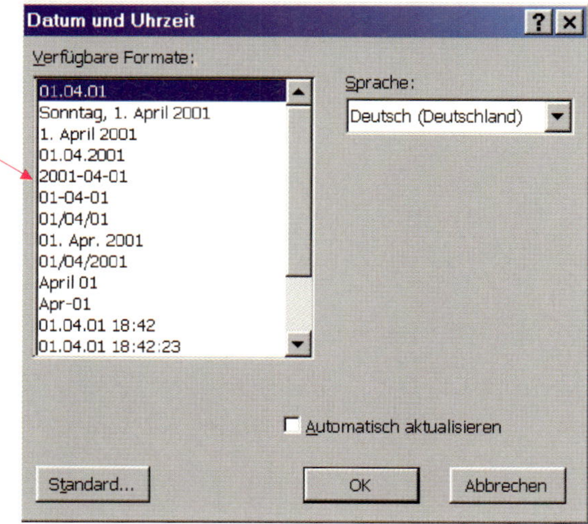

Damit das ausgewählte Datum als Feldfunktion angenommen wird, muss die Option ☑ **Automatisch aktualisieren** aktiviert werden.

Arbeitsablauf

1. Positionieren Sie den Cursor an der Stelle, an der das Datum oder die Seitenzahl automatisch eingefügt und aktualisiert werden soll.
2. Klicken Sie auf die gewünschte **Schaltfläche in der Symbolleiste** der Kopf- und Fußzeile oder wählen Sie die richtige Schreibung über das Menü **Einfügen – Datum und Uhrzeit.**

   Die Feldfunktionen werden schattiert dargestellt.

   Beispiele:

   ..–03–01 Seite: 1

Übung

1. Erstellen Sie eine Kopfzeile für Ihr **Schülerarbeitsblatt** nach folgendem Muster.
2. Verwenden Sie für die **Kopfzeile** die Schriftgröße **12 pt** und für die **Fußzeile** Schriftgröße **10 pt.**
3. Gestalten Sie die Kopfzeile mit einer Rahmenlinie unten und die Fußzeile mit einer Rahmenlinie oben.

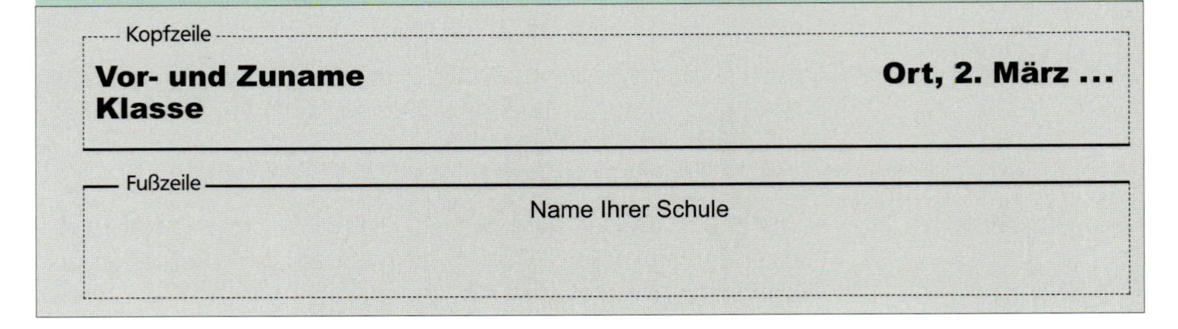

Aufgabe

Situation

Stefanie Müller und Jens Schulz arbeiten seit Anfang des Schuljahres am Aufbau einer Übungsfirma: Fortschritt GmbH an ihrer Schule mit. Sie sind zuständig für den Bereich „Post und Sekretariat". Sie sollen bis zur nächsten Besprechung als Diskussionsgrundlage zusammenstellen, welche Geschäftspapiere für die Korrespondenz einer Firma notwendig sind.

Arbeitsanweisungen

1. Wechseln Sie in das Unterverzeichnis **Aufgaben** und rufen Sie die Datei **BS-19-Geschäftspapiere** auf.
2. Gestalten Sie den Text.
3. Gestalten Sie eine passende Kopf- und Fußzeile.
4. Führen Sie die Worttrennung durch.
5. Formatieren Sie den Text mit Blocksatz.
6. Speichern Sie die Datei und drucken Sie beide Seiten auf ein A4-Blatt.

Inhalt:

Geschäftspapiere

Geschäftspapiere sind meistens genormte Vordrucke, die die Abwicklung geschäftlicher Vorgänge erleichtern. Sie sind die „Visitenkarten" eines Unternehmens. Nicht selten vermitteln sie – neben der eigentlichen Information – einen ersten prägenden Eindruck durch Gestaltung, Firmenlogo, Beschriftung, Farbe und Druck. Die Gestaltung muss dem Firmenimage bzw. dem gewünschten Erscheinungsbild (Corporate Identity) entsprechen.

Geschäftsbrief A4

Im kaufmännischen Schriftverkehr ist der Geschäftsbrief A4 der meistverwendete Vordruck. Er ist nach DIN 676 genormt und soll eine einheitliche Anwendung gewährleisten. Die Norm unterscheidet Form A und B. Das Anschriftfeld von Form B befindet sich etwas weiter unten, es bleibt mehr Platz für die individuelle Gestaltung des Briefkopfes.

Kurzbrief

Nicht immer ist es notwendig, zu jedem Zweck ein individuelles Schreiben zu verfassen. Kurzbriefe können als genormter Vordruck (DIN 5012) im Schreibwarenhandel gekauft oder individuell nach den betrieblichen Bedürfnissen erstellt werden.

Kurzbriefe enthalten zahlreiche Stichpunkte, die der Absender nur ankreuzen muss. Für den eigentlichen Brieftext ist nur wenig Platz vorgesehen. Als Begleitschreiben sind sie aus dem täglichen Schriftverkehr nicht mehr wegzudenken.

Kurzbriefe haben das Format DL und passen in die Fensterbriefhüllen DL.

Blitzantwort

Der Empfänger eines Briefes kann die kurze Antwort handschriftlich auf dem Original vermerken. Für die eigenen Unterlagen wird eine Kopie angefertigt, das Original wird an den Absender zurückgeschickt. Beim Faxen erübrigt sich die Kopie.

Auswahltext

Zu einem bestimmten Vorgang werden verschiedene kurze Texte, vergleichbar mit kleinen Textbausteinen, zusammengestellt, die angekreuzt oder ergänzt werden müssen. Vor allem Bibliotheken, Buchhandlungen und Behörden arbeiten mit Auswahltexten.

Telefonnotiz

Auch für eine Telefonnotiz gibt es genormte Vordrucke, die im Schreibwarenhandel erhältlich sind. Natürlich kann sich jede Firma individuelle Vordrucke erstellen, die den Gepflogenheiten der Firma entsprechen. Wird das Ergebnis eines Telefongesprächs in einer Telefonnotiz festgehalten, so ist der Inhalt „aktenkundig" und kann nicht in Vergessenheit geraten. Diese Informationen können für weitere Mitarbeiter von Nutzen sein und sollten gegebenenfalls weitergeleitet werden.

Eine korrekte Telefonnotiz beinhaltet folgende Punkte:

Datum und Uhrzeit
Name und Telefonnummer des Gesprächspartners
Kurze Inhaltsangabe über das Gespräch
Festhalten von Vereinbarungen und Ergebnissen
Erledigungsvermerk
Handzeichen des Bearbeitenden

1 Wiederholung

1. Holen Sie sich ein leeres Blatt an den Bildschirm.
2. Gestalten Sie eine Kopf- und Fußzeile mit Ihrem Namen.

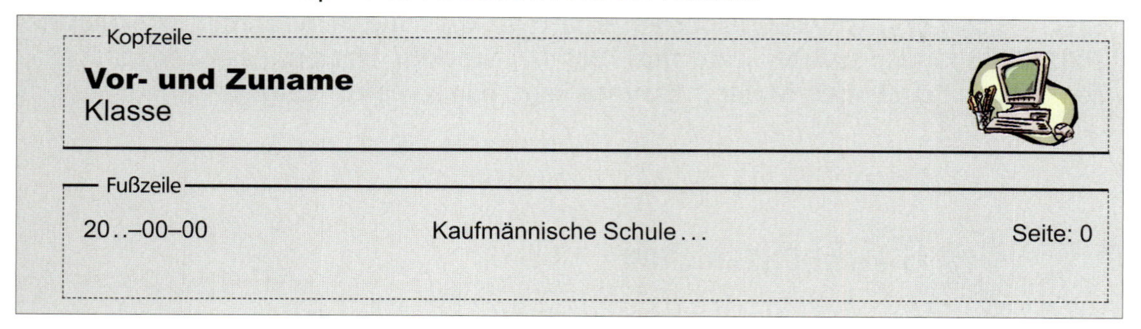

Die Zeichen &, /, =, Akzente, ˆ und °, * und +, Apostroph und #, < und >

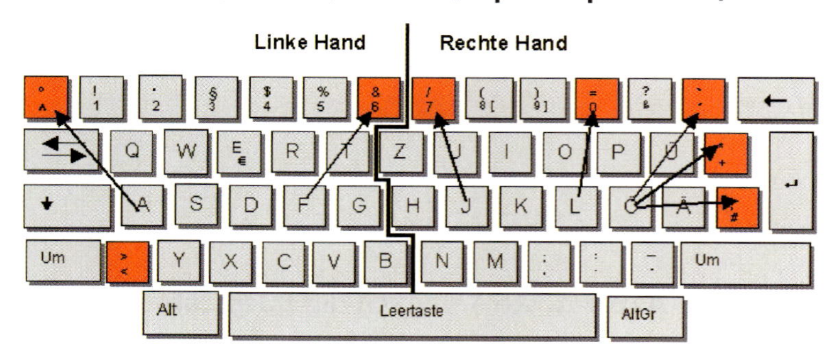

2 Das Zeichen für „und (et)"

Das Zeichen für „und (et)" darf nur in Firmennamen verwendet werden. Vor und nach dem Zeichen wird ein Leerzeichen geschrieben.

Regeln nach DIN 5008

ftf6f&f ftf6f&f ftf6f&f ftf6f&f. Die Firma **Rowolt & Mayer** bietet auch Schreibwaren an. Frau Sonnenburg schickte am 25. Oktober 20.. ein Angebot an die Firma **Riese & Frey GmbH.**

3 Der Schrägstrich

Der Schrägstrich steht ohne Leerzeichen und hat viele Verwendungsmöglichkeiten:

100 km/h
50 Einwohner/m²
1/8
Schuljahr 20../20..
o/oo = Promille

Der Schrägstrich ist auch Bestandteil des Zeichens für „gegen".

Maier ./. Schulze

Das Zeichen darf nur in Schriftsätzen bei Rechtsstreitigkeiten verwendet werden.

Regeln nach DIN 5008

Tipp Erstellen Sie sich für Brüche, die nicht automatisch (z. B. 1/8) umgewandelt werden (wie z. B. ½), eine AutoKorrektur. Die Brüche finden Sie in den Zeichentabellen unter Einfügen – Symbol.

juj7j/j juj7j/j juj7j/j juj7j/j juj7j/j. Jochen schafft **40 km/h** mit dem Fahrrad. Im Schuljahr **2002/2003** fanden viele Projekte statt. Das **1½-stöckige Haus** muss abgerissen werden. In dem Rechtsstreit **Maier ./. Schulze** kam man zu einem Vergleich.

4 Das Gleichheitszeichen

lol0l=l lol0l=l lol0l=l lol0l=l lol0l=l. **Vor und nach dem Gleichheitszeichen steht ein Leerzeichen.** 1 Jahr = 12 Monate; 1 Monat = 28 bis 31 Tage; 1 Tag = 24 h, 1 h = 60 min, 1 min = 60 s; 1 km² = 100 ha; 1 ha = 100 a; 1 a = 100 m²; 1 m² = 100dm²; 1 dm² = 100cm²; 1 cm² = 100 mm².

5 Akzente

Betätigen Sie zuerst die Akzenttaste – danach die Buchstabentaste!

öüö´ö öüö`ö öüö´ö öüö`ö. La **cathédrale** est **détruite**. Le professeur nous a **déjà parlé** de ce **problème**.

6 Die Zeichen ^ und °

aqaâ°a aqaâ°a aqaâ°a. Nous finissons plus **tôt.** Charlotte **connaît** la photo de Florette. Das Wasser hat **18 °C.** Der Wetterbericht meldet Temperaturen bis zu **31 °C.** Der von Frank gezeichnete Winkel hat **90°.**

7 Die Zeichen + und *

ö+ö*ö ö+ö*ö ö+ö*ö ö+ö*ö ö+ö*ö. Die Zeichen * und + werden für „geboren" und „gestorben" verwendet: Chris Schmidt,·***·1935-03-19,·+·2001-03-03.**
Das Plus-Zeichen wird in Additionen verwendet: 5·+·8 = 13.
Unsere Telefonnummer lautet: **+49 30 83757699.**

8 Der Apostroph und das Zeichen

öä#ö öäö'ö öäö#ö öäö'ö. **Der Apostroph ersetzt ausgelassene Buchstaben.** Fritz' gute Vorschläge. Fritz' Geburtstag.

Innerhalb einer Anführung wird der Apostroph als halbe Anführungszeichen verwendet. Er fragte: „Wann erscheint die Zeitschrift ‚Das Pferd'?"

Das Nummernzeichen darf nur in Verbindung mit Ziffern oder Zahlen verwendet werden. Die # 60 ist ausgerufen worden. Die Rechnung # 139 wurde noch nicht bezahlt.

9 Die Zeichen < und >

aya<a aya>a aya<a aya>a.·**<·=·kleiner;·>·=·größer.**·a·+·50·>·80.

10 Ausgleichsübung

Schließen Sie Ihre Augen. Klopfen Sie mit Ihren Fingerspitzen über die Augenbrauen und Schläfen, bis sich die Anspannung löst.

1 Spalten einrichten

Das Layout einer Tages- oder Schülerzeitung ist in Spalten eingeteilt. Auch in Word kann man Texte in Spalten aufnehmen. Die Spaltenverarbeitung kann vor der Erfassung des Textes gewählt werden, dann wird der Text beim Schreiben sofort in Spalten gesetzt, oder der Spaltentext wird als Fließtext geschrieben und die Spalten werden nachträglich zugewiesen. Soll ein Text in Spalten dargestellt werden, empfiehlt es sich, die Schriftgröße auf 10 oder 11 pt zu setzen.

2 Spalten über die Symbolleiste zuweisen

Arbeitsablauf

1. Schreiben Sie den Spaltentext in der Schriftgröße 10 pt.
2. Markieren Sie den Text. Die Überschrift sollte nicht markiert werden, wenn sie über den Spalten stehen soll.
3. Klicken Sie in der Symbolleiste auf das Symbol **Spalten.**

3 markierte Spalten
3 Spalten

4. Legen Sie durch Markierung die Anzahl der Spalten (3) fest.
5. Der Text wird in die Anzahl der Spalten gesetzt.
   Das Programm fügt vor und nach den Spalten einen **Abschnittswechsel (fortlaufend)** ein:

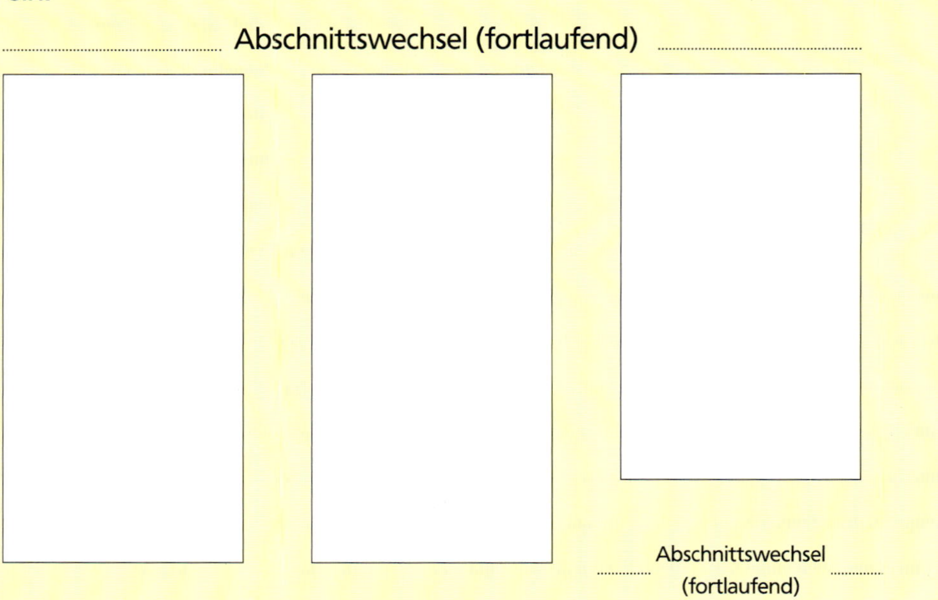

Ein Dokument kann in mehrere Abschnitte unterteilt werden. Das hat den Vorteil, dass innerhalb eines Dokuments abschnittsbezogene Layouts zugeordnet werden können.

Beispiel

Ein Dokument wird in 2 Abschnitte unterteilt. Im ersten Abschnitt wird der Text in 2 Spalten und im 2. Abschnitt in 3 Spalten dargestellt.

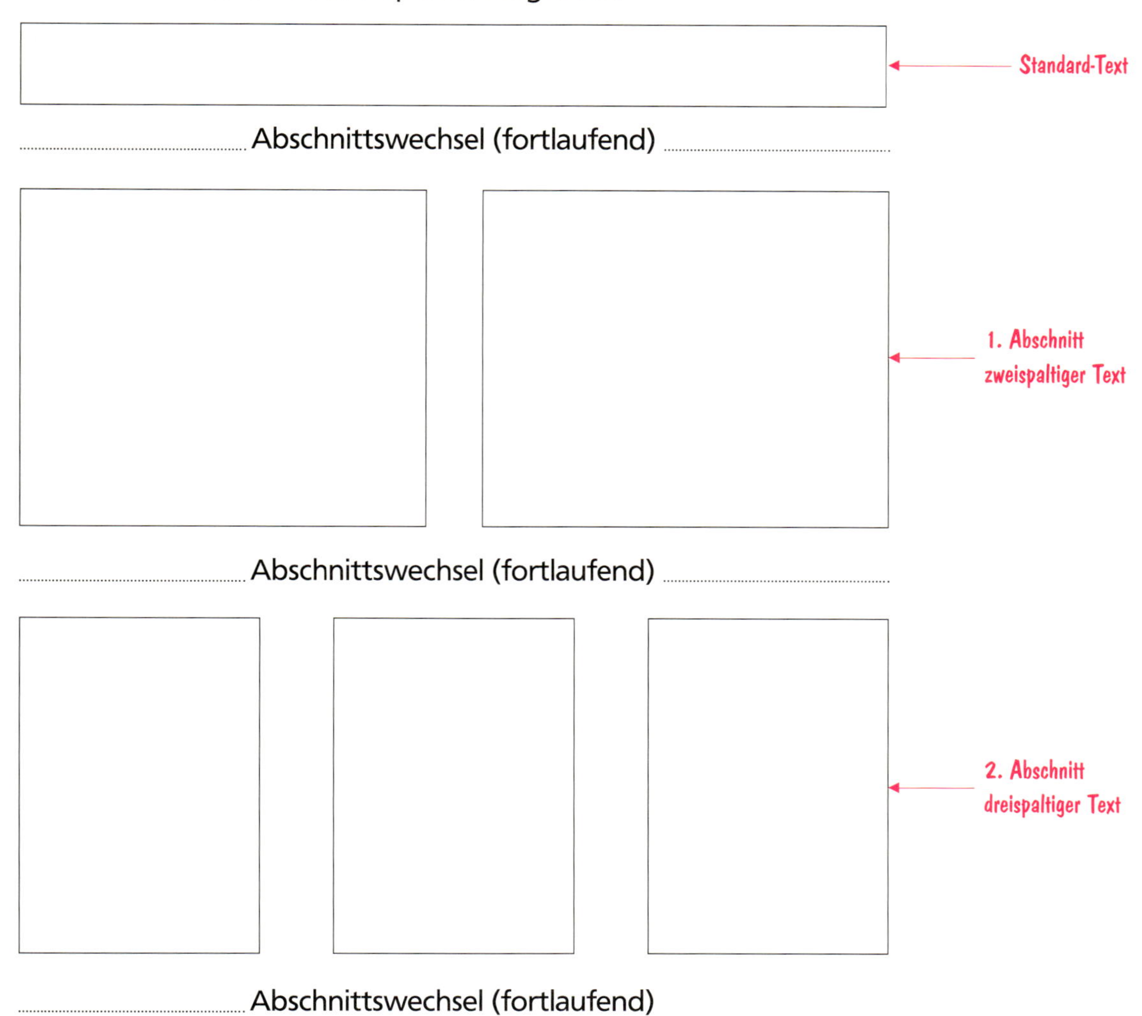

3 Abschnitte einfügen

Bei der Zuweisung von Spalten nimmt Word automatisch einen Abschnittswechsel vor. Dieser kann auch manuell über das Menü **Einfügen – Manueller Wechsel…** erfolgen.

Arbeitsablauf

1. Positionieren Sie den Cursor an der Stelle, an der der Abschnitt eingefügt werden soll.
2. Rufen Sie das Menü Einfügen auf und wählen Sie den Befehl **Manueller Wechsel…**

Es öffnet sich das Fenster:

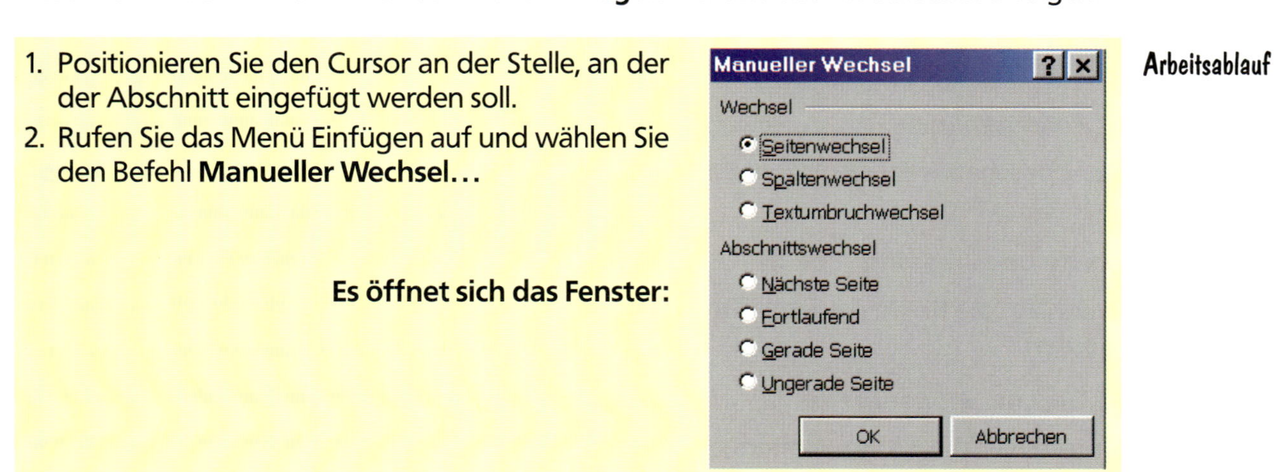

Die Option **„Textumbruchwechsel"** im Bereich „Wechsel" entspricht einer weichen Zeilenschaltung (UM + Absatzschaltung).

Im Bereich Abschnittswechsel stehen folgende Optionen zur Verfügung:

⊙ **Nächste Seite**

Der Abschnitt beginnt auf einer neuen Seite.

⊙ **Fortlaufend**

Der neue Abschnitt bleibt auf derselben Seite.

⊙ **Gerade Seite**

Der neue Abschnitt soll auf der nächsten geraden Seite (links) beginnen. Dies ist z. B. dann der Fall, wenn ein neues Kapitel beginnt.

⊙ **Ungerade Seite**

Der neue Abschnitt soll auf der nächsten ungeraden Seite (rechts) beginnen.

3. Wählen Sie die gewünschte Option aus und bestätigen Sie mit OK.

4 Das Menü Format – Spalten...

Über das Menü **Format – Spalten...** können bei der Spaltenverarbeitung eine Reihe von Einstellungen vorgenommen werden:

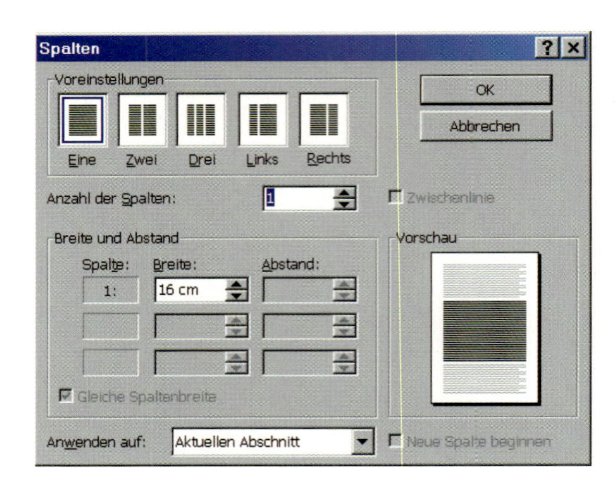

Voreinstellungen

Über die Optionen **Eine**, **Zwei** und **Drei** fügen Sie gleich breite, über die Optionen **Links** und **Rechts** ungleich breite Spalten ein.

Anzahl der Spalten

Hier können beliebig viele Spalten festgelegt werden.

☑ Zwischenlinie

Zur optischen Trennung kann durch die Aktivierung dieser Option eine Zwischenlinie definiert werden.

Breite und Abstand

Hier kann die Breite der jeweiligen Spalte und der Abstand zur nächsten Spalte geregelt werden.

☑ Gleiche Spaltenbreite

Unterschiedlich große Spalten können durch Aktivierung dieser Option auf die gleiche Spaltenbreite gesetzt werden.

Übung

1. Schreiben Sie den Text in der Schriftgröße 10 pt.
2. Kopieren Sie anschließend den Text in die Zwischenablage.
3. Weisen Sie dann 2 Spalten zu.
4. Kopieren Sie den Text erneut aus der Zwischenablage und weisen Sie diesem Text dann 3 Spalten zu.
5. Speichern Sie den Text unter **Registratur** im Ordner **Übungstexte.**

Zubehör für Registraturen

Ordnungshilfen

Register, Trennblätter, Deckblätter, Reiter, Rückenschilder, verschiedenfarbige Signale, Frontsichtleisten, Aktenfahnen.

Pultordner

Pultordner haben einen starken Einband mit dehnbarem Rücken. Die Zwischenblätter sind aus reißfestem Karton und haben Schaulöcher. Pultordner dienen zur vorläufigen Schriftgutablage. Das Schriftgut kann alphabetisch oder numerisch oder sachbezogen geordnet werden. Dazu befinden sich Plastiktabs mit auswechselbaren Einsteckschildern am rechten Rand.

Vor- und Schriftenordner

Vor- und Schriftenordner sind zum Vorsortieren und zur vorübergehenden bzw. mittelfristigen Aufbewahrung von Schriftgut geeignet. Sie können mit 20 oder 31 Fächern verwendet werden.

Unterschriftsmappen

Unterschriftsmappen sind aus starkem Karton mit dehnbarem Rücken. Die Einlagen sind mit Schaulöchern versehen. Die Sekretärin sammelt die ausgehende individuelle Geschäftspost und gibt sie zur Unterschrift an die entsprechende Person weiter.

Briefkörbe

Briefkörbe sind meistens stapelbar und dienen dem Sammeln, dem Transport und der Zwischenaufbewahrung von Schriftgut.

Post- und Formular-Sets

Post- und Formular-Sets sind mit mehreren Schubladen ausgestattet und werden zum Aufbewahren von Briefpapier, Formularen, Listen, Prospekten usw. verwendet.

Locher

Die geheftete Ablage erfordert, dass das Schriftgut gelocht wird. Diese Geräte können – je nach Ausführung – 40 Blätter, 63 Blätter oder 250 Blätter in einem Arbeitsgang lochen.

Heftgeräte

Je nachdem wie viel Blätter des Schriftgutes zusammengeheftet werden, gibt es Heftgeräte in verschiedenen Ausführungen: Tischheftgeräte, Heftzangen, Spezialgeräte.

Aktenvernichter

Jedes Unternehmen hat die Verpflichtung, vertrauliche Akten gemäß dem Datenschutz zu vernichten. Die Papiere werden im Aktenvernichter „geschnitzelt" und sind somit sicher entsorgt. Aktenvernichter gibt es speziell für EDV-Endloslisten, Mikrofilmformen oder magnetische Datenträger.

Aufgabe

Situation

Die Auszubildenden der Firma Compact AG untersuchten im Rahmen eines Projekts die Herstellerangaben zahlreicher Büromaterialien nach Schadstoffen. Mithilfe von Lexika erstellen sie darüber ein Liste:

Arbeitsanweisungen

1. Wechseln Sie in das Unterverzeichnis **Aufgaben** und rufen Sie die Datei **BS-20-Schadstoffe** auf.
2. Formatieren Sie die Liste in **drei Spalten.** Verwenden Sie die **Schriftgröße 10 pt.**
3. Führen Sie die **Worttrennung** durch.
4. Formatieren Sie den Text mit **Blocksatz.**
5. **Speichern** und **drucken** Sie die Liste.

Mögliche Schadstoffe in Büromaterialien

Trichlorethan. Es wird als Lösungsmittel verwendet und gilt als gesundheitsgefährdend (Krebs erregend und erbgutverändernd). Weiterhin wird durch Trichlorethan die Ozonschicht in der Stratosphäre zerstört.

Aceton. Es wird als Lösungsmittel z. B. in Klebstoffen verwendet. Werden geringe Mengen über längere Zeit eingeatmet, kann es zu Störungen des Allgemeinbefindens wie Müdigkeit, Konzentrationsschwäche, Übelkeit und Kopfschmerzen kommen.

Alkohole. Sie werden als Lösungsmittel verwendet und sind gegenüber anderen Lösungsmitteln relativ harmlos. Nach chronischer Belastung in kleinen Dosen können Schädigungen des Nervensystems, Reizungen der Schleimhäute und Befindlichkeitsstörungen auftreten.

Alkylbenzol. Es ist ein Nervengift, das als Lösemittel in Faserschreibern oder in Stempelfarbe vorkommen kann.

Azofarbstoffe. Sie ist die größte Gruppe der organischen Farbstoffe. Sie können Allergien auslösen.

Benzol. Benzol gehört zur Gruppe der aromatischen Kohlenwasserstoffe und wirkt Krebs erregend.

Cadmium. Cadmium wird als Farbstoff und Stabilisator von PVC verwendet. Es ruft unter bestimmten Bedingungen Lungen- und Nierenschäden hervor.

Chlorierte Kohlenwasserstoffe. CKW wird als Lösungsmittel verwendet, hat narkotisierende Wirkung und reizt die Schleimhäute. Das kann Gehirn, Nerven, Nieren und Knochenmark schädigen.

Fluor-Chlor-Kohlenwasserstoffe. FCKW wird als Lösemittel verwendet und ist in Deutschland verboten. Durch FCKW wird die Ozonschicht zerstört.

Formaldehyd. Formaldehyd wird als Konservierungsmittel verwendet. Es löst allergische Reaktionen aus, wirkt erbgutverändernd sowie Krebs erzeugend und schwächt schon in geringer Konzentration das Immunsystem.

Methylcylohexan. Es wird als Lösemittel häufig in Korrekturlacken und Stempelfarben verwendet. Methylcylohexan gehört zu den Zellgiften.

Polystyrol. Es handelt sich hier um einen gesundheitsgefährdenden Kunststoff.

Polyvinylchlorid. PVC ist ein Kunststoff, der vor allem wegen seiner Weichmacher gesundheitsgefährdend ist.

Styrol. Styrol wird als Bindemittel in Buntstiften verwendet. Es kann insbesondere unter Einwirkung von Licht, Hitze und elektrischen Wellen aus Kunststoff ausdünsten und die Schleimhäute reizen, Entzündungen der Atemwege hervorrufen und Kopfschmerzen, Übelkeit und Schwindel verursachen.

1 Tabstopps setzen

Im Menü **Format – Tabstopp ...** können benutzerspezifische Tabstopps **millimetergenau** gesetzt werden.

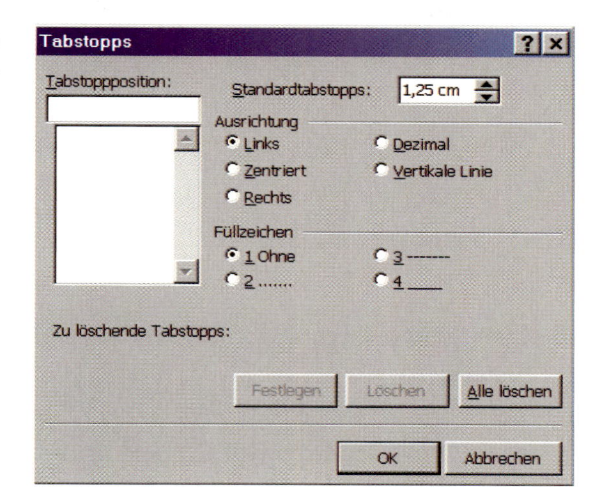

Arbeitsablauf

1. Markieren Sie den Absatz, dem Sie einen Tabulator zuweisen wollen.
2. Wählen Sie das Menü **Format – Tabstopp...**
3. Tragen Sie in das Feld **Tabstoppposition** den gewünschten Wert (z. B. 2,54 cm für eine normgerechte Einrückung) ein.
4. Legen Sie die **Ausrichtung** des Tabstopps fest.

Folgende Ausrichtungen sind möglich:

Links	Zentriert	Rechts	Dezimal
Links	Links	Links	555,00 €
Zentriert	Zentriert	Zentriert	5.890,00 €
Rechts	Rechts	Rechts	33,80 €
Dezimal	Dezimal	Dezimal	555.000,88 €

Vertikale Linie

Ausrichtung | Vertikale Linie → Der vertikale Tabulator fügt an der Tab-Position eine senkrechte Linie ein.

5. Bestätigen Sie den eingetragenen Wert mit einem Klick auf die Schaltfläche **Setzen**.
6. Wollen Sie mehrere Tabulatoren setzen, dann wiederholen Sie den Arbeitsablauf. Alle gesetzten Tabstopps werden im Listenfeld **Tabstoppposition** angezeigt.
7. Klicken Sie auf OK, um das Fenster zu schließen.

2 Tabstopps löschen

Markieren Sie den einzelnen Tabulator im Listenfeld **Tabstoppposition** und klicken Sie anschließend auf die Schaltfläche **Löschen**.

Wollen Sie alle Tabstopps löschen, genügt es, wenn Sie auf die Schaltfläche **Alle löschen** klicken.

Übung 1

Setzen Sie linksbündige Tabstopps auf **4 cm, 7 cm und 11,5 cm.** Erfassen Sie anschließend die Tabelle:

Farbe	Einsatz	Wirkung
Rot	Alarmfarbe	Verbot
Gelb	Warnfarbe	Warnung
Grün	Sicherheitsfarbe	Hinweis
Blau	Ordnungsfarbe	Gebot

Übung 2

Setzen Sie die Tabstopps: **3,5 cm dezimal, 7,5 cm zentriert, 13 cm dezimal**

Betriebliche Weiterbildung

Von je 100 Beschäftigten haben an Weiterbildungsmaßnahmen teilgenommen

West		Ost
8	**ungelernte Arbeiter**	14
17	**Facharbeiter**	20
17	**einfache Angestellte**	19
32	**qualifizierte Angestellte**	38

3 Füllzeichen

Im Menü **Format – Tabstopp...** können über das Befehlsfeld **Füllzeichen** Tabulatoren mit Füllzeichen zugewiesen werden. Füllzeichen eignen sich besonders für das Erstellen von Verzeichnissen. Durch die Füllzeichen wird das Auge des Lesers vom Eintrag zur dazugehörenden Seitenzahl geführt. Vorhandene Füllzeichen können über die Option **„Ohne"** gelöscht werden.

Übung 3

Setzen Sie die Tabstopps: **3 cm linksbündig, 12 cm dezimal mit Füllzeichen**

Kapitel 1..**8**
Kapitel 2..**14**
Kapitel 3..**89**
Kapitel 4..**112**

Die größten bekannten Edelsteine

Opal - **3 749,00 Karat**
Rubin - **8 500,00 Karat**
Saphir - **1 318,00 Karat**
Smaragd - **86 136,00 Karat**
Topas - **22 892,50 Karat**

Die größten Sportstadien in Deutschland

Leipziger Zentralstadion ________________ **95 000 Sitzplätze**
Olympiastadion, Berlin _________________ **76 009 Zuschauer**
Olympiastadion, München ______________ **52 000 Zuschauer**

Allgemeine Hinweise zur Benutzung von benutzerspezifischen Tabstopps:

- Die benutzerspezifischen Tabstopps sind zunächst in der Zeile, in der der Cursor bei der Zuweisung steht, aktiv.
- Will man die benutzerspezifischen Tabstopps im gesamten Textbereich oder in einem bestimmten Bereich verfügbar machen, muss dieser vorher markiert werden.
- Beim Setzen benutzerspezifischer Tabstopps sind die Standard-Tabstellen in diesem Textbereich deaktiviert.

4 Tabstopps übers Lineal setzen und löschen

Über das Zeilenlineal können die Tabstopps sehr schnell und komfortabel gesetzt werden. Am linken Linealende befindet sich eine **Schaltfläche,** über die die benötigten Tabstopps zugewiesen werden. Die Standardeinstellung ist ein linksbündiger TAB.

Schaltfläche zur Einstellung der Tabstopps

Arbeitsablauf

1. Setzen Sie den Mauszeiger an die Stelle im Text, an der Sie einen benutzerspezifischen Tabulator setzen wollen.
2. Mit einem Klick auf die quadratische Schaltfläche ändert sich die dargestellte Ausrichtung der Tabulatoren.
3. Wählen Sie die gewünschte Ausrichtung des Tabulators aus und klicken Sie anschließend mit dem Mauszeiger die gewünschte Position im Zeilenlineal an. An dieser Stelle wird der Tabstopp gesetzt.

Die Tabdarstellung im Lineal:

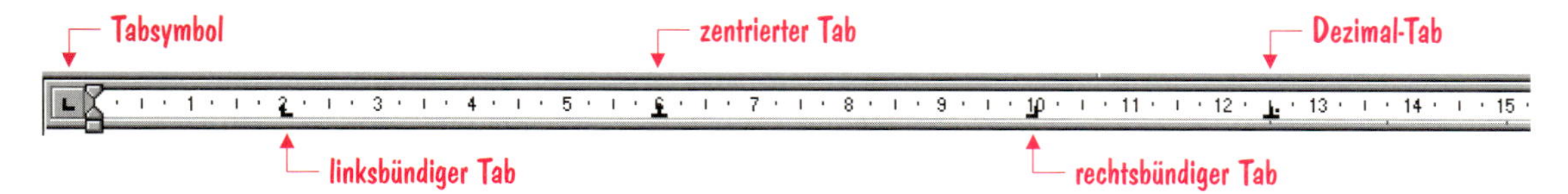

Tabstopp verschieben

Um einen Tabstopp zu verschieben, klicken Sie mit der Maus auf den gesetzten Tabstopp, ziehen Sie anschließend den Tabstopp mit gedrückter Maustaste an die gewünschte Position. Beim Verschieben wird zur besseren Orientierung eine senkrecht gestrichelte Linie eingeblendet.

Tabstopp löschen

Ein Tabstopp im Zeilenlineal lässt sich einfach löschen, indem man mit dem Mauszeiger auf den Tabstopp klickt und mit gedrückter Maustaste den Tabstopp aus dem Lineal herauszieht und die Taste loslässt.

Millimetergenaue Tabstopps über das Lineal setzen

Unter Word lassen sich auch millimetergenaue Tabstopps über das Lineal setzen. Dazu müssen Sie beim Setzen des Tabstopps zusätzlich die ALT-Taste drücken. Im Zeilenlineal erscheint der genaue Wert der Tab-Position.

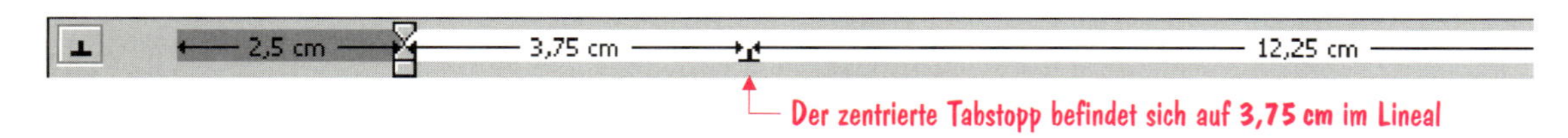

Der zentrierte Tabstopp befindet sich auf 3,75 cm im Lineal

Übung

Setzen Sie Tabstopps über das Lineal: **4,5 cm linksbündig, 8 cm linksbündig, 11 cm linksbündig**

Amtliche Buchstabiertafeln

Buchstabe	Deutsch	Englisch	International
A	Anton	Alpha	Amsterdam
Ä	Ärger	–	–
B	Berta	Bravo	Baltimore
C	Cäsar	Charlie	Casablanca
Ch	Charlotte	–	–
D	Dora	Delta	Danemark
E	Emil	Echo	Edison
F	Friedrich	Foxtrot	Florida
G	Gustav	Golf	Gallipoli
H	Heinrich	Hotel	Havana
I	Ida	India	Italia
J	Julius	Juliet	Jerusalem
K	Kaufmann	Kilo	Kilogramme
L	Ludwig	Lima	Liverpool
M	Martha	Mike	Madagaskar
N	Nordpol	November	New York
O	Otto	Oscar	Oslo
Ö	Ökonom	–	–
P	Paula	Papa	Paris
Q	Quelle	Quebec	Quebec
R	Richard	Romeo	Roma
S	Samuel	Sierra	Santiago
Sch	Schule	–	–
T	Theodor	Tango	Tripoli
U	Ulrich	Uniform	Upsala
Ü	Übermut	–	–
V	Viktor	Victor	Valencia
W	Wilhelm	Whisky	Washington
X	Xanthippe	X-ray	Xanthippe
Y	Ypsilon	Yankee	Yokohama
Z	Zacharias	Zulu	Zürich

Aufgabe 1

Situation

Frau Pätzold ist in der Personalabteilung der Firma Schäfer GmbH Chefsekretärin und organisiert unter anderem auch die Fortbildung für die Mitarbeiterinnen und Mitarbeiter. Am 25. Februar soll im Hause eine Fortbildung in Word 2000 stattfinden. Frau Pätzold hat die Teilnehmer festgelegt, ein Einladungsschreiben verfasst und muss nun noch ein Tagungsprogramm für den Fortbildungstag ausarbeiten. Sie trifft folgende Einteilung:

Arbeitsanweisungen

1. Gestalten Sie das Programm mit den oben stehenden Angaben. Heben Sie Wichtiges hervor.
2. Speichern Sie den Text unter **Tagungsprogramm** im Ordner **Übungstexte** auf Ihrer Diskette.

Fortbildung in Textverarbeitung – Einführung in Word 2000 – Programm **–** Dienstag, 25. Februar 20.. – 09:00 – 09:15 Uhr Begrüßung – 09:15 – 10:00 Uhr Einführung in Word 2000 Zeichen- und Absatzformatierungen – 10:00 – 11:30 Uhr – Kaffeepause – 11:30 – 12:30 Uhr Aufzählungen, Nummerierungen und Gliederungen – 12:30 – 14:00 Uhr Mittagspause – 14:00 – 15:00 Uhr Tabulator und Tabellenfunktion – 15:00 – 15:30 Uhr Kaffeepause – 15:30 – 17:00 Uhr Übungen – 17:00 –17:30 Uhr Aussprache und Ende der Veranstaltung

Aufgabe 2

Situation

Frauke erlernt in der Firma Frankenwald den Beruf der Bürokauffrau. In der Berufsschule soll sie für das Fach Büropraxis eine schriftliche Arbeit über das Ordnen und Speichern von Informationen anfertigen. Dazu erstellt Sie eine Gliederung:

Arbeitsanweisungen

1. Erstellen Sie das Inhaltsverzeichnis mithilfe des Tabulators. Verwenden Sie zur besseren Lesbarkeit die Füllzeichen.
2. Speichern Sie die Gliederung unter dem Namen **Ordnen** im Ordner **Übungstexte.**

Ordnungssysteme – Seite 1
Alphabetische Ordnung – Seite 12, Numerische Ordnung – Seite 17, Alphanumerische Ordnung – Seite 22, Chronologische Ordnung – Seite 27, Ordnen nach Farben und Symbolen – Seite 32

Schriftgutablage – Seite 38
Rechtliche Grundlagen – Seite 43, Wertstufen – Seite 48, Schriftgutbehälter – Seite 51, Standorte – Seite 55, Registraturformen – Seite 57

Mikroverfilmung – Seite 60
Rechtliche Grundlagen – Seite 61, Arbeitsablauf – Seite 62, Aufnahmetechniken – Seite 65, Aufnahmeverfahren – Seite 69

Tabellenfunktion

Das Programm bietet mit der Tabellenfunktion die Möglichkeit, in einem vorgefertigten Raster zu arbeiten. Eine mit der Tabellenfunktion erstellte Tabelle enthält **Zeilen, Spalten** und **Zellen.** Die Zeilen und Spalten sind aus Zellen aufgebaut. In den Zellen befindet sich der Tabelleninhalt wie Text, Berechnungen usw. Jede Zelle kann beliebig vergrößert oder verkleinert werden.

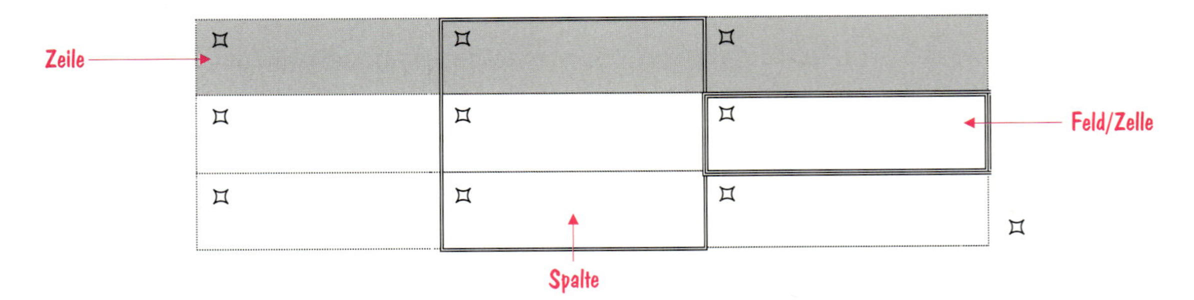

- In jeder Zelle befindet sich das **Zellen-Ende-Zeichen** ¤. Es gehört zu den **nichtdruckbaren Zeichen**.
- Standardmäßig zeigt Word die Tabelle in **Gitternetzlinien** an. Diese Linien können über das Menü **Tabelle – Gitternetzlinien** ein- und ausgeblendet werden. Im Programm wird die Tabelle standardmäßig mit der Rahmenlinie ½ pt. angezeigt.

1 Regeln nach DIN 5008

Eine Tabelle besteht in der Regel aus einer **Überschrift,** einem **Tabellenkopf,** einer **Vorspalte** und **Feldern.**

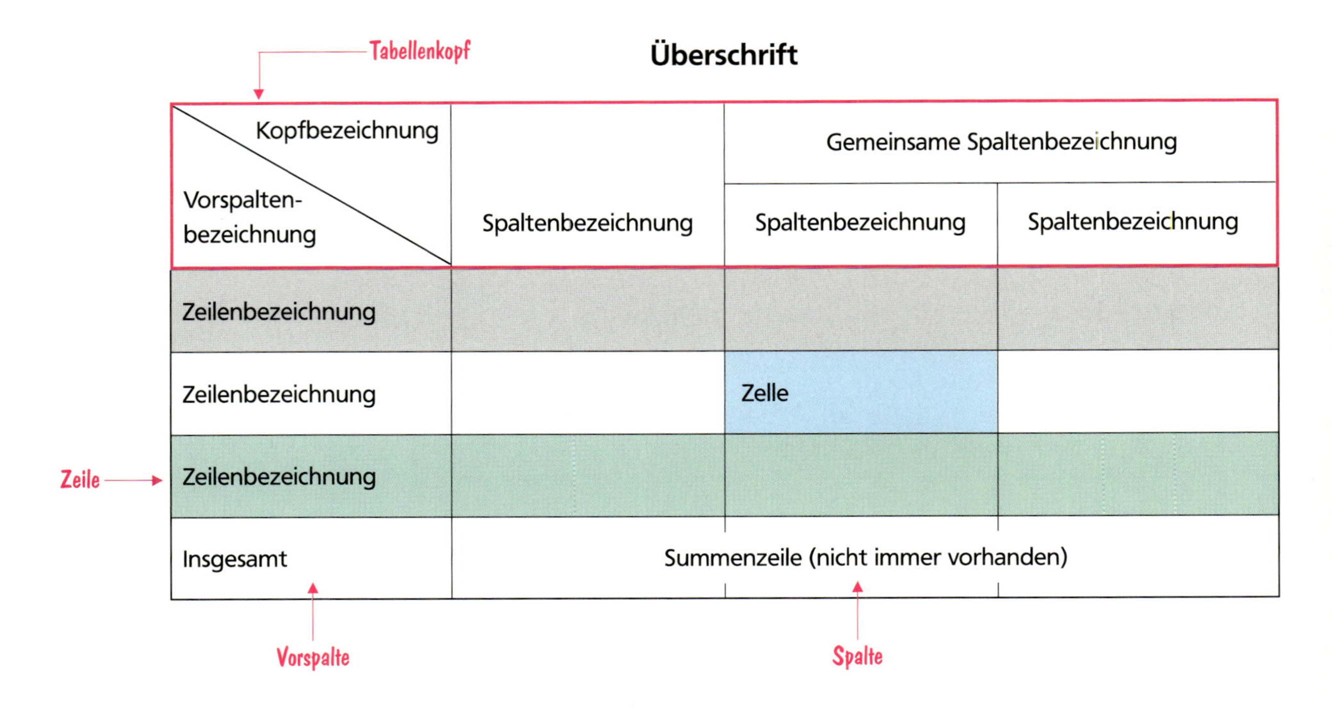

1.1 Positionierung

Bei der Positionierung ist zu beachten:

- Die Tabelle soll einschließlich ihres Rahmens **innerhalb** der **Seitenränder** stehen und möglichst **zentriert** zwischen den beiden Seitenrändern ausgerichtet werden.
- Die Tabelle ist vom vorausgehenden und nachfolgenden Text mit einem angemessenen Abstand von **mindestens einer Leerzeile** anzuordnen.
- Die Tabelle sollte möglichst komplett auf einer Seite stehen. Wenn das nicht möglich ist, muss der Tabellenkopf auf der Folgeseite wiederholt werden.

Text Text Text Text Text Text Text Text Text
Text Text Text Text Text Text Text Text Text
Text Text Text Text Text Text Text Text Text
Text Text Text Text Text
¶

Überschrift

Kopfbezeichnung / Vorspalten-bezeichnung	Spaltenbezeichnung	Gemeinsame Spaltenbezeichnung	
		Spaltenbezeichnung	Spaltenbezeichnung
Zeilenbezeichnung			
Zeilenbezeichnung			
Zeilenbezeichnung			
Insgesamt	Summenzeile (nicht immer vorhanden)		

¶
Text Text Text Text Text Text Text Text Text
Text Text Text Text Text Text Text

Text Text Text Text Text Text Text Text Text
Text Text Text Text Text Text Text Text Text
Text Text Text Text Text Text Text Text Text
Text Text Text Text Text Text Text Text Text
Text Text Text Text Text Text Text Text Text

1.2 Überschrift

Jede Tabelle hat eine Überschrift, es sei denn aus dem vorausgehenden Text geht hervor, was inhaltlich in der Tabelle steht. Die Überschrift kann auch in den Tabellenkopf integriert werden.

Überschrift

Kopfbezeichnung / Vorspalten-bezeichnung	Spaltenbezeichnung	Gemeinsame Spaltenbezeichnung	
		Spaltenbezeichnung	Spaltenbezeichnung

Überschrift			
Kopfbezeichnung / Vorspalten-bezeichnung	Spaltenbezeichnung	Gemeinsame Spaltenbezeichnung	
		Spaltenbezeichnung	Spaltenbezeichnung

1.3 Tabellenkopf und Vorspalte

Im Tabellenkopf stehen alle **Spaltenbezeichnungen** und bei Bedarf eine **Kopfbezeichnung.**

Die **Spaltenbezeichnungen** sollen zentriert werden. Die **Kopfbezeichnung** ist **linksbündig** anzuordnen.

Kopfbezeichnung / Vorspalten-bezeichnung	Spaltenbezeichnung	Gemeinsame Spaltenbezeichnung	
		Spaltenbezeichnung	Spaltenbezeichnung

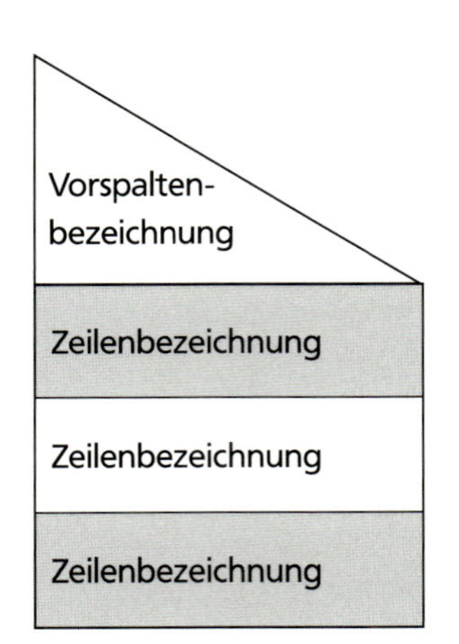

Die **Vorspalte** enthält die **Vorspaltenbezeichnung** und alle **Zeilenbezeichnungen.** Vorspalten- und Zeilenbezeichnungen sind **linksbündig** anzuordnen.

1.4 Felder/Zellen

Die Beschriftung der Felder/Zellen wird mit einem **Mindestabstand** von **2 mm** zur **vertikalen** Linie vorgenommen. Sinnvoll ist es, sowohl **oben, unten und zwischen Text- und Feldbegrenzung** einen **gleichmäßigen Zeilenabstand** festzulegen.

Für die Beschriftung sollten serifenlose Schriften (z. B. Arial) verwendet werden, da Serifenschriften (z. B. Times New Roman) in statistischen Tabellen nicht so gut lesbar sind.

Texte in Feldern/Zellen werden **linksbündig** erfasst.

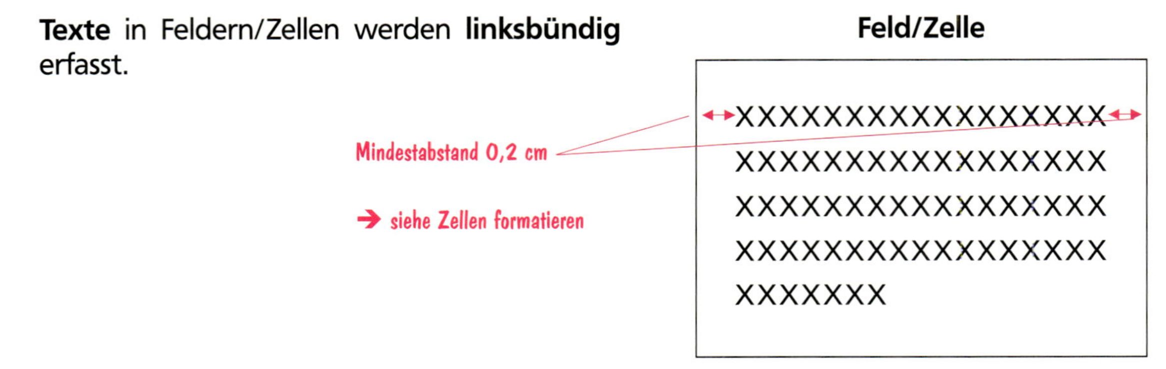

Zahlen in Feldern/Zellen werden rechtsbündig erfasst.

Feld/Zelle

5.800.800,50 €
498.988,98 €
849,20 €
45,32 €
1,60 €

Tabellen sollen durch **waagerechte** und **senkrechte Linien** übersichtlich gegliedert werden. Die waagerechten Linien sollen nur über Summenzellen und zur Gruppierung verwendet werden. Es können aber auch andere **Formatierungsmöglichkeiten zur optischen Trennung,** wie zum Beispiel Hintergrundschattierungen, eingesetzt werden.

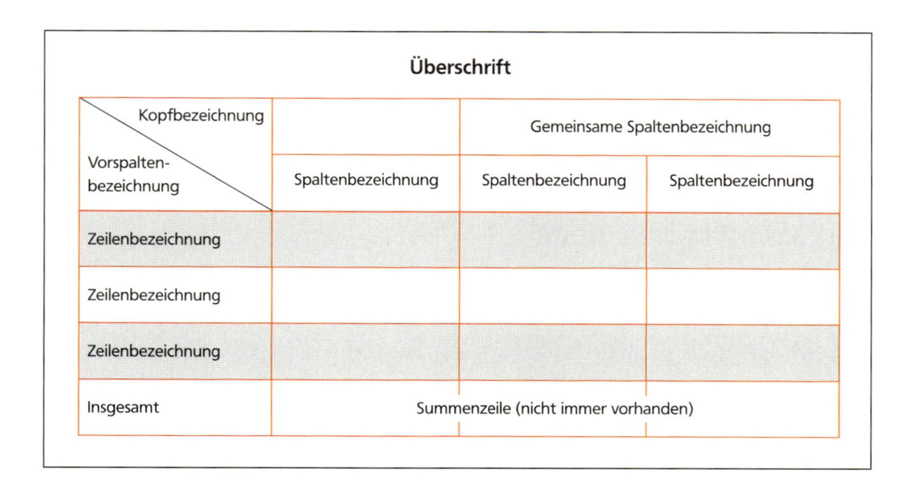

Überschrift

Kopfbezeichnung / Vorspaltenbezeichnung	Spaltenbezeichnung	Gemeinsame Spaltenbezeichnung		
		Spaltenbezeichnung	Spaltenbezeichnung	Spaltenbezeichnung
Zeilenbezeichnung				
Zeilenbezeichnung				
Zeilenbezeichnung				
Insgesamt	Summenzeile (nicht immer vorhanden)			

Die Tabellenfunktion kann nicht nur zur Gestaltung von normgerechten Tabellen, sondern auch als Gestaltungsmittel von Texten eingesetzt werden. **Tipp**

Das Programm bietet mehrere Wege, eine Tabelle zu erstellen:

- Tabellen über das **Menü Tabelle** erstellen.
- Tabellen über die **Symbolschaltfläche Tabelle einfügen** erstellen.
- Tabellen zeichnen.

2 Tabelle über das Menü erstellen

Über das Menü **Tabelle** können Tabellen eingerichtet und die Tabellenstruktur durch Einfügen oder Löschen von Zellen, Zeilen und Spalten verändert werden.

Arbeitsablauf

1. Setzen Sie die Einfügemarke an die Stelle im Text, an der die Tabelle eingefügt werden soll.
2. Wählen Sie das Menü **Tabelle – Zellen einfügen – Tabelle.**

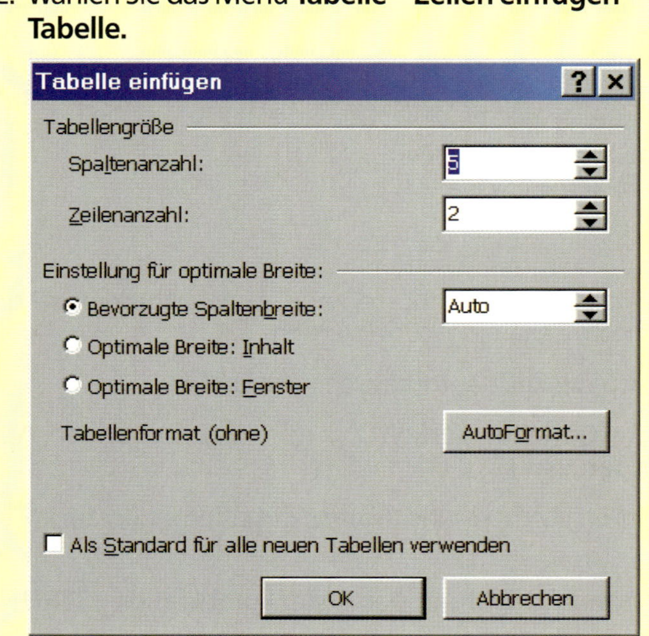

Im Fenster Tabelle einfügen können folgende Angaben gemacht werden:

Spalten- und Zeilenanzahl

Hier können Sie eingeben, wie viel Spalten und Zeilen eingefügt werden sollen. Der Standardwert beträgt 5 Spalten und 2 Zeilen.

Einstellung der optimalen Breite

Wählen Sie bei „Bevorzugte Spaltenbreite" die Option AUTO, wenn Sie die Spaltenbreite später verändern möchten. Der vorhandene Platz wird auf alle Spalten gleichmäßig verteilt. Über das Listenfeld können Sie die exakte Spaltenbreite für alle Spalten festlegen.

Die Option **„Optimale Breite: Inhalt"** passt die Spaltenbreite an den breitesten Eintrag plus ein Zeichen innerhalb der Spalte an.
Mit **„Optimale Breite: Fenster"** wird die ausgewählte Spaltenzahl gleichmäßig auf den zur Verfügung stehenden Platz zwischen den Schreibrändern aufgeteilt.

Über die Schaltfläche **„AutoFormat"** können vom Programm vorgegebene Auto-Formate genutzt werden.

Wird das Kontrollkästchen **„Als Standard für alle neuen Tabellen verwenden"** angeklickt, werden zukünftig alle neuen Tabellen mit diesen Voreinstellungen eingefügt.

3. Geben Sie die erforderlichen **Spalten- und Zeilenanzahl** ein und wählen Sie die entsprechende Einstellung für die optimale Breite. Bestätigen Sie mit OK.

Allgemeine Hinweise

- Mit der **Tabtaste** und den **Pfeiltasten** (←,→ ,↑,↓) kann der Cursor in der Tabelle bewegt werden:

Tabtaste	1 Zelle nach rechts
Um + Tab	1 Zelle nach links
POS1	Cursor an den Anfang der aktuellen Zelle
Ende	Cursor ans Ende der aktuellen Zelle
Alt + POS1	Cursor zur ersten Zeile der Zelle
Alt + Ende	Cursor zur letzten Zeile der Zelle

- Steht der Cursor in der letzten Spalte der letzten Zeile, kann – falls erforderlich – mit der Tabtaste eine weitere komplette Zeile eingefügt werden.
- Bei der Texteingabe erweitert sich die Zelle automatisch nach unten.
- Der Text innerhalb einer Zelle kann gestaltet werden (z. B. mit Hervorhebungen, Aufzählungsgliedern, Nummerierungen usw.).
- In einer Tabelle können die üblichen Zeichen- und Absatzformatierungen zugewiesen werden.
- Innerhalb einer Zelle kann ein **Standard-TAB** mit der Tastenkombination STRG + TAB eingegeben werden.

Übung

1. Wählen Sie das Menü **Tabelle – Zellen einfügen – Tabelle.**
2. Fügen Sie eine Tabelle mit 2 Spalten ein.
3. Erfassen Sie den Tabellentext:

Kleines Fremdwörterlexikon	
Fremdwort	**Bedeutung**
Areal	Bodenfläche, Gelände
Intention	Absicht, Plan, Vorhaben
Innovation	Neuerung durch
exzellent	hervorragend
Faible	Schwäche, Neigung, Vorliebe
Konstellation	Zusammentreffen von Umständen
zynisch	auf grausame, beleidigende Weise spöttisch

3 Tabelle über die Symbolschaltfläche erstellen

Sehr schnell kann eine Tabelle über die Symbolschaltfläche **Tabelle einfügen** in der Standard-Symbolleiste eingefügt werden:

Arbeitsablauf

1. Positionieren Sie den Cursor an der Stelle, an der die Tabelle eingefügt werden soll.
2. Klicken Sie auf das Symbol **Tabelle einfügen** in der Standard-Symbolleiste.

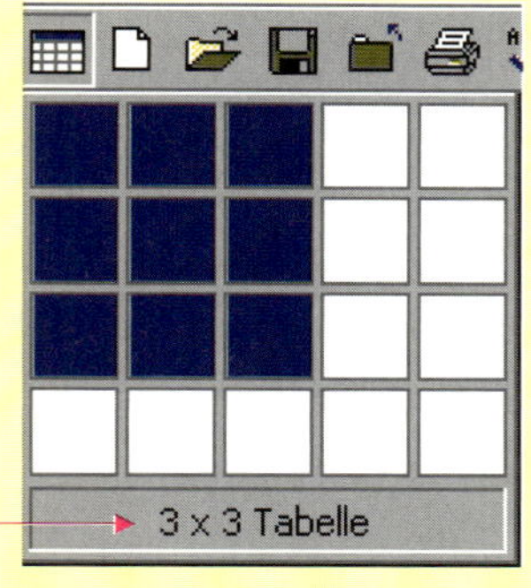

3. Markieren Sie die gewünschte Anzahl der einzufügenden Spalten und Zeilen.
4. Nach dem Loslassen der Maustaste fügt das Programm die Tabelle an der Cursorposition ein.

Übung

1. Wählen Sie über die Symbolschaltfläche eine Tabelle mit 2 Spalten aus.
2. Erfassen Sie den Tabellentext und formatieren Sie diesen.

Papierformate	
DIN-Format	**Beispiele**
A0	Plakate, Landkarten
A1	Planungsentwürfe
A2	Poster, Zeitungen
A3	Zeichenblätter
A4	Briefbögen
A5	kleine Hefte
A6	Postkarten
A7	Schilder, Aufkleber

4 Tabelle zeichnen

In Word kann man mit dem Befehl **Tabelle – Tabelle zeichnen** eine Tabelle mit der Maus zeichnen.

Arbeitsablauf

1. Aktivieren Sie den Befehl **Tabelle – Tabelle zeichnen**. Der Cursor formt sich zu einem Zeichenstift.
2. Positionieren Sie den Zeichenstift an der gewünschten Stelle und ziehen Sie mit gedrückter linker Maustaste ein Rechteck in beliebiger Größe auf.
3. Anschließend können Sie mit dem Zeichenstift beliebig viele Zeilen und Spalten in die Zelle zeichnen.

Über die Symbolleiste **Tabellen und Rahmen** können die Schaltflächen **Tabellen zeichnen** und **Tabellen-Elemente radieren** aktiviert werden.

Übung

1. Zeichnen Sie eine Tabelle mit zwei Spalten.
2. Erfassen Sie den Tabellentext und formatieren Sie diesen.

Gesunde Ernährung am Arbeitsplatz	
Essen Sie	**Vermeiden Sie**
• abwechslungsreich • regelmäßig • geringe Mengen • frische, naturbelassene Produkte • eine ausgewogene Mischkost	• Fett • Zucker • Koffein • Nikotin • Alkohol

5 Tabelle bearbeiten

5.1 Tabellenelemente markieren

Soll der Zellinhalt, eine bzw. mehrere Zeilen oder die ganze Tabelle formatiert werden, muss dieser Bereich vorher markiert werden. Über das **Menü Tabelle – Markieren** ist die Markierung mit den Befehlen **Tabelle, Spalte, Zeile, Zelle markieren** recht umständlich. Am schnellsten erfolgt die Markierung mit der Maus:

Zellinhalt markieren

Die Markierung des Zellinhalts erfolgt wie die Markierung außerhalb einer Tabelle.

Zelleninhalt markieren		

Ganze Zelle markieren

Der Cursor wird an den linken Zellenrand bewegt, bis er sich zu einem schräg nach oben weisenden Pfeil verwandelt. Ein Mausklick markiert die Zelle.

Ganze Zelle markieren		

Zeile markieren

Der Cursor wird so lange nach links neben die Zeile bewegt, bis er sich zu einem schräg nach oben zeigenden Pfeil verwandelt. Ein Mausklick markiert die ganze Zeile.

Spalte markieren

Der Cursor wird auf die oberste horizontale Linie der Spalte bewegt, bis er sich zu einem nach unten zeigenden Pfeil verwandelt. Ein Mausklick markiert die ganze Spalte.

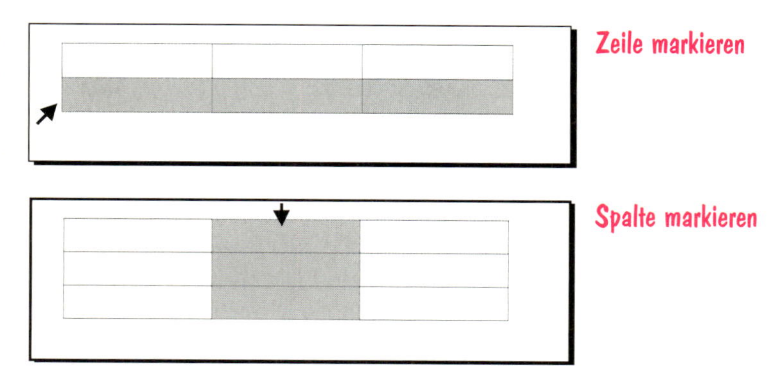

5.2 Spaltenbreite, Zeilenhöhe und Zellen formatieren

Spaltenbreite mit der Maus verändern

Die Spaltenbreite kann nachträglich mit der Maus verändert werden. Dazu muss die Maus auf die vertikale Linie gesetzt werden, bis ein Doppelpfeil mit zwei senkrechten Strichen sichtbar wird. Mit gedrückter Maustaste kann dann die vertikale Linie auf die gewünschte Position gezogen werden.

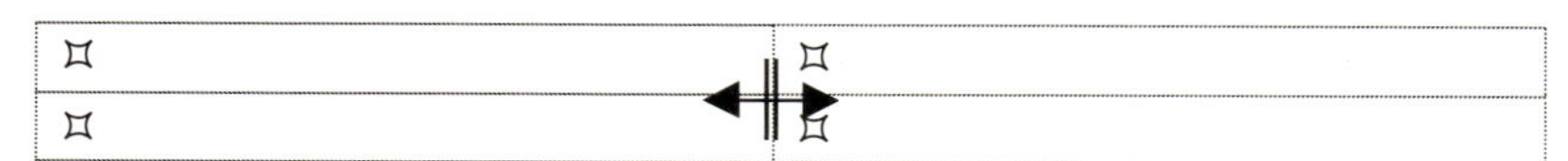

Zeilenhöhe mit der Maus verändern

Der Cursor muss so lange auf den unteren Rand der ausgewählten Zelle bewegt werden, bis er sich in einen Doppelpfeil verwandelt. Durch Ziehen mit gedrückter Maustaste kann die gewünschte Höhe eingestellt werden. Mit gleichzeitig gedrückter **ALT-Taste** kann die Zellenhöhe stufenlos eingestellt werden.

Übung

1. Passen Sie die Größe der Spalte dem Tabelleninhalt an.
2. Markieren Sie anschließend die Tabelle, indem Sie den Cursor in die Tabelle setzen und das Menü Format Tabelle – Markieren – Tabelle wählen.
3. Zentrieren Sie die Tabelle zwischen den Seitenrändern.

Kleines Fremdwörterlexikon

Fremdwort	Bedeutung
Areal	Bodenfläche, Gelände
Intention	Absicht, Plan, Vorhaben
Innovation	Neuerung durch
exzellent	hervorragend
Faible	Schwäche, Neigung, Vorliebe
Konstellation	Zusammentreffen von Umständen
zynisch	auf grausame, beleidigende Weise
	spöttisch

Spaltenbreite über das Menü verändern

Arbeitsablauf

1. Markieren Sie die **Spalte,** deren Breite verändert werden soll.
2. Rufen Sie das Menü **Tabelle – Tabelleneigenschaften…** auf.

   Breite der Spalte

   Hier können Sie die Spaltenbreite für die markierte Spalte in der gewünschten Maßeinheit einstellen (z. B. 4 cm).

   Vorherige bzw. Nächste Spalte

   Es kann bei geöffnetem Dialogfeld zwischen den Spalten gewechselt und Einstellungen vorgenommen werden.
3. Nehmen Sie die gewünschten Einstellungen vor.

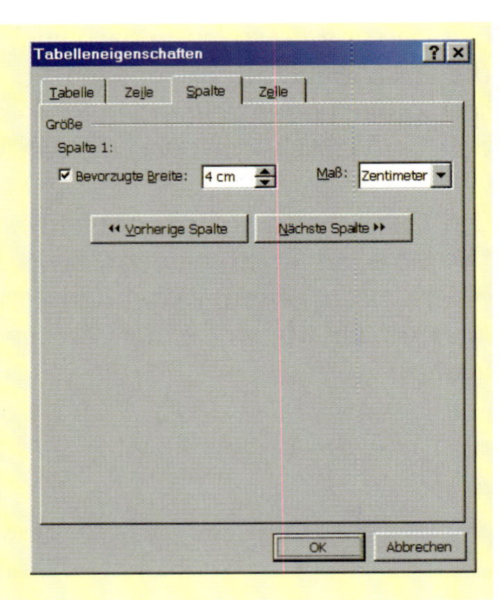

Zeilenhöhe über das Menü verändern

Arbeitsablauf

1. Markieren Sie die **Zeile/Zeilen,** deren Höhe verändert werden soll.
2. Rufen Sie das Menü **Tabelle – Tabelleneigenschaften…** auf.

   Die Einstellung **„Mindestens"** legt fest, dass der eingegebene Wert als Mindestmaß gilt, der jederzeit erhöht werden darf, wenn der Inhalt einer Zeile es erfordert. **„Genau"** setzt die Höhe der Zeile/Zeilen auf das eingestellte Maß fest.

   Seitenwechsel

   Bei aktiviertem Kontrollkästchen wird der Seitenwechsel innerhalb einer Zeile zugelassen.

   Gleiche Kopfzeile auf jeder Seite wiederholen.

   Diese Option entspricht der Funktion **Tabelle – Überschriftenzeilen** (Tabellenkopf) **wiederholen.** Markieren Sie hierzu den Tabellenkopf.

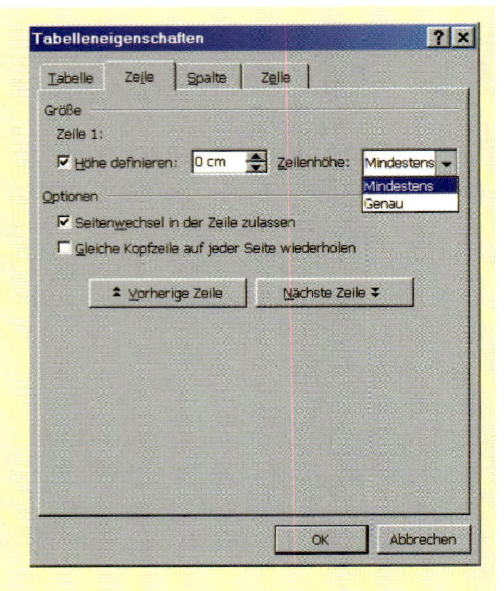

Übung

1. Passen Sie die Spaltenbreite und Zeilenhöhe über das Menü **Tabelle – Tabelleneigenschaften…** an.
2. Markieren Sie anschließend die Tabelle, indem Sie den Cursor in die Tabelle setzen und das Menü **Format Tabelle – Markieren – Tabelle** wählen.
3. Zentrieren Sie die Tabelle zwischen den Seitenrändern.

Papierformate

DIN-Format	Beispiele
A0	Plakate, Landkarten
A1	Planungsentwürfe
A2	Poster, Zeitungen
A3	Zeichenblätter
A4	Briefbögen
A5	kleine Hefte
A6	Postkarten
A7	Schilder, Aufkleber

Zellen formatieren

Arbeitsablauf

1. Markieren Sie die Tabelle.
2. Wählen Sie das Menü **Tabelle – Tabelleneigenschaften …**

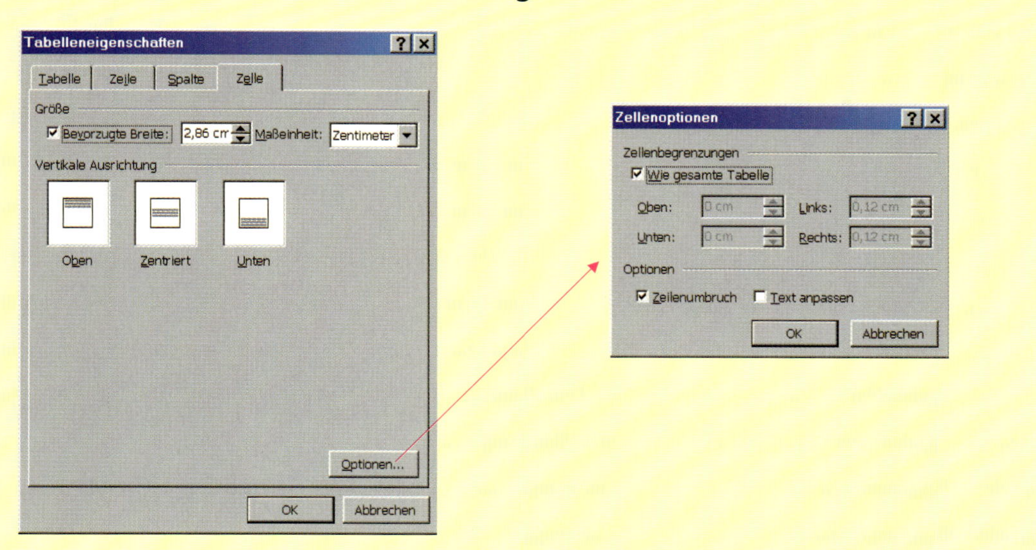

Die Aktivierung des Kontrollkästchens **„Bevorzugte Breite"** bewirkt, dass die eingestellte Breite der markierten Zellen verändert wird. Über **„Vertikale Ausrichtung"** kann die Ausrichtung des Zelleninhalts eingestellt werden.

Über die **Schaltfläche „Optionen"** kann der Abstand zu den vertikalen Linien mit den Listenfeldern **„Links:"** und **„Rechts:"** verändert werden. Der normgerechte Abstand beträgt **0,2 cm.** Zweckmäßig ist es, zwischen den übrigen Text- und Feldbegrenzungen einen gleichmäßigen Abstand über **Oben:** und **Unten:** festzulegen. Beachten Sie, dass sich die Einstellungen nur dann vornehmen lassen, wenn das Kontrollkästchen **„Wie gesamte Tabelle"** deaktiviert ist.

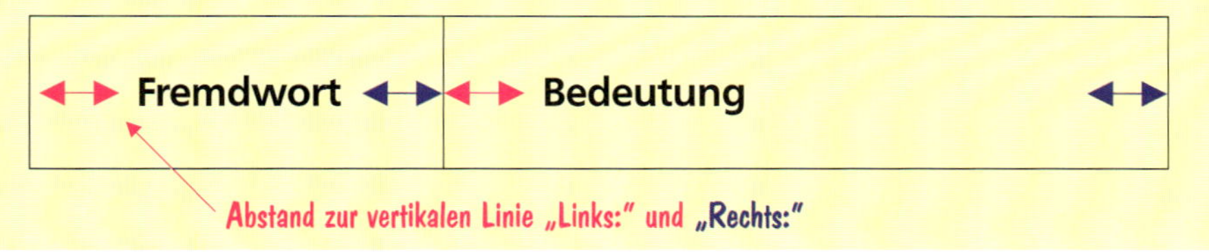

Abstand zur vertikalen Linie „Links:" und „Rechts:"

Übung

1. Passen Sie die Spaltenbreite und Zeilenhöhe über das Menü **Tabelle – Tabelleneigenschaften …** an.
2. Markieren Sie anschließend die Tabelle, indem Sie den Cursor in die Tabelle setzen und das Menü **Format Tabelle – Markieren – Tabelle** wählen.
3. Zentrieren Sie die Tabelle zwischen den Seitenrändern.
4. Nehmen Sie die normgerechten Zellenformatierungen vor.

Gesunde Ernährung am Arbeitsplatz

Essen Sie	Vermeiden Sie
• abwechslungsreich • regelmäßig • geringe Mengen • frische, naturbelassene Produkte • eine ausgewogene Mischkost	• Fett • Zucker • Koffein • Nikotin • Alkohol

5.3 Spalten- und Zeilenanzahl nachträglich ändern

Zeilen einfügen/ löschen

Arbeitsablauf

1. Markieren Sie die Zeile, über der Sie eine neue einfügen wollen bzw. die Sie löschen wollen.
2. Wählen Sie den Befehl **Tabelle – Zellen einfügen** oder **Tabelle – Löschen – Zeilen.**

A0	Plakate, Landkarten
A1	Planungsentwürfe
A3	Zeichenblätter

2. Diese Zeile wird eingefügt.
1. Diese Zeile markieren.

Spalten einfügen/ löschen

Arbeitsablauf

1. Markieren Sie die Spalte, neben der links eine neue Spalte hinzugefügt bzw. die Spalte, die gelöscht werden soll.
2. Wählen Sie den Befehl **Tabelle – Zellen einfügen** oder **Tabelle – Löschen.**

Spalte markieren

A0		Plakate, Landkarten
A1		Planungsentwürfe
A2		Poster, Zeitungen
A3		Zeichenblätter

5.4 Tabellenzellen verbinden und teilen

Arbeitsablauf

1. Markieren Sie die Zellen, die verbunden bzw. geteilt werden sollen.
2. Wählen Sie den Befehl **Tabelle – Zellen verbinden** oder **Tabelle – Zellen teilen.**

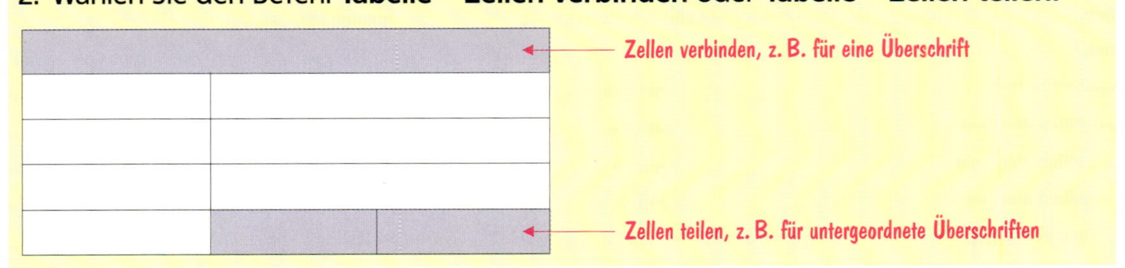

In der **Symbolleiste Tabellen und Rahmen** stehen dafür 2 Schaltflächen zur Verfügung:

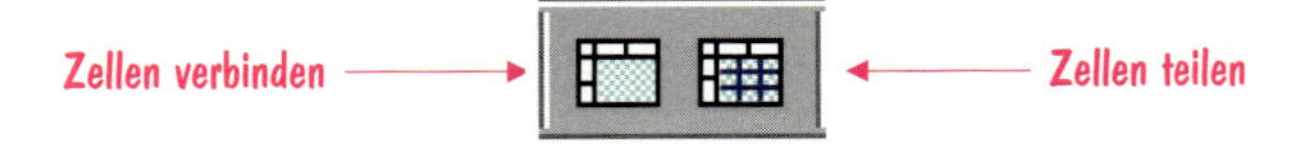

5.5 Tabellen formatieren

Tabellen mit Rahmen und Schattierungen gestalten

Eine Tabelle oder -teile lassen sich am schnellsten über die Symbolleiste **Tabellen und Rahmen** mit einem Rahmen oder Teilrahmen gestalten. Dies ist auch über das **Menü Format – Rahmen und Schattierungen** möglich.

In der Symbolleiste sind dafür folgende Schaltflächen vorgesehen:

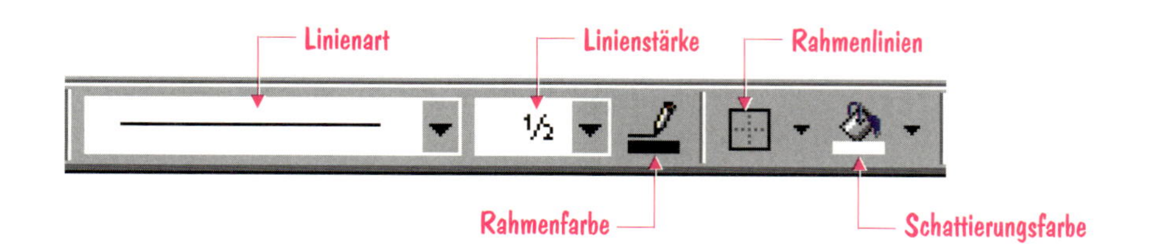

Über die Schaltfläche **Rahmenfarbe** können die Rahmenlinien farbig gestaltet werden. Sobald die Schaltfläche aktiviert ist, wird der Cursor zu einem Malstift. Mit diesem Werkzeug die Rahmenlinie anklicken, die farbig werden soll.

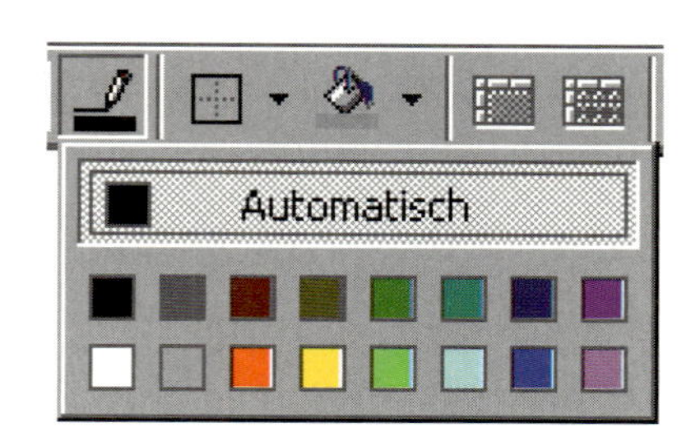

Über die Schaltfläche **Rahmenlinie** kann die Tabelle durch Innen- und/oder Außenrahmen oder Teilumrahmungen zusätzlich gestaltet werden.

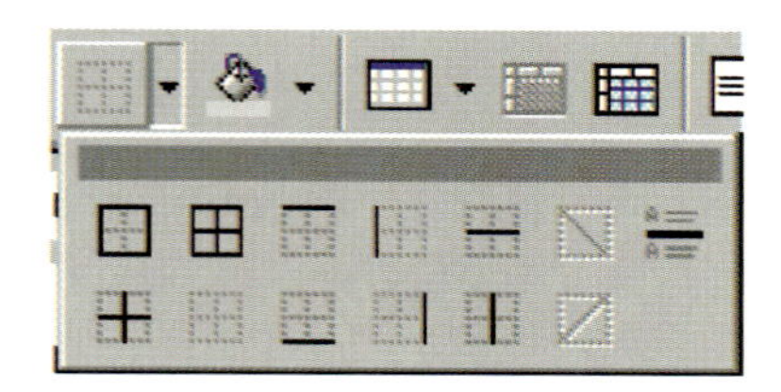

Arbeitsablauf

1. Markieren Sie die Tabelle, Zelle oder Zeile, die Sie umrahmen oder teilweise umrahmen möchten.
2. Wählen Sie die Linienart, Linienstärke und Linienfarbe.
3. Weisen Sie die Rahmenlinien mit der entsprechenden Symbolschaltfläche zu.
4. Wählen Sie gegebenenfalls eine Schattierungsfarbe aus.

Tabellen über das Menü Tabelle – Tabelleneigenschaften … – Tabelle formatieren

Über das Menü lassen sich die in der Abbildung gezeigten Formatierungen vornehmen.

Die **Schaltfläche Rahmen und Schattierung…** bietet den direkten Zugang zu dem Menü Format – Rahmen und Schattierung…

Über **„Optionen"** können die Feldbegrenzungen – wie bei der Registerkarte Zelle – vorgenommen werden.

Durch die Aktivierung des Kontrollkästchens **„Abstand zwischen den Zellen zulassen"** kann ein interessanter Gestaltungseffekt erzeugt werden:

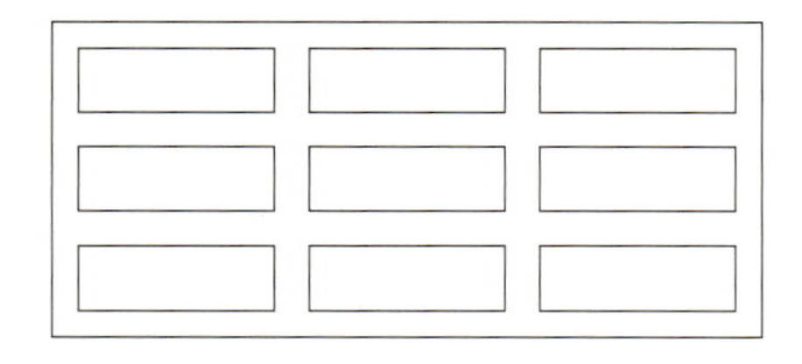

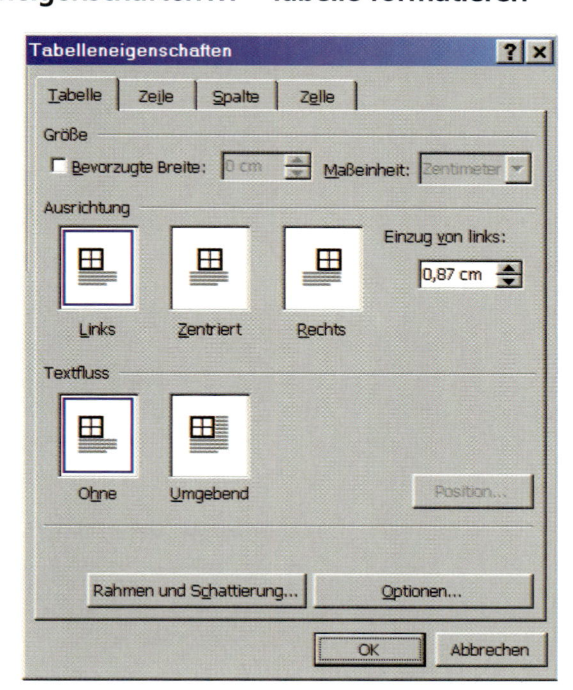

Die Option **„Automatische Größenänderung zulassen"** bewirkt, dass sich die Spalten automatisch dem eingegebenen Text anpassen. Ist dieser Effekt nicht erwünscht, muss das Kontrollkästchen deaktiviert werden.

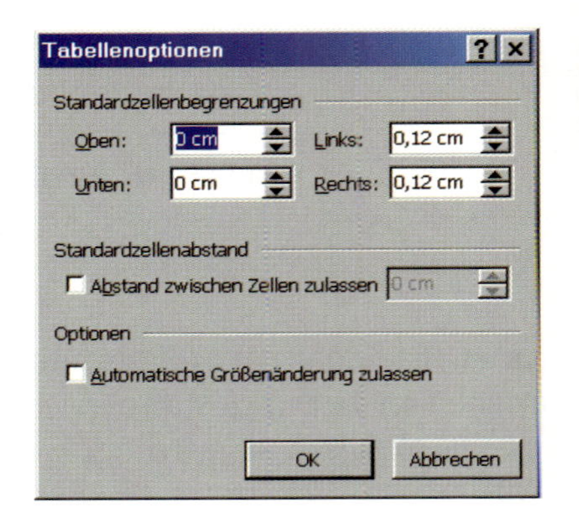

Übung Formatieren Sie die drei Tabellen normgerecht und speichern Sie die Datei unter **Tabellen** im Ordner **Übungstexte.**

Kleines Fremdwörterlexikon

Fremdwort	Bedeutung
Areal	Bodenfläche, Gelände
Intention	Absicht, Plan, Vorhaben
Innovation	Neuerung durch
exzellent	hervorragend
Faible	Schwäche, Neigung, Vorliebe
Konstellation	Zusammentreffen von Umständen
zynisch	auf grausame, beleidigende Weise spöttisch

Papierformate

DIN-Format	Beispiele
A0	Plakate, Landkarten
A1	Planungsentwürfe
A2	Poster, Zeitungen
A3	Zeichenblätter
A4	Briefbögen
A5	kleine Hefte
A6	Postkarten
A7	Schilder, Aufkleber

Gesunde Ernährung am Arbeitsplatz

Essen Sie	Vermeiden Sie
• abwechslungsreich • regelmäßig • geringe Mengen • frische, naturbelassene Produkte • eine ausgewogene Mischkost	• Fett • Zucker • Koffein • Nikotin • Alkohol

5.6 Zeilen und Spalten gleichmäßig verteilen

Nachdem die Spaltenbreite oder die Zeilenhöhe verändert wurde, ist es manchmal notwendig, die verbleibenden Zeilen bzw. Spalten gleichmäßig aufzuteilen.

Arbeitsablauf

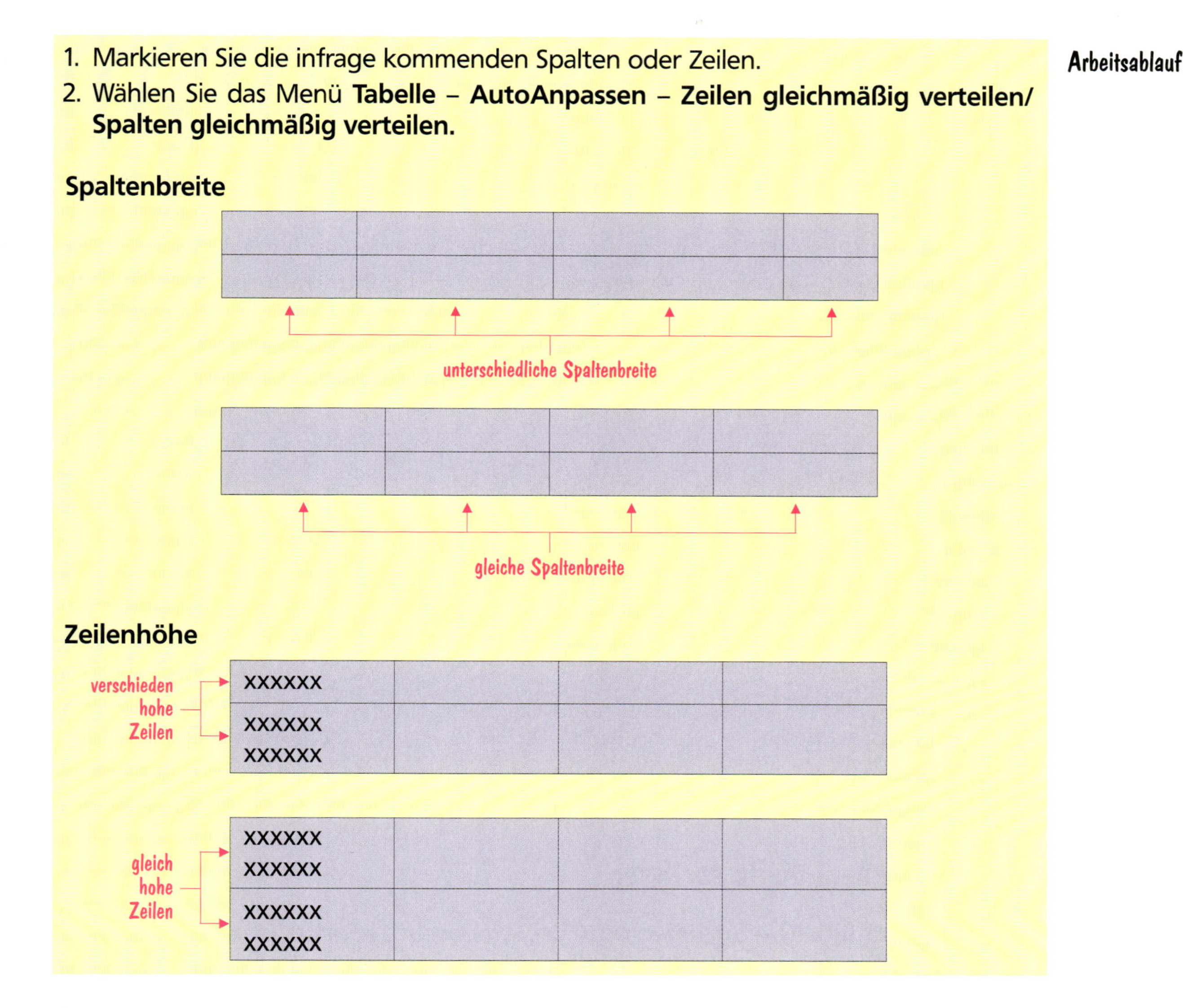

1. Markieren Sie die infrage kommenden Spalten oder Zeilen.
2. Wählen Sie das Menü **Tabelle – AutoAnpassen – Zeilen gleichmäßig verteilen/ Spalten gleichmäßig verteilen.**

In der Symbolleiste Tabellen und Rahmen stehen folgende Symbolschaltflächen zur Verfügung:

5.7 Additionen in Tabellen

Im Menü **Tabelle** können über die Option **„Formel …"** innerhalb einer Tabelle Berechnungen durchgeführt werden. In der Regel handelt es sich hier um Additionen in Zellen.

Arbeitsablauf

1. Setzen Sie den Cursor in die Zelle/das Feld, in der das Ergebnis stehen soll.
2. Wählen Sie das Menü **Tabelle – Formel …** oder das **Symbol für „Summe"** in der **Symbolleiste „Tabellen und Rahmen".**

Im Menü schlägt das Programm den Eintrag **=SUM(Über)** im Feld **„Formel"** vor. Alle Zahlen, die über der Zelle stehen, werden addiert und das Ergebnis an der Cursorposition eingefügt.

Zweckmäßig ist, unter **Zahlenformat #.##0,00** zu wählen, damit das Ergebnis mit zwei Stellen nach dem Komma angezeigt wird. Bestätigen Sie mit OK.

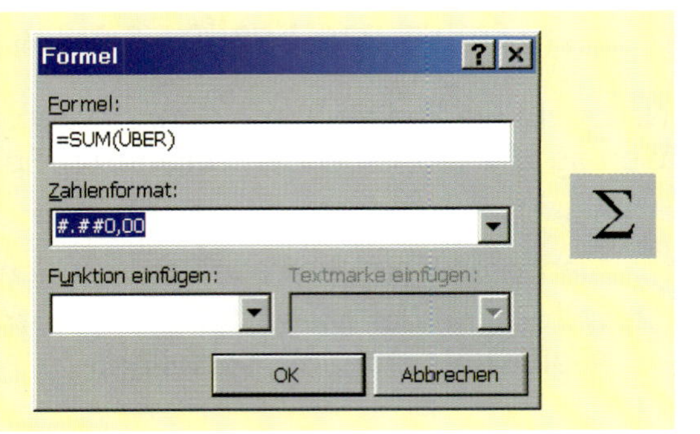

Σ

Übung

1. Erstellen Sie folgende Tabelle und führen Sie die Berechnungen durch.
2. Speichern Sie die Tabelle unter **Verkaufszahlen** im Ordner **Übungstexte** auf Ihrer Diskette.

Buchhandlung Meyer & Schulze
Verkaufszahlen in den Jahren 2000 und 2001

Bereiche	***Umsatz***	
	2000	***2001***
Romane	103.000,50 €	150.493,20 €
Bildbände	256.000,90 €	90.948,90 €
Sachbücher	193.000,40 €	235.983,80 €
PC-Programme	250.000,50 €	276.498,10 €
Kinderbücher	135.000,40 €	129.485,00 €
insgesamt	***939.001,70 €***	***885.409,00 €***

5.8 Tabelleninhalte sortieren

Über das Menü **Tabelle – Sortieren** oder die Symbolleiste können Tabellen aufsteigend bzw. absteigend sortiert werden. Die Sortierung kann nach Text, Zahl und Datum erfolgen.

Übung

1. Markieren Sie die ganze Tabelle.
2. Aktivieren Sie im Menü **Tabelle** den Befehl **Sortieren.**
3. Nehmen Sie die gewünschten Eintragungen vor.
4. Falls Ihre Tabelle eine Überschrift enthält, können Sie durch Aktivierung der **Option Liste enthält ⊙ Überschrift** die Überschrift aus dem Sortiervorgang herausnehmen.
5. Bestätigen Sie die Eintragungen mit OK.

In der Symbolleiste **Tabellen und Rahmen** stehen zwei Symbolschaltflächen für das Sortieren zu Verfügung:

Übung

1. Schreiben Sie die unten stehende Tabelle.
2. Sortieren Sie die Tabelle nach dem Alphabet aufsteigend und anschließend absteigend.
3. Sortieren Sie weiterhin nach dem Geburtsdatum und nach der PLZ.

Teilnehmerliste

Name	Vorname	PLZ	Ort	Geburtsdatum
Fisch	Roland	28205	Bremen	50–02–18
Busch	Karin	71522	Backnang	45–05–13
Rothenberger	Valentin	55545	Winzenheim	67–12–23
Falkenstein	Emil	40225	Düsseldorf	56–10–30

5.9 Drehung der Zellinhalte

Um einen Text innerhalb einer Zelle optisch ansprechend zu gestalten, ist die Drehung des Zellinhalts in 90°-Schritten möglich.

Arbeitsablauf

1. Markieren Sie die ausgewählte Zelle.
2. Wählen Sie das Menü **Format – Textrichtung.**
3. Wählen Sie die gewünschte Textflussrichtung und bestätigen Sie mit OK.

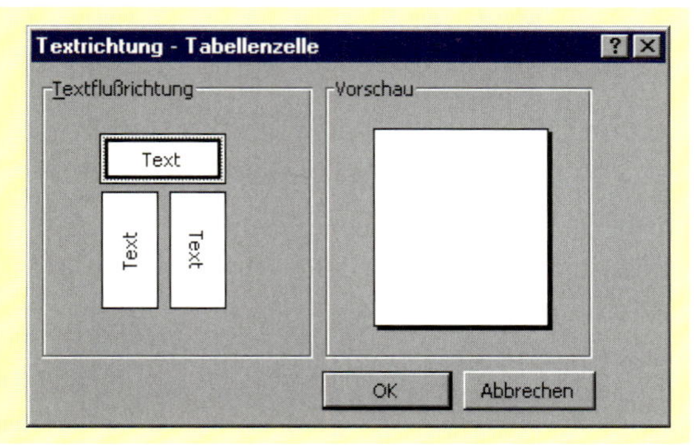

Übung

1. Schreiben Sie die Tabelle Basisprodukte.
2. Speichern Sie die Tabelle unter **Basisprodukte** im Ordner **Übungstexte.**

Basisprodukte am Beispiel Brief	**Standardbrief**	***Gewicht:*** bis 20 g ***Größe:*** bis 23,5 x 12,5 cm (B6/DL) ***Dicke:*** bis 0,5 cm
	Kompaktbrief	***Gewicht:*** bis 50 g ***Größe:*** bis 23,5 x 12,5 cm (B6/DL) ***Dicke:*** bis 1 cm
	Großbrief	***Gewicht:*** bis 500 g ***Größe:*** bis 35,3 x 25,0 cm (B4) ***Dicke:*** bis 2 cm
	Maxibrief	***Gewicht:*** bis 1 000 g ***Größe:*** bis 35,3 x 25,0 cm (B4) ***Dicke:*** bis 5 cm

Aufgabe 1

Situation

In der Firma Freundlich & Co. wurden die alten PC durch neue ersetzt. Dabei stellte sich heraus, dass die Entsorgung der alten Geräte problematisch und teuer ist. Deshalb schauen sich die Auszubildenden der Einkaufsabteilung auf dem Markt um und tragen zusammen, welche Eigenschaften ein „umweltfreundlicher PC" haben muss.

Arbeitsanweisungen

1. Schreiben Sie den Text in eine zweispaltige übersichtliche Tabelle.
2. Nehmen Sie geeignete Formatierungen vor.
3. Speichern Sie den Text unter **PC-Umwelt** im Ordner **Übungstexte** auf Ihrer Diskette.

Das Ergebnis der Umfrage:

Der umweltfreundliche PC

Recyclinggerechte Konstruktion: Das Gerät muss einfach in seine Bauteile zerlegt werden können; Verringerung der Werkstoffvielfalt; Vermeidung von Verbundmaterialien

Langlebigkeit: Nachrüstbar durch modularen Aufbau; reparaturfreundliche Konstruktion

Rücknahmeverpflichtung: Durch den Einkaufspreis ist die spätere Rücknahme mit dem Ziel der Wiederverwendung abgegolten.

Rohstoffe: Das Kunststoffgehäuse muss aus einem einheitlichen Werkstoff bestehen, damit er für die Herstellung hochwertiger Industrieprodukte wiederverwertet werden kann.

Gefährliche Inhaltsstoffe: Die Flammschutzmittel der Gehäuse dürfen keine Schadstoffe enthalten, die bei einem möglichen Brand gesundheitsschädigende Gase freisetzen oder Krebs erzeugend sind.

Monitore: Die Monitore müssen die empfohlenen Grenzwerte für elektrische und magnetische Felder einhalten und mit einer cadmiumfreien Bildröhre ausgestattet sein.

Geräuschemissionen: Im Leerlauf darf der Geräuschpegel nicht mehr als 48 dB betragen. Im Betriebszustand darf der PC 55 dB nicht überschreiten.

Energieverbrauch: Im Ruhezustand muss der PC von selbst in den Stand-by-Modus schalten. Der Energieverbrauch liegt dann nur noch bei 4 bis 5 Watt (im Betrieb ca. 160 Watt).

Aufgabe 2

Situation

Das Bürohaus Schuster hat eine große Abteilung für Büromaschinen. Manuela macht dort eine Ausbildung zur Einzelhandelskauffrau. Zurzeit durchläuft sie die Abteilung für Büromaschinen. Ihr ist aufgefallen, dass die Kunden immer wieder nach den Leistungsmerkmalen der Kopierer fragen, um die Geräte vergleichen zu können. Für eine bessere Kundenberatung stellt sie die gängigsten Leistungsmerkmale aller Kopierer zusammen.

Arbeitsanweisungen

1. Gestalten Sie den Text in einer zweispaltigen Tabelle.
2. Nehmen Sie die notwendigen Formatierungen für eine übersichtliche Darstellung vor.
3. Speichern Sie die Datei unter **L-Kopierer** im Ordner **Übungstexte** auf Ihrer Diskette.

Leistungsmerkmale der Kopierer

Bedienerfreundlichkeit: Störanzeigen und Bedienerhilfen (Tasten, Display, Sensorbildschirm)
Art der Vorlagen: Blätter, Bücher, dreidimensionale Gegenstände
Vorlagengröße: bis A3 oder bis A0
Vorlagengewicht: 41 bis 128 g/m^2
Duplexeinheit: automatische Erstellung beidseitiger Kopien
Vorlagenzuführung: manueller, automatischer Einzug (mit/ohne Wendung)
Papierzuführung: Einzelblatteinzug, Einzug aus verschiedenen Kassetten mit unterschiedlichen Formaten, Papierfarben, Papiersorten usw.
Vorwärmzeit: Die Zeit vom Einschalten des Geräts bis zur ersten Kopie
Kopierqualität: Wiedergabe der Abbildung
Kopiergeschwindigkeit: Anzahl der Kopien pro Minute
Kopierträger: Papierstärken, z. B. 50 bis 160 g/m^2, Folienmaterial usw.
Kopierfunktionen: Zoom schrittweise oder stufenlos einstellbar, Papierformate, Farbe oder schwarz-weiß, usw.
Mögliche Zusatzgeräte: Sorter, Hefter
Wartung: Ferndiagnose-System, Selbsthilfemöglichkeiten bei kleineren Störungen
Umweltkriterien: Papier – Verarbeitung kopierergeeigneter Recyclingpapiere, Toner – giftfrei, nicht karzinogen, über den Hausmüll entsorgbar, Trommel – Rückgabemöglichkeit beim Verkäufer zur Rohstoffrückgewinnung, Emissionen – Wärme, Ozon-, Staub-, Geräusch- und Lichtemission

Aufgabe 3

Situation

Frau Schuhmacher ist Sekretärin in der Firma Bauer & Reimer. Ihr Chef ist der Meinung, dass alle Briefe usw., die im Unternehmen eingehen, aufbewahrt werden müssen. Frau Schuhmacher ist anderer Meinung. Sie möchte die Registratur spürbar entlasten. Um ihren Chef davon zu überzeugen, fertigt Sie eine Übersicht mit der Wertigkeit des Schriftgutes an.

Arbeitsanweisungen

1. Schreiben Sie den Text übersichtlich in eine Tabelle.
2. Speichern Sie die Übersicht unter dem Namen **Wertstufen** im Ordner **Übungstexte.**

Wertigkeit des Schriftgutes

Tageswert

Unterlagen mit „reinem Informationswert", können nach Kenntnisnahme sofort weggeworfen werden.
Beispiele: unverlangte Angebote, Werbebriefe, Hausmitteilungen, Zeitungen und Prospekte

Prüfwert

Unterlagen, die eine gewisse Zeit aufbewahrt werden müssen, um einen Sachverhalt zu prüfen. Nach Abschluss des Vorgangs können sie vernichtet werden.
Beispiele: Bewerbungen, die abgelehnt wurden (Rücksendung), Angebote, die nicht angenommen wurden, Preislisten, die nicht mehr aktuell sind, Nachfassbriefe, Mahnungen

Gesetzeswert

6 Jahre

Alle empfangenen und Durchschläge/Kopien abgesandter Handelsbriefe werden 6 Jahre aufbewahrt. Handelsbriefe sind alle Schriftstücke, die einen Geschäftsvorgang lückenlos belegen.

10 Jahre

Buchungsbelege, Handelsbücher, Inventare, Eröffnungsbilanzen, Jahresabschlüsse, Lageberichte, Kassenbücher, Vermögensverzeichnisse werden 10 Jahre lang aufbewahrt.

Dauerwert

Jedes Unternehmen hat wichtige Schriftstücke, die langfristig oder dauernd aufbewahrt werden. Dies können Geschäftsgründungsunterlagen, Patentschriften und Urkunden sein.

Das Internet

Das Internet ist das größte Datennetz der Welt. Es besteht aus einer Vielzahl internationaler, nationaler und regionaler Netze, die durch Übertragungsrechner miteinander verbunden sind. Täglich werden neue Rechner ans Netz angeschlossen.

Um ans Netz zu gehen, braucht man einen **Provider** oder einen **Onlinedienst.** Das sind Unternehmen, die die Zugangsberechtigung erteilen, eine Adresse für den elektronischen Briefkasten einrichten und über lokale Einwählpunkte den direkten Zugang zum Internet anbieten.

© Uli Stein/Catprint Media GmbH

Damit jeder Computer mit dem anderen unabhängig vom Hardwaresystem kommunizieren kann, bedienen sie sich einer gemeinsamen Sprache. Eine solche Sprache nennt man **Protokoll.** Das Protokoll legt fest, auf welche Weise Daten übertragen werden und welche Operationen erlaubt sind. Die netzinterne Sprache z. B. für das WWW (World Wide Web) ist das Hypertext Transfer Protocol (http://).

Um Zugang zum Netz zu bekommen, benötigt man:

- einen Computer,
- ein Modem **oder** eine ISDN-Karte,
- einen Telefonanschluss,
- einen Provider,
- Zugangssoftware.

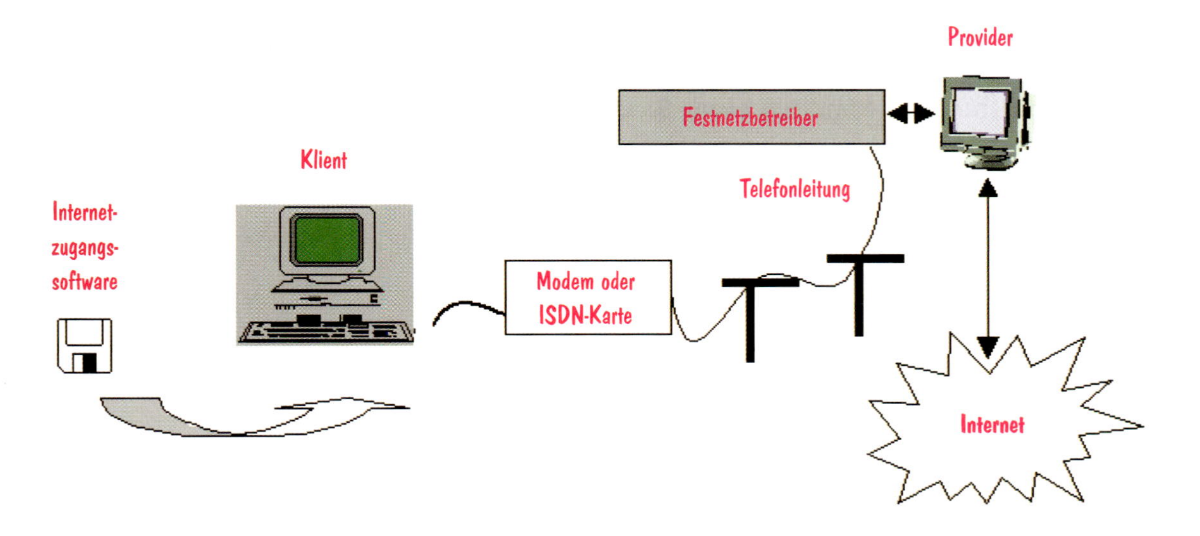

Die für die Textverarbeitung wichtigsten **Dienste im Internet** sind das **World Wide Web** und der Informationsaustausch per **E-Mail.**

1 Das World Wide Web (WWW)

Im World Wide Web stehen Informationen in Form von Texten, Bildern, Tönen, Videos und Animationen multimedial zur Verfügung.

1.1 Browser

Um die Inhalte einer Webseite darstellen zu können, benötigen Sie einen **Browser.** Die bekanntesten Browser sind:

- Internet Explorer
- Netscape Navigator

Der **Internet Explorer** von Microsoft wird mit Windows mitgeliefert, wobei der **Navigator** von Netscape häufig von den Onlinediensten und Providern zur Verfügung gestellt wird. Beide Programme können aber auch vom Internet heruntergeladen werden.

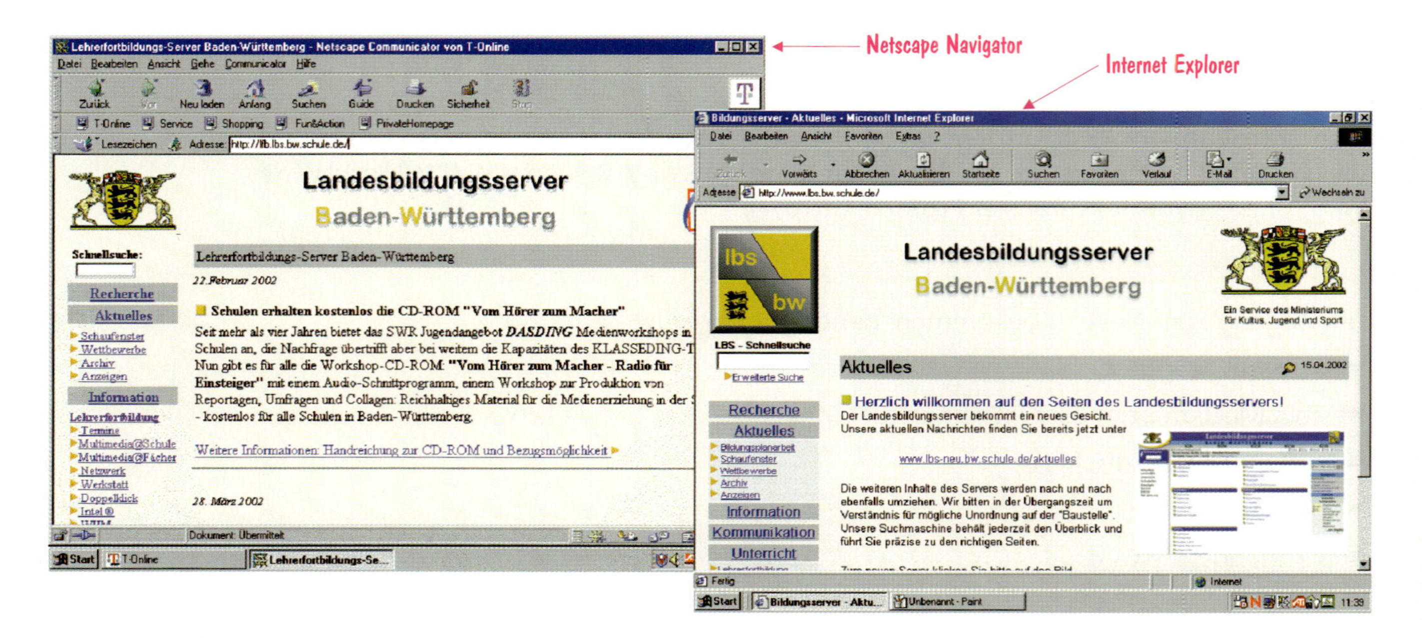

Die wichtigsten Schaltflächen eines Browsers:

Vor und **Zurück**	Sie können in den während einer Arbeitssitzung besuchten Webseiten blättern.
Drucken	Die aktuell angezeigte Seite kann gedruckt werden.
Abbrechen – Stopp	Das Laden einer aufgerufenen Webseite wird gestoppt.

1.2 Hyperlinks

Die Informationen sind mit **Hyperlinks** verknüpft. Hyperlinks sind Verbindungen zu anderen Webseiten. Sie werden durch Farbgebung, einen Unterstrich oder ein Symbol hervorgehoben. Durch Mausklick lässt sich die verknüpfte Seite öffnen. Hyperlinks – auch kurz „Links" genannt – können auch in Form von Grafiken auftreten.

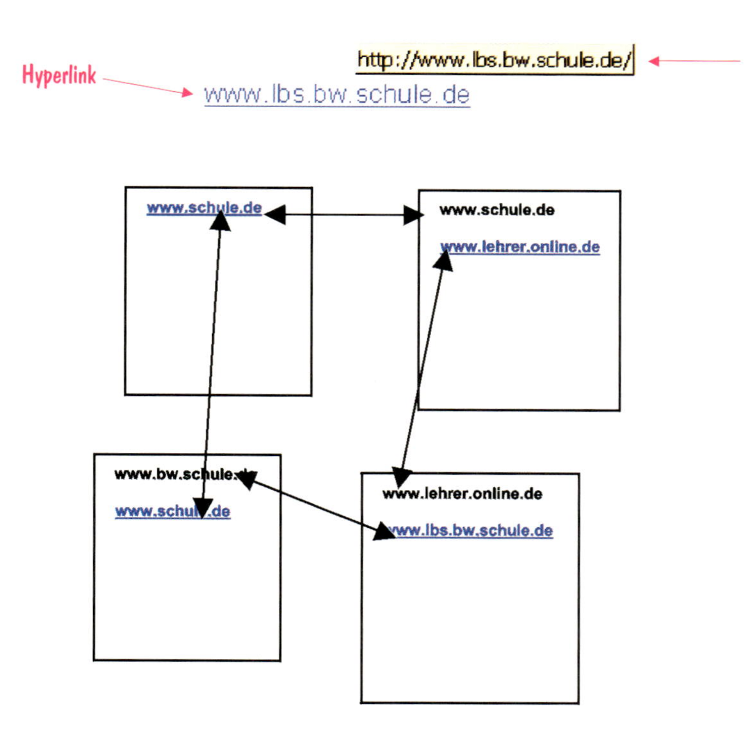

1.3 Die Internetadresse

Jede Webseite hat eine eindeutige und weltweit einmalige Adresse. Die Internetadresse, die so genannte URL (Uniform Resource Locator), setzt sich folgendermaßen zusammen:

Adresse: http://www.schule.de/

Sie ist wie eine Haus- oder Telefonnummer, über die Sie eine Verbindung zu einer anderen Person herstellen. Kennen Sie die Adresse einer Person oder Firma, dann können Sie die Internetverbindung durch die Eingabe im Adressfeld sehr einfach herstellen. Wenn Ihnen die Internetadresse einer Institution, Firma oder eines Produkts unbekannt ist, können sie es mit der Eingabe der Adresse nach dem Muster www.firmenname.de oder com. versuchen. In den meisten Fällen haben Sie damit Glück. Man spricht hier von sprechenden Internetadressen.

Die einzelnen Teile der Adresse bedeuten:

http://	= Hypertext Transfer Protocol. Ein Übertragungsprotokoll, mit dem HTML-Seiten im Internet übertragen werden.
www	= der Dienst, in dem im Netz nach der gewünschten Seite gesucht wird.
.	= der Punkt nach dem „www" ist wichtig. Wird er vergessen, kommt keine Verbindung zustande.
schule.de	= die Internetadresse des Rechners, der diesen Dienst anbietet. Die Abkürzung „de" verrät, dass sich die Adresse in Deutschland befindet.

Anstelle von „de" können auch andere Länderkennzeichnungen und Kürzel von Unternehmen, Privatpersonen und Organisationen verwendet werden:

Unternehmen und Organisationen:	
.com	kommerzielle Unternehmen
.edu	Bildungseinrichtungen
.gov	US-amerikanische Regierungseinrichtungen
.mil	US-amerikanische Militäreinrichtungen
.net	verwaltende Einrichtungen für Netzwerke oder Internetanbieter
.org	private Organisationen
.int	internationale Organisationen
Anbieter dürfen zukünftig auch folgende Abkürzungen verwenden:	
.aero	Luftfahrtindustrie
.biz	für Unternehmen – abgeleitet von „business“
.coop	Genossenschaften
.info	Informationsangebote
.museum	Museen
.name	Privatpersonen
.pro	Berufstätige, Freiberufler, Geschäftsleute

Länderkennzeichnungen (Auszug)					
at	Österreich	**de**	Deutschland	**nl**	Niederlande
au	Australien	**es**	Spanien	**no**	Norwegen
be	Belgien	**fr**	Frankreich	**tr**	Türkei
ca	Kanada	**fi**	Finnland	**uk**	Großbritannien
ch	Schweiz	**it**	Italien	**us**	USA

Übung

Versuchen Sie eine Internetverbindung zu einer Ihnen bekannten Firma oder Institution in Deutschland herzustellen, deren Internet-Adresse Ihnen nicht bekannt ist. Gehen Sie nach dem Muster **www.firmenname.de** vor.

2 Informationen suchen

Jeder der möchte kann Informationen ins Internet stellen. Diese Tatsache führte zu einer explosionsartigen Vermehrung der „Seiten“ im Netz. In diesem Datendschungel können Informationen nur noch mithilfe von Suchmaschinen gefunden werden.

2.1 Webkataloge

Die Verzeichnisse der Webkataloge werden nicht automatisch erzeugt, sondern von einer Redaktion angelegt. Die gespeicherten Informationen sind auf ihren Inhalt geprüft, sortiert und Rubriken zugeordnet. Bei der Suche wird der Webkatalog wie ein Schlagwortkatalog einer Bibliothek zum Auffinden von Büchern eingesetzt. Über ein Inhaltsverzeichnis gelangt man Schritt für Schritt zu Informationen des gewünschten Themenbereichs.

Webkataloge: www.yahoo.de
www.web.de
www.paperball.de
www.allesklar.de

2.2 Suchmaschinen

Die Suchmaschinen sammeln stichwortorientiert Informationen nach bestimmten Inhalten im gesamten Internet. Spezielle Datensammler, so genannte Robots, durchforsten das Netz nach neuen Webseiten. Dabei bleiben aber auch viele Seiten unentdeckt.

Suchmaschinen: www.altavista.de
www.lycos.de
www.google.de
www.excite.de

2.3 Metasuchmaschinen

Metasuchmaschinen arbeiten mit mehreren Suchdiensten zusammen. Die nach einer Suchanfrage aufgespürten Informationen werden für den Benutzer übersichtlich zusammengetragen.

Metasuchmaschinen: www.crawler.de
www.metacrawler.com
www.metager.de
www.fireball.de

2.4 Suchoptionen

Gezielter kann man über die Suchoptionen nach Informationen suchen. Die Eingabe von zwei oder drei Suchwörtern führt nicht unbedingt zum Ziel. Erst durch eine Verknüpfung der Suchwörter lässt sich die Ergebnisliste reduzieren.

Die Suchmaschinen und Webkataloge arbeiten unterschiedlich. Deshalb unterscheiden sie sich auch in der Anzahl der Suchoptionen, die sie anbieten. Meistens sind die möglichen Suchoptionen einer Suchmaschine über den Schalter „Hilfe" abrufbar.

Die wichtigsten Suchoptionen:

- **UND-Verknüpfung**

  Der UND-Verknüpfung wird durch ein Pluszeichen (+) ausgedrückt. Das Pluszeichen ist ohne Leerzeichen vor die Wörter, die es verknüpft, zu setzen.

  Beispiel:

  Die Eingabe **+Telekommunikation +Mobiltelefon** sucht nach Dokumenten, in denen beide Begriffe zusammen vorkommen. Dokumente mit nur einem von beiden Suchwörtern werden ignoriert. Die Anzahl der Treffer wird dadurch stark verringert.

- **ODER-Verknüpfung**

  Um eine ODER-Verknüpfung auszulösen, müssen zwei oder mehrere Suchwörter, durch Leerzeichen getrennt, in das Textfeld eingegeben werden. Eine ODER-Verknüpfung erhöht die Anzahl der Treffer.

Beispiel:
Geben Sie als Suchbegriffe **München Theater** ein, sucht die Suchmaschine zunächst alle Dokumente, in denen „München" und „Theater" zusammen vorkommen, und anschließend alle, in denen mindestens eines der Suchwörter steht.

➡ **Phrasensuche**
Phrasen sind Wörter, die exakt in der **angegebenen Reihenfolge** vorkommen. Geben Sie die Suchwörter als Phrase ein, müssen sie in **Anführungszeichen** gesetzt werden.

Beispiel:
Die Eingabe **„Winklers Verlag"** findet nur Dokumente, in denen der Name steht. Die Phrasen eignet sich besonders gut für die Recherche nach Personen- und Firmennamen.

3 E-Mail

Durch die „elektronische Post" können Nachrichten in Sekundenschnelle direkt über die Telefonleitung zu einem anderen PC weltweit verschickt werden. Die rein elektronische Kommunikation ist schneller, billiger und möglicherweise sogar umweltfreundlicher als der Versand von Briefen. Mit jeder E-Mail können Attachments verschickt werden, indem man sie einfach an eine E-Mail anhängt. So können Sie z. B. einen DIN-gerechten, ausführlichen Geschäftsbrief, eine mehrseitige Dokumentation oder eine PowerPoint-Präsentation original als Datei mit einer kurzen E-Mail verschicken. Da mit der E-Mail rein digitale Informationen übertragen werden, ist auch der Versand von Fotos, Grafiken, Musikstücken und Videos ohne Probleme und Qualitätsverluste möglich.

3.1 E-Mail-Adresse

Die E-Mail-Adresse im Internet setzt sich aus der Benutzerkennung des Teilnehmers und dem Namen des Mailservers zusammen. Umlaute und Sonderzeichen müssen ausgeschrieben werden (z. B. ä = ae, ß = ss).

Beispiel:

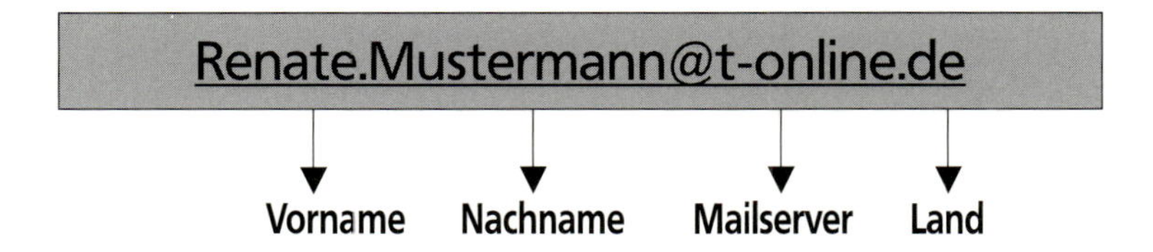

Regeln nach DIN 5008

Zum Versenden einer E-Mail ist eine eindeutige E-Mail-Adresse zu verwenden, die sich nach den Vorgaben des jeweiligen Anbieters gestaltet.

Möglicher Aufbau einer E-Mail-Adresse:

Empfaengerbezeichnung@t.-online.de
Vorname.Name@Anbieter.de

Um die E-Mail-Funktion nutzen zu können, benötigt man eine entsprechende Software. Dieses Programm ist meistens im Browser oder der Office-Software integriert. Die bekanntesten E-Mail-Programme sind Microsoft Outlook Express und Netscape Messenger.

3.2 Free-Mail-Dienste

Auf der Homepage vieler Suchmaschinen und Kataloge werden kostenlose Free-Mail-Dienste angeboten. Sie bieten dem Nutzer kostenlose E-Mail-Adressen und Postfächer mit dem zum Schreiben und Empfangen von E-Mails notwendigen Speicherplatz. Es ist kein besonderes E-Mail-Programm erforderlich und am Rechner sind keine Einstellungen vorzunehmen. Mit einem Free-Mail-Dienst kann man weltweit von jedem Rechner sofort E-Mails schreiben, verschicken und empfangen. Außerdem können Faxe und SMS-Nachrichten kostenlos verschickt werden.

Die meisten Free-Mail-Anbieter stellen ihren Kunden zusätzliche Features zur Verfügung, die individuell angepasst werden können: Adressbücher, Terminplaner und Notizblöcke.

Homepage des Free-Mail-Anbieters GMX:

Free-Mail-Anbieter:
www.gmx.de
www.hotmail.de
www.lycos.de
www.topmail.de
www.web.de
www. yahoo.de

3.3 Gestaltungsregeln

Die DIN 5008 bezieht sich bei den Regelungen zu E-Mails nur auf die Verwendung von Geschäftsbriefersatz.

Regeln nach DIN 5008

- Die Anrede steht getrennt durch eine Leerzeile linksbündig über dem Text.
- Eine E-Mail wird mit einem einzeiligen Zeilenabstand geschrieben.
- Der Text ist als Fließtext ohne Worttrennungen zu schreiben, da der Zeilenumbruch durch die Software des Empfängers gesteuert und angepasst wird. Absätze sind durch eine Leerzeile zu trennen.
- Betreff und Verteiler werden in die dafür vorgesehenen elektronischen Felder eingetragen.

➥ Der E-Mail-Abschluss sollte den Gruß, die Kommunikations- und Firmenangaben und die E-Mail- und/oder Internetadresse enthalten.

Freundliche Grüße aus Backnang

Kaufmännische Schule

Ingrid Stephan

Telefon: + 49 7191 849495-123
Fax: +49 7191 849495-456
E-Mail: ingrid.stephan@irgendwo-schule.de
Internet: http://www.irgendwo-schule.de

Beispiel einer E-Mail:

An …	juliane.stephan@web.de
Cc …	thomas.webber@irgendwo-schule.de
Bcc …	sonja.steiger@irgendwo-schule.de
Betreff:	Termin

Sehr geehrte Kommissionsmitglieder,

wie schon verabredet, erinnere ich Sie an den Termin für unser erstes Treffen:

Donnerstag, 23. Oktober 20. .
14:00 – 18:00 Uhr
Kaufmännische Schule Irgendwo
Raum 145

Bitte bringen Sie die notwendigen Unterlagen mit und bereiten Sie sich entsprechend vor, damit wir in der vorgesehenen Zeit effektiv arbeiten können.

Freundliche Grüße aus Stuttgart

Erika Bosch
Königsstraße 182
70394 Stuttgart

Telefon: 0711 84985
Telefax: 0711 84986
E-Mail: erika.bosch@t-online.de

Aufgabe

Situation

Sven macht im Sommer die mittlere Reife und sucht eine Ausbildungsstelle als Bürokaufmann. Da er zu Hause einen Internetanschluss hat, will er Informationen zum Thema Bewerbung suchen.

Arbeitsanweisungen

1. Suchen und prüfen Sie Informationen aus dem Internet zum Thema Bewerbung. Arbeiten Sie dabei nach folgender Checkliste:
   - **Quelle prüfen und bewerten**
   - **Glaubwürdigkeit einstufen**
   - **Information lesen**
2. Die zu prüfenden Internet-Adressen:
   - **www.arbeitsamt.de**
   - **www.bewerben.de**
   - **www.hier-bewerben.de**
   - **www.bibb.de**
   - **www.ihk-ausbildung.de**
   - **www.it-berufe.de**
   - **www.freundin.com/job**
   - **www.jobpilot.de**
   - **www.einstieg.com**
   - **www.vdma.de**
3. Suchen Sie weitere Informationen über Webkataloge, Suchmaschinen und Metasuchmaschinen.
4. Halten Sie Ihre Ergebnisse in einem Protokoll fest. Erstellen Sie das Protokollraster mithilfe der Tabellenfunktion.

Internetadresse	Angebotene Informationen	Brauchbare Informationen

Lösungsvorschlag Baustein 1

Richtige Gestaltung eines Bildschirmarbeitsplatzes

Der Bildschirm sollte so aufgestellt werden, dass der Abstand zwischen Augen und Bildschirm zwischen 45 cm und 60 cm liegt. Bei Bildschirmen ab 17 Zoll und größeren Schriftzeichen kann auch ein Sehabstand von 60 cm bis 80 cm angemessen sein. Die Buchstaben auf dem Bildschirm sollten z. B. bei einem Leseabstand von 50 cm mindestens 3 mm groß sein.

Die Tastatur muss mit der Tischkante abschließen. Handballenauflagen sind dazu da, dass die Hände in Ruhepausen aufgelegt werden können, da sich sonst die Muskeln in Schultern und Nacken verspannen. Beim Schreiben werden die Hände nicht aufgelegt!

Der Bildschirm soll nicht flimmern, sonst bekommt man Kopfschmerzen oder die Augen fangen an zu tränen und zu brennen. Versuchen Sie über die Regelung Helligkeit und Kontrast das Bild flimmerfrei einzustellen. Wann immer möglich sollten Sie dunkle Schrift auf hellem Untergrund (Positivdarstellung) verwenden.

Eine wichtiger Punkt ist die Beleuchtung am Bildschirmarbeitsplatz. Auf keinen Fall sollte der Bildschirm so aufgestellt sein, dass Sie zum Fenster sehen, wenn Sie auf den Bildschirm schauen. Spiegelungen im Bildschirm oder auf der Arbeitsfläche sind zu vermeiden. Stellen Sie deshalb Ihren Bildschirm mit Blickrichtung parallel zum Fenster auf. Bei künstlicher Beleuchtung muss das Licht der Leuchten von der Seite auf den Arbeitsplatz fallen. Arbeitsplatzleuchten sollten nur dann genutzt werden, wenn auch die Raumbeleuchtung eingeschaltet ist. Sonst müssen sich die Augen ständig an unterschiedliche Helligkeiten anpassen. Dies ist aber auf die Dauer eine zu hohe Belastung für die Augen.

Lösungsvorschlag Baustein 2

Der Cursor

Während des Schreibens in einem Textverarbeitungsprogramm bewegt sich eine senkrechte, blinkende Linie vor dem Text. Diese Linie wird Cursor oder Einfügemarke genannt. Der Cursor zeigt stets die aktuelle Schreibposition an. Wo immer er steht, dort erscheint das nächste Zeichen, das eingegeben wird.

Soll in einem bestehenden Text etwas verändert werden, muss der Cursor an die richtige Stelle gebracht werden. Sie müssen die Einfügemarke dann an die Position bringen, an der Sie etwas einfügen oder löschen möchten. Der Cursor kann mit der Maus oder mit den Cursortasten bewegt werden.

Die Cursortasten befinden sich auf der PC-Tastatur im mittleren Tastenblock oder im Zahlenblock und sind mit den Pfeilen nach oben, unten, links und rechts gekennzeichnet.

Bewegen Sie den Cursor mit der Rücktaste nach links, werden gleichzeitig die Zeichen, die links vom Cursor stehen, gelöscht.

Lösungsvorschlag Baustein 3

Im Grunde genommen ist dafür ein Ausgleich geschaffen worden.

In Bezug auf das Schreiben vom 15. Februar teilen wir mit, dass das Grundstück bereits verkauft ist.

Der Autofahrer hatte Schuld daran.

Seit sie den Führerschein hat, macht ihr das Autofahren Spaß.

Frank trifft sich heute Abend mit Silvia.

Das Konzert gestern Abend war ein Genuss.

Das Seminar war als Ganzes eine Herausforderung.

Lösungsvorschlag Baustein 4

Zur Eröffnung Ihres Bekleidungsgeschäfts in Stuttgart übermitteln wir Ihnen die besten Wünsche für einen erfolgreichen Start.

Für Ihre Anfrage danken wir Ihnen. Die gewünschten Artikel können wir bis spätestens nächste Woche liefern.

Hohe Mieten und steigende Herstellungskosten zwingen uns, so rationell wie möglich zu arbeiten.

Aus dieser Sicht können sich Ihre Anfangserfolge durchaus sehen lassen.

Wir bemühen uns allen Ansprüchen an Qualität, Service und Preis stets nachzukommen.

Bitte rufen Sie unsere Servicenummer 0800 48689 an.

Darum bitten wir Sie, uns ein Exemplar des Werbebriefes zu senden.

Das Standardsortiment wird mit neuen Artikeln ergänzt.

Hiermit kündige ich mein Abonnement zum nächstmöglichen Termin. Der Grund: ständige Preiserhöhungen.

Bitte bestätigen Sie die Kündigung schriftlich und teilen Sie mir mit, zu welchem Termin die Kündigung wirksam wird.

Lösungsvorschlag Baustein 5

Ihr Angebot – Textübersetzung

Sehr geehrte Frau Sauter,

wir haben Ihr Angebot erhalten und freuen uns mit Ihnen zusammenzuarbeiten. Wir wollen künftig unsere Repräsentanz in Südamerika ausbauen. Dazu müssen wir unsere Präsentationsunterlagen, Vertragsentwürfe und Betriebsanleitungen ins Spanische übersetzen lassen.

Mit Ihren Konditionen sind wir einverstanden, sodass dem Beginn unserer Zusammenarbeit nichts mehr im Wege steht. Eine Frage haben wir noch: Können Sie gewährleisten, dass die Übersetzungen für Chilenen nicht merkwürdig klingen? Das chilenische Spanisch soll sich ja vom europäischen deutlich unterscheiden. Nicht, dass ich Ihre Kenntnisse in Zweifel ziehen wollte, aber mich beschäftigt der Gedanke, dass man britischen Geschäftspartnern gegenüber ja auch das amerikanische Englisch vermeidet. Vielleicht gibt es für Spanisch ähnliche Regeln.

Können Sie mir in diesem Punkt Gewissheit geben? Ich wäre Ihnen sehr dankbar, wenn Sie sich noch einmal bei mir melden. Dann können wir alles Weitere besprechen. Sie erreichen mich unter der Telefonnummer 0711 87667.

Freundliche Grüße

i. A. Katja Ross

Lösungsvorschlag Baustein 6

Praxiswissen für eine effektive Chefentlastung!

Sehr geehrte Frau …,

effiziente ***Arbeitstechniken***, souveränes ***Konfliktmanagement*** und eine gehörige Portion ***Selbstsicherheit*** sind ausschlaggebende Faktoren, um erfolgreich vorgehen und Vorgesetzte wirkungsvoll entlasten zu können. Nutzen Sie deshalb die Gelegenheit, Ihr Wissen praxisorientiert zu erweitern! Wir bieten Ihnen folgende Seminare an:

Die Sekretärin im Rechnungswesen. Sie erhalten fundierte Kenntnisse des betrieblichen Rechnungswesens, um Ihre Vorgesetzten bereits bei der Entscheidungsfindung *zu unterstützen und damit zu entlasten.*

Das moderne Sekretariat. In diesem Seminar lernen Sie Strategien und Methoden kennen, mit denen Sie Ihre Arbeit *perfekt organisieren und Ihren betrieblichen Alltag noch erfolgreicher gestalten.*

Rhetorik für Sekretärinnen. Hier wird Ihnen praxisbezogen vermittelt, wie Sie *selbstbewusst auftreten und souverän mit schwierigen Situationen umgehen.*

Chefentlastung durch effiziente Sekretariatsarbeit. In dieser Schulung erfahren Sie, wie Sie *durch rationelle Zeitplanung und hohe Sozialkompetenz Ihre Vorgesetzten wirkungsvoll entlasten.*

Sind Sie dabei? Wir freuen uns darauf, Sie oder interessierte Mitarbeiterinnen begrüßen zu dürfen.

Ihre

Veronika Zeller

Lösungsvorschläge Baustein 7

Nimm dir Zeit

Glücksgedicht

Nimm dir Zeit, um zu arbeiten,
es ist der Preis des Erfolges.

Nimm dir Zeit, um zu spielen,
es ist das Geheimnis der Jugend.

Nimm dir Zeit, um freundlich zu sein,
es ist das Tor zum Glücklichsein.

Nimm dir Zeit, um zu träumen,
es ist der Weg zu den Sternen.

Nimm dir Zeit, um zu lieben,
es ist die wahre Lebensfreude.

Nimm dir Zeit, um froh zu sein,
es ist die Musik der Seele.

Nimm dir Zeit, um zu planen,
dann hast du Zeit für die anderen Dinge.

Irländisch-schweizerisches Gedicht

Die Handwerker sind weg.
Jetzt könnt ihr kommen.

Am **1. Juli 20..** ist es endlich so weit:

Unser neues Haus ist fast fertig. Wir können jetzt aufatmen. Das wollen wir mit euch feiern.

Wir erwarten euch **ab 18 Uhr.**

Jeannette und Frank

PS: Bitte bringt einen Salat mit.

Lösungsvorschlag Baustein 7

Schriftart: 18 pt Algerian
Animation: Funkelnder Text
Sonderzeichen: Zeichentabelle - Symbol

♥♥♥ LIEBER KLAUS ♥♥♥,

ich habe ihn nicht vergessen!

Alles ♥♥♥ Liebe ♥♥♥ zu deinem Geburtstag.

Ich freue mich auf unser gemeinsames Essen zu zweit und erwarte dich um **19:00 Uhr** bei mir zu Hause.

Animation: Schimmernd

♥ liche Grüße

Schriftart: Brush Script MT

deine Nicole

Lösungsvorschlag Baustein 8

Wir vermissen seit 25. Februar 20.. unsere

Katze „Puschel"

Sie ist **schwarz** und hat **gelbe Augen.**

In den Ohren ist sie **tätowiert:** rechtes Ohr **71522,** linkes Ohr **899.**
Wenn die Sonne auf ihr Fell scheint,
schimmert es rot-braun.

Ihr Schwanz steht nach einem verheilten Bruch an der Schwanzwurzel leicht seitlich ab.

Puschel trägt ein braunes Halsband.

Wenn Sie sie gesehen haben, melden Sie sich bitte:

☎ 07191 91988
07191 91987
0170 84949494
juliane-sommer@web.de
www.juliane-sommer.de

Lösungsvorschläge Baustein 9

Hotel „Schöne Aussicht“

Hochzeits-Buffet

Hummerrahmsuppe
mit geräucherten Jacobsmuscheln und Pastinakenrauten

***

Seeteufelroulade, gefüllt mit Mangold und einer Garnelenfarce
geräucherte Entenbrust mit pikanter Soße
Perlhuhn mit weißen Trüffelscheiben und Steinpilzen
geräuchertes Rinderfilet mit einer Radieschenvinaigrette
Parmaschinkenröllchen mit grünen Spargelspitzen
Rehrücken nach „St. Hubertus“ mit Cumberlandsoße
Languste „Pariser Art“

Waldorfsalat, Papayasalat
Salat vom Kalbsbries mit Spargelspitzen
Salat „Windsor“, Salat „Nizza“
Artischockensalat mit Schalotten, Tomaten und Parmesan
Blattsalate mit Balsamico-Dressing, American-Dressing,
French-Dressing, Roquefort-Dressing, Italian-Dressing

***

Kalbsrücken „Orlow“ mit Gänseleber und Trüffeln
Zander und **Aalfilet** in einer Krebs-Sauerampfersoße
Lamm „Baron“ mit Prinzessbohnen

Gratinkartoffeln, schwarze Bandnudeln

französisches Baguette, Nussbrot, Pumpernickel, gesalzene Butter

***

Maracujacreme, M
kleine Törtche

5-s

Sind Sie Sekretärin?
Wollen Sie das Angenehme mit dem Unangenehmen verbinden?
Dann sind Sie bei uns an der richtigen Adresse!
Machen Sie Urlaub und besuchen gleichzeitig eines unserer Seminare.

Der neue Prospekt „Die Sekretärin im Urlaub“ ist erschienen.

Sie können ihn kostenlos anfordern unter 🖷 07191 2420–844 oder ☏ 846

Lösungsvorschlag Baustein 10

Sehr geehrte…,

„Wirtschaft heute und morgen" ist nicht nur Deutschlands meistgelesenes Wirtschaftsmagazin, „Wirtschaft heute und morgen" ist auch das Wirtschaftsmagazin, das am häufigsten zitiert wird. Und das aus gutem Grund!

Jede Ausgabe ist das Ergebnis fundierter Recherchen. Unsere Redakteure kennen ihr Metier und verstehen es, selbst komplizierte Sachverhalte verständlich zu erklären. Qualität ist unser oberstes Prinzip. Konkrete Beispiele und Fallanalysen machen die Welt der Wirtschaft transparent, ohne oberflächlich zu bleiben.

Überzeugen Sie sich selbst! Fordern Sie unser Testpaket mit den nächsten 3 Ausgaben von **„Wirtschaft heute und morgen"** für nur 10,00 € an. Sie erhalten dann zusätzlich 3-mal zur Monatsmitte den internen Finanzbrief direkt aus unserer Redaktion. Darüber hinaus bekommen Sie einen exklusiven Design-Pen als Dankeschön für Ihr Interesse!

Freuen Sie sich auf spannende Reportagen und ausgezeichnete Empfehlungen zu allen Themen rund um Ihre Geldanlage, Steuern, Rechtsfragen, Versicherung und Karriere, und dies alles frei Haus und mit unübertroffenem Informationsgehalt. Sichern Sie sich ab heute die Kompetenz von **„Wirtschaft heute und morgen"** für Ihre privaten und geschäftlichen Ziele.

Mit freundlichen Grüßen

Lösungsvorschlag Baustein 11

Lösungsvorschlag Baustein 12

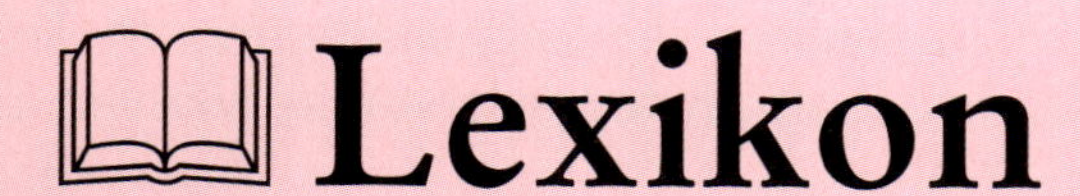

Lexikon

Ablageplan. Ein Ablageplan legt fest, wie Schriftgut behandelt und aufbewahrt werden soll. Das hat den Vorteil, dass nicht zu viel oder zu aufwändig abgelegt und nicht zu lange aufbewahrt wird.

Elektronische Verwaltung von Daten. Die Daten werden mit dem PC erfasst oder eingescannt und verwaltet. Mithilfe eines Stichwörter-Suchprogramms kann auf gewünschte Daten zugegriffen werden. An Wiedervorlagen und Fristen wird automatisch erinnert. Der Zugriff kann durch Passwort geschützt werden.

Mehrfachablagen. Schriftgut wird in zwei oder mehr Ausfertigungen an gleichen oder verschiedenen Stellen abgelegt. Dadurch steigen die Registraturkosten enorm.

Nichtsprechende Nummer. Es kann durch die Nummer kein Bezug zum Ordnungssachverhalt hergestellt werden. Es handelt sich um eine willkürlich fortlaufende Nummerierung.

Nutzraum. Der in einer Registratur bzw. einem Schriftgutbehälter für die Aufnahme von Schriftgut tatsächlich nutzbare Raum.

Sprechende Nummer. Einer Ziffer oder Zahl wird eine bestimmte Bedeutung zugeordnet, z. B. Autokennzeichen, Postleitzahlen.

Totraum. Für die Aufbewahrung von Schriftgut nicht nutzbarer Raum.

Lösungsvorschlag Baustein 13

Das Seminargebäude befindet sich in der Sebastian-Bach-Straße 5 – 7.
Im Programm- und Kunstbeirat der Deutschen Post werden die Briefmarken ausgewählt.
Die T-Shirts wurden nach dem Öko-Tex-Standard hergestellt.
Mit 100-prozentiger Sicherheit hat er gewonnen.
Die 5-köpfige Kommission reiste nach Paris.
Frauke wohnt seit dem 1. März in München-Pasing.
Im Training bewältigte der Leistungssportler die 10-km-Strecke.
Das Fußballspiel FC Bayern München – VfB Stuttgart endete mit 3 : 1.
Die gebrauchten Fahrzeuge wurden von unserem Verkäufer, Herrn Dipl.-Ing. Robert Stein, am 25. September d. J. in unserer Frankfurter Zweigniederlassung besichtigt.
Die meisten alltäglichen Rechtsgeschäfte – z. B. mit Vermietern, Handwerkern, Händlern, Ärzten – verjähren nach zwei Jahren.
Unser neuer Mitarbeiter ist für den Warenein- und -ausgang zuständig.
Die beigefügten Prospekte sagen Ihnen mehr über unsere neue Mode-Kollektion.
Die Zuschuss für das Bauvorhaben – der erwartete Betrag lag höher – wurde von der Behörde überwiesen.

Lösungsvorschläge Baustein 14

Im modernen Büro bieten sich mehrere Möglichkeiten der Vervielfältigung an. Jeder Betrieb muss das für ihn geeignetste und wirtschaftlichste Verfahren auswählen. Dabei sind folgende Vorüberlegungen anzustellen:

- Wie viel Kopien werden pro Auflage benötigt?
- Wie ist die Vorlage beschaffen?
- Welche Qualität muss die Vervielfältigung haben?
- Wie hoch ist der Zeitaufwand?
- Wie hoch sind die Arbeitskosten?
- Ist eine Nachbearbeitung des Kopiergutes erforderlich?
- Wie hoch sind die Anschaffung und Wartung des Gerätes?
- Wie leicht bzw. schwer lässt sich das Gerät bedienen?

Auswahlkriterien beim Druckerkauf:

➢ **Anschaffungspreis – Folgekosten.** Oft ist der Anschaffungspreis niedrig, die Folgekosten hoch. Es ist darauf zu achten, nach welcher Anzahl von Druckseiten der Toner oder die Tintenpatrone gewechselt werden muss.

➢ **Geschwindigkeit.** Die Geschwindigkeit wird in CPS und PPM gemessen. Die Geschwindigkeit hängt auch von der gewählten Schriftart ab.

➢ **Lautstärke.** Am lautesten sind die Nadeldrucker mit einer schlechten Schalldämmung. Bei Laserdruckern ist auf das permanente Lüftergeräusch zu achten.

➢ **Schriftqualität.** Die Qualität des Ausdrucks wird durch den Begriff DPI beschrieben. Je höher die Auflösung ist, desto besser die Ausgabequalität.

➢ **Papierzuführung – Papierformat.** Heute wird meist das Einzelblatt verwendet. Für Endlospapiere empfiehlt sich eine Papier-Park-Funktion. Für die Verwendung unterschiedlicher Formate bieten einige Hersteller die Möglichkeit, verschiedene Papierschächte zu installieren.

➢ **Farbdruck.** Viele angebotenen Modelle können gegen einen geringen finanziellen Mehraufwand auch in Farbe drucken. Bei der Bewertung eines Farbausdrucks ist insbesondere auf die Farbübergänge und die Farbintensität zu achten.

➢ **Umweltfaktoren.** Farbbänder für Matrixdrucker können neu eingefärbt und wieder verwendet werden. Bei manchen Fabrikaten können Tintenpatronen von Tintenstrahldruckern mit entsprechender Tinte nachgefüllt werden. Beim Kauf eines Laserdruckers ist auf ein Toner-Recycling und einen eingebauten Ozonfilter zu achten.

Lösungsvorschlag Baustein 15

Auswahlkriterien für Bürostühle

Welchen Stuhl benötigen Sie?

- **Bürodrehstuhl**
- **Besucherstuhl**
- **Konferenzstuhl**
- **Stuhl für Schulungsraum**

Voraussetzung für entspanntes und gesundheitsverträgliches Arbeiten ist eine Stuhlkonstruktion, die den aktuellen ergonomischen Erkenntnissen entspricht. Das bedeutet, dass der Stuhl folgende Kriterien erfüllen muss:

- die Möglichkeit, die Rückenlehne in vorderster Position zu arretieren, um eine aufrechte Sitzhaltung zu unterstützen,
- unterschiedliche Stauchhärten der Polsterung für Sitz- und Rückenpolster,
- eine Polsterkante, die die Bewegungen unterstützt, ohne die Durchblutung der Beine zu beeinträchtigen,
- Langzeitsitzen ohne zu schwitzen. Das wird durch Wasserdampfdurchlässigkeit und Luftzirkulation bzw. durch entsprechendes Oberflächenmaterial erreicht,
- Polsterung mit Mehrzonenschaum, mit verringerter Stauchhärte an der Sitzvorderkante.

Nützlich ist weiterhin:

⇒ die Austauschbarkeit des Polsters, da erfahrungsgemäß das Polster zuerst abgenützt wird, während die Bürostuhltechnik noch jahrelang funktioniert,

⇒ wenn ein vielfältiges Farbangebot gewährleistet wird, damit der Stuhl einerseits den individuellen Farbwünschen gerecht werden kann, andererseits aber auch problemlos in das Farbkonzept der vorhandenen Büroeinrichtung passt,

⇒ wenn sich die Gasdruckfeder ohne besondere A

Kostenlose Servicerufnummern

Viele Unternehmen bieten ihren Kunden kostenlose Telefonverbindungen über die Servicenummern 0800 und 0130 an. Die 0130-Nummern werden nach und nach auf die neuen 0800-Nummern umgestellt.

Auch im Internet können kostenlose Rufnummern genutzt werden. Besucher einer Homepage klicken dabei einfach die „freecall-Schaltfläche" an. Über das Internet wird dann eine kostenlose Telefonverbindung zu einem vorbestimmten Anschluss hergestellt.

Service 0180

Beratungen, Bestellungen oder Reservierungen können unter einer 0180-Servicenummer genutzt werden. Der Anbieter legt fest, in welchem Maße der Anrufer an den Gesprächskosten beteiligt wird. Die Deutsche Telekom bietet hierfür fünf Tarifvarianten an. Hier drei Beispiele: Ein Kunde, der die Rufnummer 0180 **1** 9494 wählt, zahlt für jede angefangenen 90 Sekunden von Montag bis Freitag zwischen 09:00 Uhr und 18:00 Uhr 0,06 €. Für einen Anruf unter der Rufnummer 0180 **2** 9494 muss er 0,06 € zahlen. Die Rufnummer 0180 **4** 4958 kostet ihn pro Gespräch 0,25 €. In den beiden letzten Fällen (Gebührenziffer 2 und 4) spielt es keine Rolle, wie lang das Gespräch dauert.

Service 0190

Über den Service 0190 bieten Unternehmen ihren Kunden hochwertige Unterhaltungs- und Informationsdienste an. Die genutzten Serviceleistungen werden über die Verbindungsentgelte direkt vergütet und sind entsprechend hoch. Die Abrechnung und Inkasso übernimmt die Deutsche Telekom. Ein Anruf bei einer Beratungs-Hotline mit der Rufnummer 0190 **8** 3344 kostet den Kunden zum Beispiel 0,06 € je angefangene 2 Sekunden

Lösungsvorschlag Aufgabe 1 Baustein 16

Lösungsvorschlag Aufgabe 2 Baustein 16

Inhaltsverzeichnis

Folgende Überlegungen müssen angestellt werden, um einen Kopierer wirtschaftlich einzusetzen:

1. Kauf oder Leasing

2. Standort
   a) Dezentraler Standort
   b) Zentraler Standort

3. Unnötige Kopierkosten

4. Betreuung des Kopierers

5. Überwachung von Kopierkosten und -volumen

Lösungsvorschlag Baustein 17

Die Zeit wartet auf niemanden …

Vom Wert der Zeit

Um den Wert eines **Jahrtausends** zu erfahren,
frage alle, die den Jahrtausendwechsel mitgefeiert haben

Um den Wert eines **Jahrhunderts** zu erfahren,
frage einen Menschen, der 1901 geboren ist

Um den Wert eines **Jahrzehnts** zu erfahren,
frage den Forscher nach dem Absturz der Arianerakete

Um den Wert eines **Monats** zu erfahren,
frage eine Mutter, die ihr Kind zu früh zur Welt gebracht hat

Um den Wert einer **Woche** zu erfahren,
frage den Herausgeber einer Wochenzeitschrift

Um den Wert eines **Tages** zu erfahren,
frage ein Ehepaar, das seine diamantene Hochzeit feiert

Um den Wert einer **Stunde** zu erfahren,
frage die Verliebten, die darauf warten, sich zu sehen

Um den Wert einer **Minute** zu erfahren,
frage jemanden, der den Zug, Bus oder seinen Flug verpasst hat

Um den Wert einer **Sekunde** zu erfahren,
frage jemanden, der einen Unfall erlebt hat

Um den Wert einer **Millisekunde** zu erfahren,
öffne dein Herz und erkenne deine Seele!

Um den Wert der **Zeit** zu erfahren,
vertraue Gott.

Um den Wert der **Ewigkeit** zu erfahren – liebe!

Die Zeit ist Gottes Art und Weise zu verhindern,
dass alles auf einmal passiert!

(Quelle: unbekannt)

Lösungsvorschlag Baustein 18

Rotfuchs GmbH
Personalabteilung

Aushang

Bringen Sie sich auf den neuesten Stand!

Liebe Kolleginnen,

am **25. Juli 20..** führen wir eine Fortbildungsveranstaltung für alle Chefsekretärinnen in unserem Hause durch.

Folgende Workshops sind geplant:

- **Einführung in Office 2000,**
- **Moderne Geschäftskorrespondenz,**
- **Stressmanagement,**
- **Projektmanagement.**

Sollten Sie noch Anregungen, Wünsche oder Ergänzungen haben, wenden Sie sich bitte bis zum **3. April** an die Organisationsleiterin, **Frau Reinhard.**

Lösungsvorschlag Baustein 19

Stefanie **Müller**
Jens **Schultz**

Geschäftspapiere

Geschäftspapiere sind meistens genormte Vordrucke, die die Abwicklung geschäftlicher Vorgänge erleichtern. Sie sind die „Visitenkarten" eines Unternehmens. Nicht selten vermitteln sie – neben der eigentlichen Information – einen ersten prägenden Eindruck durch Gestaltung, Firmenlogo, Beschriftung, Farbe und Druck. Die Gestaltung muss dem Firmenimage bzw. dem gewünschten Erscheinungsbild (Corporate Identity) entsprechen.

1 Geschäftsbrief A4

Im kaufmännischen Schriftverkehr ist der Geschäftsbrief A4 der meistverwendete Vordruck. Er ist nach DIN 676 genormt und soll eine einheitliche Anwendung gewährleisten. Die Norm unterscheidet Form A und B. Das Anschriftfeld von Form B befindet sich etwas weiter unten, es bleibt mehr Platz für die individuelle Gestaltung des Briefkopfes.

2 Kurzbrief

Nicht immer ist es notwendig, zu jedem Zweck ein individuelles Schreiben zu verfassen. Kurzbriefe können als genormter Vordruck (DIN 5012) im Schreibwarenhandel gekauft oder individuell nach den betrieblichen Bedürfnissen erstellt werden.

Kurzbriefe enthalten zahlreiche Stichpunkte, die der Absender nur ankreuzen muss. Für den eigentlichen Brieftext ist nur wenig Platz vorgesehen. Als Begleitschreiben sind sie aus dem täglichen Schriftverkehr nicht mehr wegzudenken.

Kurzbriefe haben das Format DL und passen in die Fensterbriefhüllen DL.

3 Blitzantwort

Der Empfänger eines Briefes kann die kurze Antwort handschriftlich auf dem Original vermerken. Für die eigenen Unterlagen wird eine Kopie angefertigt, das Original wird an den Absender zurückgeschickt. Beim Faxen erübrigt sich die Kopie.

4 Auswahltext

Zu einem bestimmten Vorgang werden verschiedene kurze Texte, vergleichbar mit kleinen Textbausteinen, zusammengestellt, die angekreuzt oder ergänzt werden müssen. Vor allem Bibliotheken, Buchhandlungen und Behörden arbeiten mit Auswahltexten.

5 Telefonnotiz

Auch für eine Telefonnotiz gibt es genormte Vordrucke, die im Schreibwarenhandel erhältlich sind. Natürlich kann sich jede Firma individuelle Vordrucke erstellen, die den Gepflogenheiten der Firma entsprechen. Wird das Ergebnis eines Telefongesprächs in einer Telefonnotiz festgehalten, so ist der Inhalt „aktenkundig" und kann nicht in Vergessenheit geraten. Diese Informationen können für weitere Mitarbeiter von Nutzen sein und sollten gegebenenfalls weitergeleitet werden.

Eine korrekte Telefonnotiz beinhaltet folgende Punkte:
- Datum und Uhrzeit
- Name und Telefonnummer des Gesprächspartners
- Kurze Inhaltsangabe über das Gespräch
- Festhalten von Vereinbarungen und Ergebnissen
- Erledigungsvermerk
- Handzeichen des Bearbeitenden

Lösungsvorschlag Baustein 20

Mögliche Schadstoffe in Büromaterialien

Trichlorethan. Es wird als Lösungsmittel verwendet und gilt als gesundheitsgefährdend (Krebs erregend und erbgutverändernd). Weiterhin wird durch Trichlorethan die Ozonschicht in der Stratosphäre zerstört.

Aceton. Es wird als Lösungsmittel z. B. in Klebstoffen verwendet. Werden geringe Mengen über längere Zeit eingeatmet, kann es zu Störungen des Allgemeinbefindens wie Müdigkeit, Konzentrationsschwäche, Übelkeit und Kopfschmerzen kommen.

Alkohole. Sie werden als Lösungsmittel verwendet und sind gegenüber anderen Lösungsmitteln relativ harmlos. Nach chronischer Belastung in kleinen Dosen können Schädigungen des Nervensystems, Reizungen der Schleimhäute und Befindlichkeitsstörungen auftreten.

Alkylbenzol. Es ist ein Nervengift, das als Lösemittel in Faserschreibern oder in Stempelfarbe vorkommen kann.

Azofarbstoffe. Sie ist die größte Gruppe der organischen Farbstoffe. Sie können Allergien auslösen.

Benzol. Benzol gehört zur Gruppe der aromatischen Kohlenwasserstoffe und wirkt Krebs erregend.

Cadmium. Cadmium wird als Farbstoff und Stabilisator von PVC verwendet. Es ruft unter bestimmten Bedingungen Lungen- und Nierenschäden hervor.

Chlorierte Kohlenwasserstoffe. CKW wird als Lösungsmittel verwendet, hat narkotisierende Wirkung und reizt die Schleimhäute. Das kann Gehirn, Nerven, Nieren und Knochenmark schädigen.

Fluor-Chlor-Kohlenwasserstoffe. FCKW wird als Lösemittel verwendet und ist in Deutschland verboten. Durch FCKW wird die Ozonschicht zerstört.

Formaldehyd. Formaldehyd wird als Konservierungsmittel verwendet. Es löst allergische Reaktionen aus, wirkt erbgutverändernd sowie Krebs erzeugend und schwächt schon in geringer Konzentration das Immunsystem.

Methylcylohexan. Es wird als Lösemittel häufig in Korrekturlacken und Stempelfarben verwendet. Methylcylohexan gehört zu den Zellgiften.

Polystyrol. Es handelt sich hier um einen gesundheitsgefährdenden Kunststoff.

Polyvinylchlorid. PVC ist ein Kunststoff, der vor allem wegen seiner Weichmacher gesundheitsgefährdend ist.

Styrol. Styrol wird als Bindemittel in Buntstiften verwendet. Es kann insbesondere unter Einwirkung von Licht, Hitze und elektrischen Wellen aus Kunststoff ausdünsten und die Schleimhäute reizen, Entzündungen der Atemwege hervorrufen und Kopfschmerzen, Übelkeit und Schwindel verursachen.

Lösungsvorschlag Baustein 21

Fortbildung in Textverarbeitung
Einführung in Word 2000

Programm

Dienstag, 25. Februar 20..

09:00 – 09:15 Uhr	**Begrüßung**
09:15 – 10:00 Uhr	Einführung in Word 2000 Zeichen- und Absatzformatierungen
10:00 – 11:30 Uhr	**Kaffeepause**
11:30 – 12:30 Uhr	Aufzählungen, Nummerierungen und Gliederungen
12:30 – 14:00 Uhr	**Mittagspause**
14:00 – 15:00 Uhr	Tabulator und Tabellenfunktion
15:00 – 15:30 Uhr	**Kaffeepause**
15:30 – 17:00 Uhr	Übungen
17:00 – 17:30 Uhr	**Aussprache und Ende der Veranstaltung**

♦♦♦

Lösungsvorschläge Baustein 22

Der umweltfreundliche PC

Recyclinggerechte Konstruktion	• Das Gerät muss einfach in seine Bauteile zerlegt werden können. • Verringerung der Werkstoffvielfalt • Vermeidung von Verbundmaterialien
Langlebigkeit	• Nachrüstbar durch modularen Aufbau • Reparaturfreundliche Konstruktion
Rücknahme-verpflichtung	Durch den Einkaufspreis ist die spätere Rücknahme mit dem Ziel der Wiederverwendung abgegolten.
Rohstoffe	Das Kunststoffgehäuse muss aus einem einheitlichen Werkstoff bestehen, damit er für die Herstellung hochwertiger Industrieprodukte wieder verwertet werden kann.
Gefährliche Inhaltsstoffe	Die Flammschutzmittel der Gehäuse dürfen keine Schadstoffe enthalten, die bei einem möglichen Brand gesundheitsschädigende Gase freisetzen oder Krebs erzeugend sind.
Monitore	Die Monitore müssen die empfohlenen Grenzwerte für elektrische und magnetische Felder einhalten und mit einer cadmiumfreien Bildröhre ausgestattet sein.
Geräuschemissionen	Im Leerlauf darf der Geräuschpegel nicht mehr als 48 dB betragen. Im Betriebszustand darf der PC 55 dB nicht überschreiten.
Energieverbrauch	Im Ruhezustand muss der PC von selbst in den Stand-by-Modus schalten. Der Energieverbrauch liegt dann nur noch bei 4 bis 5 Watt (im Betrieb ca.160 Watt).

Leistungsmerkmale der Kopierer

Bedienerfreundlichkeit	Störanzeigen und Bedienerhilfen (Tasten, Display, Sensorbildschirm)
Art der Vorlagen	Blätter, Bücher, dreidimensionale Gegenstände
Vorlagengröße	bis A3 oder bis A0
Vorlagengewicht	41 bis 128 g/m^2
Duplexeinheit	automatische Erstellung beidseitiger Kopien
Vorlagenzuführung	manueller, automatischer Einzug (mit/ohne Wendung)
Papierzuführung	Einzelblatteinzug, Einzug aus verschiedenen Kassetten mit unterschiedlichen Formaten, Papierfarben, Papiersorten usw.
Vorwärmzeit	Die Zeit vom Einschalten des Geräts bis zur ersten Kopie
Kopierqualität	Wiedergabe der Abbildung
Kopiergeschwindigkeit	Anzahl der Kopien pro Minute
Kopierträger	Papierstärken, z. B. 50 bis 160 g/m^2, Folienmaterial usw.
Kopierfunktionen	Zoom schrittweise oder stufenlos einstellbar, Papierformate, Farbe oder schwarz-weiß usw.
Mögliche Zusatzgeräte	Sorter, Hefter
Wartung	Ferndiagnose-System, Selbsthilfemöglichkeiten bei kleineren Störungen
Umweltkriterien	**Papier** – Verarbeitung kopierergeeigneter Recyclingpapiere • **Toner** – giftfrei, nicht karzinogen, über den Hausmüll entsorgbar • **Trommel** – Rückgabemöglichkeit beim Verkäufer zur Rohstoffrückgewinnung • **Emissionen** – Wärme, Ozon- und Staub-, Geräusch- und Lichtemission

Wertigkeit des Schriftgutes

Tageswert		Unterlagen mit „reinem Informationswert" können nach Kenntnisnahme sofort weggeworfen werden. **Beispiele:** – unverlangte Angebote – Werbebriefe – Hausmitteilungen – Zeitungen und Prospekte
Prüfwert		Unterlagen, die eine gewisse Zeit aufbewahrt werden müssen, um einen Sachverhalt zu prüfen. Nach Abschluss des Vorgangs können sie vernichtet werden. **Beispiele:** – Bewerbungen, die abgelehnt wurden (Rücksendung) – Angebote, die nicht angenommen wurden – Preislisten, die nicht mehr aktuell sind – Nachfassbriefe – Mahnungen
Gesetzeswert	**6 Jahre**	Alle empfangenen und Durchschläge/Kopien abgesandter Handelsbriefe werden 6 Jahre aufbewahrt. Handelsbriefe sind alle Schriftstücke, die einen Geschäftsvorgang lückenlos belegen.
	10 Jahre	Buchungsbelege, Handelsbücher, Inventare, Eröffnungsbilanzen, Jahresabschlüsse, Lageberichte, Kassenbücher, Vermögensverzeichnisse werden 10 Jahre lang aufbewahrt.
Dauerwert		Jedes Unternehmen hat wichtige Schriftstücke, die langfristig oder dauernd aufbewahrt werden. Dies können Geschäftsgründungsunterlagen, Patentschriften und Urkunden sein.